EBS 일타 강사가 전하는 철학적 위로

나를 깨우는 인문학 수업

송기택 지음

**삶에서 꼭 필요한 지혜를 가르쳐주는
EBS 일타강사의 인문학 수업!**

22년차 윤리 교사의
인문학 수업

'인간을 말하다' 외
저서 다수

인생 문장
필사 코너 수록

송기택

前 미림여자 고등학교 교사
前 대원 외국어고등학교 교사
現 한국외국어대학교 부설고등학교 교사
EBS 사회탐구 영역 대표 강사
대학수학능력 시험, 평가원 모의고사 해설, 검토 위원
수능 특강, 수능완성, 수능 개념 집필 및 검토 위원
EBS 전국 입시 설명회 대표 강사
기업체 및 학교 인문학 강연 다수 진행
퍼스널 이미지 트레이닝 강사 수료
[저서] '인간을 말하다.'(형설 출판사) 등 다수

이런 분께 추천드려요!

- 삶의 고난과 역경을 마주한 순간을 단단하게 극복하기 위해 애쓰는 우리에게
- 자기 삶에서 온당한 방황을 하면서도 늘 불안함으로 현재를 버티는 청년에게
- 내가 선택한 삶의 태도와 그 방식이 옳다는 지지와 응원이 필요한 존재에게

목 차

저자소개	2
1. 스스로 반문하는 삶 _소크라테스	7
2. 자기 결정과 자기 혁명 _괴테	19
3. 내 마음의 주인 _아우렐리우스	33
4. 따뜻함은 인간다움의 기본 _흄	47
5. 자신의 본분에 충실하라 _칸트	59
6. 평화가 곧 길이다 _묵자	73
7. 완성으로 나아가는 길 _아리스토텔레스	91
8. 겸손은 성장의 원동력 _노자	107
9. 혁신을 준비하라 _정약용	129
10. 진정한 자유 _스피노자	155
11. 당당한 단독자 _키에르케고르	173

12. 내게 행복을 주는 사람 _에피쿠로스 193

13. 인생을 다시 한 번 똑같이 _니체 215

    걷기 좋은 길 216

    인생, 전인미답(前人未踏) 219

    인생극장. 그래, 선택했어. 222

    별자리, 나침반, 인문학 225

14. 소신있지만 유연하게 _플라톤 231

    문해력(文解力)과 리터러시(literacy) 232

    질문의 힘! 236

    싸움의 기술 243

    동굴에서 탈출하는 인문학의 힘 247

15. 순간의 만남을 영원한 인연으로 _석가모니 257

16. 인생은 '논 제로섬 게임' _강증산 289

17. 왕보다 더 자유로운 삶 _공자 321

18. 편견과 오만을 넘어서 _장자 347

19. 어느 모럴리스트의 철학적 위로 _헤르만 헤세 371

나를
깨우는
인문학
수업

1 Socrates
소크라테스
(B.C 470 ~ B.C 399)

스스로 반문하는 삶

카스파 다비드 프리드리히(Friedrich, Caspar David) <안개바다 위의 방랑자>
"화가는 자기 앞에 있는 것뿐 아니라 자기 내면에서 본 것도 그려야 한다."

나이가 40대 중반을 넘어서면서 자연스럽게 부모님의 나이는 70에서 80을 바라보게 되었고, 신체적으로 하나, 둘씩 고장이

나기 시작했다. 나의 아버지는 위암으로 고생했고, 어머니는 두 번의 간암 수술을 했다.

벚꽃이 흐드러지게 펴서 아름다운 어느 봄날, 학교에서 수업을 하던 도중 나는 급한 전화 한 통을 받았다. 어머니가 위중하셔서 돌아가실 수도 있다는 연통이었다. 한강 변에 있는 병원으로 가던 길가에 아이러니하게도 너무나 예쁘게 핀 꽃들을 바라보며 T. S. 엘리엇의 '황무지(The WastebLand)'를 떠올렸다. 라디오에서는 너무나 아름다운 선율의 봄 예찬 노래들이 스피커로 흘러나왔다.

세상살이에 메마른 줄 알았던 중년의 남자 눈에서 주체할 수 없는 눈물이 펑펑 쏟아졌다. 언젠가 4월에 제자들과 수업하다가 엘리엇의 시를 읽어주고 시적 느낌에 대해 서로 얘기를 나눈 적이 있었다.

4월은 가장 잔인한 달
죽은 땅에서 라일락을 키워내고
기억과 욕정을 뒤섞으며,
봄비로 잠든 뿌리를 뒤흔든다.
차라리 겨울은 우리를 따뜻하게 했었다.
망각의 눈[雪]으로 대지를 덮고
마른 구근(球根)으로 가냘픈 생명을 키웠으니.
여름은 소낙비를 몰로 슈타른베르가제를 건너와

우리를 놀라게 했다.
우리는 주랑(柱廊)에 머물렀다가,
해가 나자 공원에 들러
커피를 마시고 한 시간가량 지껄였다. <후략>

- T. S. 엘리엇의 '황무지(THE WASTEBLAND)' 중에서

"4월은 가장 잔인한 달. 죽은 땅에서 라일락을 키워내고, 기억과 욕정을 뒤섞으며"

왜 시인은 새 생명이 움트는 아름다운 계절을 가장 잔인하다고 했을까? 아름다운 계절에 역설적이게도 시인 삶의 아픈 기억이 공존하여 존재해 양가감정이 들지 않았을까?

나는 학생들과 아이러니한 감정을 핵심 주제로 다루면서 아름다운 계절이지만 한켠에서는 아픔을 갖고 있는 것에 대해 얘기 나눴다. 우리 마음속에 제대로 치유되지 못한 4월의 잔인한 기억, 세월호와 남겨진 유가족의 아픔, 그리고 그것에 대한 공감의 중요성에 대해 깊이 얘기 나눴었다.

그리고, 그 아이러니함은 나에게 어머니의 중환으로 또 하나의 기억이 되었다. 사람은 냄새에 대한 기억이 가장 강렬하다. 그때의 그 냄새를 통해 그 당시를 기억해내고 분위기와 각인된 추억 등을 떠올리곤 한다. 나에게 4월은 벚꽃 향, 아카시아 향, 각종 꽃의 아름다운 향기와 함께 응급실 냄새, 소독약 냄

새, 관장약 냄새와 관장 냄새, 간질환 환자의 주사제와 복용 약에서 풍기는 특유의 냄새가 교차해서 떠오른다.

아마 앞으로도 평생 동안 나의 후각에 자동 반사적으로 연동될 알싸한 봄의 향기와 얼얼한 병원의 냄새는 깊이 각인되어 남았다.

그 후로 어려움을 잘 극복했지만, 고장 난 어머니의 간은 이제 이식을 해야 하는 마지막 상태가 되었고, 나는 한 치의 망설임도 없이 공여자로 어머니에게 나의 간을 이식해드리기로 결정했다. 그리고, CT, MRI 등의 면밀한 검사를 거쳐 아주 좋은 상태의 간을 어머니께 공여할 수 있다는 이식센터의 소견을 듣고, 이식 수술 날짜를 잡았다.

그 기간까지 나는 매일 출근하여 학생들과 수업하고, 업무를 보며, 점심을 챙겨 먹고 틈을 내 학교 뒷산을 오르고, 저녁에는 율동공원을 조깅하며 건강한 몸을 유지했다. 어머니에게 건강한 간을 공여하는 것도 중요하고, 수술 이후 잘 회복해 소중한 나의 일상과 남은 내 삶을 주도적으로 살아가기 위한 노력이었다.

나는 고등학교에서 철학과 윤리 사상을 가르치는 22년 차 교사다. 모럴리스트로서 내가 좋아하고 존경하며 늘 가슴에 품고 살아가는 철학은 소크라테스의 삶의 태도와 스토아, 노자의 세계관이었다.

매 순간 당당함을 잃지 않는 소크라테스의 태도는 미치도록 일평생을 살며 닮고 싶은 모습이었다. 우리가 잘 알고 있는 죽음 앞에서도 당당했던 소크라테스는 마지막 유언으로 '악법도 법이다.'를 외친 것이 아니라, "여보게 크리톤. 아스클레피오스에게 닭 한 마리를 빚졌다네. 자네가 기억했다가 꼭 갚아주게."였다.

소크라테스의 마지막 유언은 "여보게 크리톤. 아스클레피오스에게 닭 한 마리를 빚졌다네. 자네가 기억했다가 꼭 갚아주게."였다.

죽음 앞에서도 포기할 수 없었던 당당한 삶의 태도와 청년들에게 강조했던 철학함을 실천하는 태도의 중요성을 삶이 마감하는 순간까지도 스스로 증거가 되기 위해 했던 말이다. 그렇다고 '악법도 법'을 언급하지 않은 것은 아니다. 그 말은 최후의 변론을 하기 전날 탈출을 통해 후일을 도모하자고 설득하는 제자와 친구들에게 던진 절차적 민주주의의 중요성에 관한 말이었다.

과거 어떤 식으로든 법적 안정성을 내세워 독재를 정당화하기 위해 국민에게 정치사상 교육용으로 소크라테스의 마지막 유언이 '악법도 법이다.'라고 교과서를 통해 가르쳤던 내용은 대한민국에서 소크라테스의 인권에 대해 고민하던 국가인권위원회에서 수정 권고안을 제출하고 헌법재판소에서 합치 판정(2004년 11월 7일)을 내서 이젠 교과서에서 사라졌다.

어느 유행가에서 테스 형을 외치며 세상이 왜 이러냐고 묻지만, 소크라테스 철학의 핵심은 스스로의 삶에서 상식적으로 통용되는 것들도 정말 맞는 것인지, 올바른 삶의 태도인지 스스로 끊임없이 반문하고 세상을 당당하게 살아가라는 우리 각자의 책임 있는 자세를 강조하는 것이므로 세상이 왜 이런지는 테스 형에게 묻는 것이 아니라, 나 자신에게 나는 성찰적인 자세로 나만의 멋있는 삶을 잘 살아가고 있는지를 묻는 것이 걸맞은 논조일 것이다.

"품위 있고 멋있는 삶을 살고 있는지 스스로가 반문하는 삶이 가치 있다. 자만하지 말고, 겸손한 태도로 올바름을 계속 추구해야 한다. 지치지 말고."

소크라테스에 대한 진심 어린 존경은 그의 삶의 궤적을 조금이라도 따라가려고 발버둥 치는 삶이 되었고, 철학과 사상, 윤리적 태도를 가르치는 중년의 교사가 되어 매 순간 이 선택은 소크라테스다운가를 질문하여 살게 되었다. 늘 나의 선택에 당당했고 흔들리지 않았다. 이번 어머니에게 간이식 수술 공여자로의 선택도 전혀 거리낌 없는 결정이었고 잠시의 고민도 없었던 일이었다.

 수술 날짜가 다가왔다. 더운 여름날 짐을 챙겨 병원에 입원했다. 1층에서 엑스레이를 찍고 입원실에서는 피검사 등을 진행했다. 다음날은 수술 전일 이어서 금식을 해야 한다는 사실에 나는 내가 너무 좋아하는 신맛 장렬 커피와 달콤한 초콜릿을 실컷 먹었다.

일련의 과정을 도와주고 함께해준 아내는 나에게 참 고마운 아내이자 어머니에게도 좋은 며느리이다. 한 번의 불평 없이 나를 믿고 모든 것을 함께 하는 현명하고 예쁜 사람이다.

그렇지만 아내는 참 많이 울었다. 슬퍼했다.

그 슬픔의 원천이 무엇인지 너무나 잘 아는 나는 더욱 태연하게 상황을 받아들이고 아내와 그리고 나 자신을 위로했다. 6시간의 수술이 끝나고 마취에서 깨어나지 못하며 많이 고통스러워하는 나를 보며, 아내와 누나는 하염없이 울었었다.

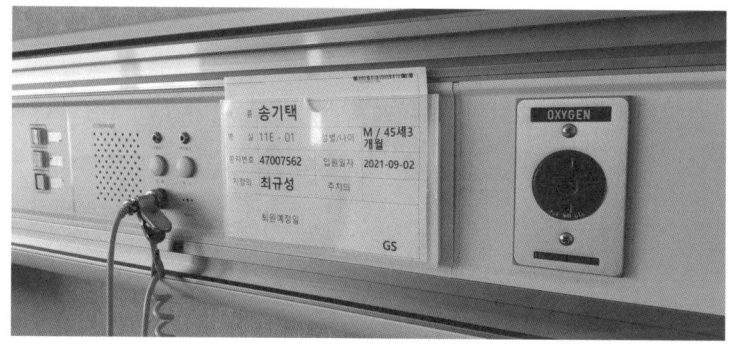

45년의 인생을 살던 나는 잠시 멈추고 주어진 한 달의 시간에 온전한 글쓰기를 하기로 마음먹었다.

병원 창밖으로 보이는 노을과 낙조는 에드바르트 뭉크의 절규를 연상케 했다.

| 나를 깨우는 핵심 사상 요약 |

- 소크라테스는 우리에게 '음미 되지 않은 삶, 성찰하지 않는 삶은 살 가치가 없다.'라고 강한 어조로 말한다. 한 인간으로 품위 있고, 멋 있는 삶을 살고 있는지 스스로가 반문하는 것이 중요하다.

- 한나 아렌트도 제2차 세계 대전 당시 유대인 대량 학살의 주범인 아돌프 아이히만의 재판을 지켜보면서, 인간의 주체적인 고민과 성찰, 생각하는 태도의 중요성을 『예루살렘의 아이히만(악의 평범성에 대한 보고서)』에서 강조했다. 인간다운 행동에 관해 스스로 반문하지 않는다면 평범한 우리가 어느 순간 괴물이 되어있을 수 있다.

- 그 누구도 명확하게 삶의 정답을 알려주지는 않는다. 소크라테스도 아테네의 시민들과 제자들에게 '이 길이 올바른 길이야.'라고 알려주지 않았다. 중요한 것은 그 길을 찾기 위한 노력의 중요성이다. 그 노력은 온전히 삶을 대하는 태도에서 나온다. 겸손한 태도로 올바름을 계속 추구해야 한다. 진리를 다 알고 있는 양 자만하지 말고. 자신을 진리라고 말하는 것은 사이비(似而非)다.

- 살면서 우리는 다양한 역경과 마주한다. 역경 없이 순탄한 삶은 존재하지 않는다. 역경을 극복하기 위해 평상시 연습은 도움이 된다. 영화를 보고, 책을 읽고, 대화하면서, '나라면 어떨까?', '어떻게 살아야 하는가?', '멋있는 삶은 무엇인가?'라는 질문에 대답하면서 연습해야 한다. 그래야, 역경의 순간에 쉬 지치지 않게 된다. 중요한 것은 꺾이지 않는 마음이기도 하지만 오히려 꺾이지 않는 체력이 때론 더 중요하다. 체력은 평상시 수많은 질문과 대답으로 단련된다. 성찰하는 삶의 태도는 철학함 (philosophieren)을 의미하고, 내 인생의 철학함은 보석함이 된다.

[인생 문장 필사 코너]
책을 읽으며 느낀 상념을 자유롭게 적어보세요.

나를
깨우는
인문학
수업

Goethe
요한 볼프강 폰 괴테
(1749 ~ 1832)

자기 결정과 자기 혁명

수술 전날 마음을 잘 정돈해보려고 책을 읽었다. 수액과 각종 주사제가 매달려 있는 이동식 옷걸이같이 생긴 것을 질질 끌고 엘리베이터를 탄 후, 병원 지하 1층에 있는 작은 서점에서 책을 샀다. 새로 알게 된 사실 하나. 병원 서점 서가에 가장 많이 진열되어 있는 책 종류는 어떤 종류로 예상되는가? 나도 발견한 사실인데 생각해보니 충분히 납득이 갔다.

다수를 차지하는 그것들은 마음을 다스리고, 감정을 추스르며, 인생의 깊은 성찰과 삶의 의지를 불태울 수 있도록 도와주는 철학책들이었다.

나 또한 그런 책을 세 권 사고 배고픈 나의 마음과 머리에 가득 채우기 시작했다. '스토아 수업(라이언 홀리데이, 스티븐 해슬먼)', '자기 결정(파스칼 메르시어)', '소크라테스 익스프레스(에릭 와이너)' 이렇게 세 권이었다.

파스칼 메르시어는 페터 비에리 교수의 필명으로 비에리 교수는 영화로도 유명한 '리스본행 야간열차(Nachtzug nach

Lissabon, 2014)'의 저자이기도 하다.

이 영화 속의 아마데우를 비롯한 인물들이 겪게 되는 상황에 따른 선택은 윤리학적으로도 논의 거리가 많아 수업 시간에 함께 보며 토론했던 영화이기도 해 비에리 교수의 강연집인 '자기 결정'을 밑줄을 그어가며 내 생각을 함께 정리하는 메모도 잔뜩 적어가며 재밌게 읽었다.

나는 이런 종류의 책을 좋아한다. 결국 세상의 거대한 이치라는 것은 있지만, 그 안에서 나의 삶을 나답게 온전히 살아가기 위해, 적극적으로 뛰어들어 경영해야 한다는 식의 말을 아주 좋아한다. 멋있지 않은가? 적어도 우리 각자는 자기 삶에서는 주인공임에 틀림없다. 주인공으로 도도히 흐르는 이 거대한 세상에 멋있게 한 방 먹이는 것은 내가 할 수 있는 나의 영역에 충실하며, 충분히 행복하게 사는 것이다.

주어진 환경, 가족, 직장 동료와 이상한 상사, 비합리적인 모순덩어리의 부조리한 현실들은 작은 힘밖에 없는 나는 일순간 한꺼번에 바꿀 수는 없다. 대신 내가 통제할 수 있는 것들에 집중하면 된다. 나에게 주어진 것들을 인식하고 해석하는 방법, 그를 통해 정리된 내 마음과 앞으로 취할 태도와 자세 등은 이제 내가 할 수 있는 것들이다. 나는 살면서 이것에 대한 구분을 명확히 해왔다. 바뀔 수 없는 주어진 것들은 빠르게 인정하고, 긍정의 체념을 통해 시원하게 받아들였다. 이후 내가 통제할 수 있는 나 자신의 영역에 집중하여 나의 성격과 삶의 태도를 만들어 왔다.

청년 시절 읽었던 시골 의사 박경철의 '자기 혁명'은 이런 생각을 갖게 해주는 좋은 책이었다. 지금도 매년 봄 첫 수업에서 학생들을 만나면 멋있는 오리엔테이션에 이 책의 구절을 인용하고, 자기 삶의 주인이 되라고 학생 한 명 한 명의 눈을 바라보며, 열정을 불어넣는다.

Es irrt der Mensch, solange er strebt! 인간은 노력하는 한 방황하기 마련이다. 방황하고 있다는 것은 내가 노력하고 있다는 증거이다.

이 문장은 작가가 자기 혁명을 강조하기 위해 차용한 요한 볼프강 본 괴테의 파우스트 1부에 나오는 문장이다. 메피스토가 파우스트를 유혹할 자신이 있다고 천상의 신과 내기하는데, 옳은 길을 찾아가리라는 걸 알지만 시련을 주기 위해 신이 메피스토의 유혹을 허락하는 과정에서 나오는 구절이다. 나는 이 문장을 통해 학생들에게 긍정적인 의미의 방황에 대해 말한다. 그리고, 스스로 선택하고 책임지는 방황의 중요성을 강조한다.

우리 사회는 언젠가부터 학생들을 제도권 교육의 틀에 가두어 두고 방황은 나쁜 것이니 방황하지 말라고 방황 자체를 금기시한다. 여기서 문제가 발생하는 것이다.

프랑스의 실존주의 철학자 사르트르가 강조한 것처럼 인간은 'B와 D사이의 C의 존재'이며, 태어나 죽을 때까지 자기 삶에서 늘 스스로가 선택해야 하고, 선택에 따른 책임 또한 온전히 본인이 지어야 한다. 인간은 방황할 수밖에 없고 고등학생의 나이에는 나의 삶을 위해 적극적인 스스로의 방황이 필요함을 일깨워 주고 싶다.

청소년(靑少年)을 정의 내릴 때 왜 '푸를 청' 자를 썼을까 학생들에게 물으면, 평소에 고민하지 않았기에 쉽게 대답하지 못한다. 본인들이 청소년임에도 푸른색이 왜 우리를 상징하는지에 대한 고민이 없었을 것이다. 나는 청소년 시기는 자신 삶의 진정한 주인이 되기 위해 이리저리 스스로 부딪혀가며 방황해야 하고, 그에 따른 훈장처럼 푸른 멍이 드는 것은 당연한 것이어서 방황이 중요함을 강조한다.

"청소년(靑小年)은 자발적 방황으로 여기저기 푸른 멍이 드는 시기이기 때문에 청소년인 거야."
이 지점이 되면 학생들의 눈이 반짝거린다. 무언가를 해야 하고 해낼 수 있을 것 같은 눈빛들이다.

고등학생이라는 시기를 보내며 내신 성적과 수능에 지나치게 몰입한 나머지 중요한 것을 놓치지 말라고 말해 준다. 그것은 바로 대학 이후 훨씬 더 길게 펼쳐질 자신의 인생에 대한 고민, 또 그 긴 인생을 어떤 사람이 되어 어떤 가치를 추구하면서 살아가야 하는지 고민하는 과정을 놓치지 말라고 강조한다.
물론 이런 엄혹한 현실이 너희들의 잘못이 아니라는 말도 잊지 않고 해 준다.

대학에 입학하는 것이 끝이 아니며, 그것이 이후 삶을 다 결정해 줄 것이라는 착각도 경계해야 함을 얘기한다. 한 사람의 '능력'은 20대 초반에 평가되는 것이 아닌 40대 중반 정도의 그 사람의 위치, 인품, 삶을 대하는 태도로 평가해 주는 것이라고 강조한다. 그러니 지치지 말고 긴 호흡으로 살아갈 태도를 고등학교 시절에 갖추게 된다면 크게 성공한 것이라 말해 준다.

그리고, 다가오지 않은 미래의 불안을 지금 당겨서 불행을 자초하지 말고, 현재 놓치지 말아야 할 즐거움과 행복감에도 눈을 돌리라는 'Carpe Diem(카르페 디엠)'을 얘기한다. 서로 옆에 짝꿍의 얼굴을 보라고 주문하고, 얼굴만 봐도 그냥 웃기지 않냐고 반문한다. 그러면 서로 까르르 웃고 교실 안은 일순간 행복한 기운이 가득 찬다. 다시 돌아오지 못할 고교 시절의 추억, 진정한 우정, 친구들과 밤새도록 얘기 나누고, 함께 나누어 먹던 치킨의 후각적 기억. 이런 소중한 것들이 입시라는 거대한 블랙홀 같은 캄캄한 것이 삼켜버리는 현실이 학교 현장에 있으면서 너무 안타깝다.

그래서, 나는 적어도 나의 윤리 수업에서는 우리 삶과 인생, 대학 이후의 중년의 내 모습 이런 것을 반드시 얘기 나눠 줘야 한다고 생각한다.

그렇다고 현재의 제도권 교육을 부정하거나 반기를 들라는 말이 아님을 강조한다. 내가 하고 싶은 것을 하기 위해서는 지금 해야 하는 의무의 것들을 또한 멋있게 해내야 한다는 '존버'의 중요성을 프리드리히 니체의 사막을 건너기 위해 사막에서 견디고 버티는 것부터가 출발임을 강조한 구절을 인용하여 곁들인다.

지금의 현실이 새장 안에 갇혀 있는 새라고 해도 절대 잊지 말아야 할 것은 너희들은 닭이 아니라 독수리라는 것을 강조한다. 언젠가 새장이 걷히고 나면 세상을 큰 두 개의 날개로 날아 가며 세상을 바꿀 거대한 독수리라는 사실을 잊지 말라고 말해 주면 제자들의 얼굴은 하나하나 모두 벅찬 표정으로 상기되어 있다.

"교사는 유일하게 합법적으로 제자의 영혼에 개입할 수 있는 직업이다. 제자의 영혼을 조각하는 조각가다."

첫 수업에서 이런 얘기를 서로 나누고 나면 그다음부터는 신비하게도 나의 제자들은 좀 더 성숙한 어른이 되어 수업 시간에 세상을 논한다. 자기 생각을 똑 부러지게 말하고, 더 말하고 싶어 난리가 난다. 나는 그런 제자들을 바라보며 나의 수업을, 나의 삶을, 나 자신을 더욱 나답게 만들어가는 행복 또한 느끼게 된다.

소설과 동명 타이틀인 영화 '죽은 시인의 사회'에 모든 장면과 아름답고 품위 있는 인간적인 대사 하나하나를 모조리 외우는 나는 언젠가부터 키팅 선생님이 되어야 한다고 스스로 다짐했다.

그렇다고 짐 싸서 나가는 나의 뒷모습에 학생들이 책상 위로 올라가 '오 마이 캡틴'을 외치는 상황이 오면 안 되겠지만, 늘 키팅 선생님 같은 울림을 주는 교사가 되고 싶어 했다. 열정의 수업을 마치고 교실을 나가면서 가끔 책상 위로 올라간 학생들이 있나 뒤돌아본다. 어느 날 삼고초려를 하며 자신의 결혼식 주례를 부탁한 제자의 부탁을 끝까지 고사하지 않았던 이유도 그 제자에게 나는 키팅 같았다는 말 때문이었다.

교사는 유일하게 합법적으로 제자의 영혼에 개입할 수 있는 직업이다. 제자의 영혼을 조각하는 조각가다. 학창 시절 키팅 선생님은 내 삶의 목표가 되었다.

늘 참 건강해서 병원에 거의 처음 와본 나는 병실 안에 모든 것들을 신비한 듯 세세하게 관찰해 본다. 또 하나의 새로운 것을 발견한다. 그것은 병실 TV 채널에 관한 것이었다. 병실 TV 채널은 중요 순서에 종교 채널이 포진해있다. 정규채널, 시사 정치, 스포츠 이런 채널들보다 중심채널에 떡하니 종교 채널이

전진 배치되어 있다. 야구 타순으로 비유하자면 감독이 4번 타자 자리에 배치했다고 할까.

병원의 서점과 병실 TV 채널을 보며 생각한 것은 병원 즉, 몸이 아프고 고된 인생의 한 지점에 서 있는 사람들에게 필요한 것은 어쩌면 종교적 구원과 자신의 인생을 되돌아보고 마음을 잘 정리하여 강 같은 마음의 평화(安心立命)를 줄 수 있는 철학의 힘이 요청된다는 것이었다.

나 또한 신비한 체험을 하게 되었는데 수술 후 퇴원했다가 응급실로 다시 가기 전 배가 너무 아파 침대를 벗어나지 못하던 나는 조금 나아질까 해서 평소에 잘 찾지도 않던 찬송가와 기도문 음원을 찾아 핸드폰으로 틀어 놓고 아픈 배를 움켜쥐고 이리저리 뒹굴었던 생각이 난다.

때로는 연약한 존재인 인간은 종교와 철학의 힘을 통해 그 한계상황을 어떤 식으로든 극복하려 하는 것이다. 독일의 실존주의 철학자 칼 야스퍼스(K.Jaspers)가 말한 인간의 '한계상황'이라는 인생의 '통곡의 벽'에서 실존을 자각하고 좀 더 자기 삶을 사랑하고, 적극적이고 주체적인 태도로 삶에 뛰어들어 '비약'하게 된다는 얘기를 직접 체험하게 되는 순간이다. 오늘 밤이 지나고 내일 오전이 되면 나는 내 간의 70%를 제거해서 적출하고 공여하게 된다. 이제 일곱 시간도 채 남지 않은 지금 평온하게 잠들려 노력한다.

병원 1층에 있는 작은 서점에는 철학책이 서가의 대부분을 차지하고 있었다. 마음 다스리기 용도일 것이다.

|나를 깨우는 핵심 사상 요약|

- '인간은 노력하는 한 방황하는 존재이다.' 괴테가 『파우스트』에서 표현한 것처럼 우리는 일생을 방황할지 모른다. 누구나 한번 살아보는 아마추어들이기 때문이다. 청소년(靑小年)은 자발적 방황으로 여기저기 푸른 멍이 드는 시기이기 때문에 청소년인 것이다. 가치 있는 내 삶을 위한 긍정적인 방황은 반드시 필요한 통과의례다.

- 뮤지컬 엘리자벳에서 주인공은 '나는 나만의 것'이라는 노래를 부른다. 적어도 우리는 '나의 인생'이라는 드라마틱한 뮤지컬에서 누가 뭐래도 단독 주연이다. 나만의 문체로 나의 이야기를 쓰는 것이 중요하다. 남을 따라 하지 말고, 남의 눈치 보지 말고.

- 공자는 위기지학(爲己之學)을 진정한 공부의 태도로 꼽았다. 위기지학은 철저하게 나에게 집중하고, 내가 진짜 하고 싶은 것에 집중하는 것이다. 주입 받은 사회적 성공 신화보다는 나에게 집중하여 하루하루 성장하는 업글인간이 되어야 한다. 업글인간이 바로 니체의 초인(超人, Übermensch)이다.

- 진정한 자유(自由)는 스스로 나의 존재 이유를 묻고 답하는 과정에서 만들어진다. 자유롭지 못하다고 생각한다면, 내 주변의 속박하는 실체들보다 스스로 내면의 목소리에 귀 기울였는지 반문해야 한다. 내 삶의 이유에 집중했는지, 내가 정말 가치 있다고 생각하는 것은 무엇인지 물어봐야 한다. 나를 둘러싸고 있는 알은 세계이고, 알에서 나오려는 투쟁은 진정 자유로운 삶의 선결 조건이다.

[인생 문장 필사 코너]
책을 읽으며 느낀 상념을 자유롭게 적어보세요.

나를
깨우는
인문학
수업

3

Marcus
마르쿠스 아우렐리우스
(121 ~ 180)

내 마음의 주인

아침 일찍부터 몸무게, 혈압, 혈액 검사, 항생제 반응 그리고 이것저것 다양한 검사를 한다. 내일 수술 일정에 관한 설명도 듣고, 그 이후 회복에 관한 이야기도 설명도 듣는다.

지하 1층 서점에서 구입했던 '스토아 수업(라이언 홀리데이, 스티븐 해슬먼)'을 읽으며 생각을 정리해본다. 머릿속이 조금 선명해지며 상황 파악도 잘되고 기분도 나름 괜찮아졌다. 책은 헬레니즘 시대와 로마 시대를 관통하는 최고의 철학이자 삶의 태도에 관한 유용한 지침서였던 스토아 사상가들과 그들의 저서에 나오는 내용들을 자세하게 소개하는 방대한 양을 자랑하는 책이었다.

평소 나의 세계관은 스토아 사상과 노자 철학, 불교적 이치를 통해 형성된바 모든 내용이 받아들이기 수월했고 많은 부분 동의했다. 좋은 책이었다.

더군다나 만 45세 중년의 나이에 큰 수술을 하게 된 현재의 나에게 다시금 세상의 원리와 거대한 이치에 대해 명확하게 이해할 수 있게 도와준 책이었다. 나는 45분간의 전반전을 열심히 뛰고 라커룸에서 잠시 숨을 고르며, 후반전을 어떻게 준비해야 하는지 감독과 코치인 여러 철학자의 도움으로 좀 더 명확하게 정리할 수 있게 되었다.

감사하게도 수술 후 한 달간의 회복 기간이 병가로 주어졌다. 그동안 나의 인생에 주어진 최초의 쉼표를 감사하며, 온전한 한 달간의 글쓰기에 도전해 보기로 맘먹었다. 45년을 살아온 지금까지의 나를 성찰하고 앞으로 후반전 인생을 살아갈 날들을 계획하는 소중한 한 달, 나는 글을 통해 생각을 정리하기로 했다. 예전에 읽었던 '이젠, 책 쓰기다.(조영석)'에 충분히 동의한다.

내가 좋아하는 철학인 스토아와 노자, 불교의 세계관은 거대한 우주와 자연 속 우리에게 공통으로 두 가지의 가르침을 준다. 나는 이 가르침이 너무 좋다.

하나는 '겸손'이고, 또 하나는 '감사'이다. 이런 태도는 우주의 이치를 제대로 이해하는 가운데 나오는 결과물이며, 관통하는 삶의 태도는 '긍정'적인 태도이다. 그래서 나는 지금의 이 시간을 또한 감사하며, 긍정으로 받아들이고, 거기서 다시 나에게 주목하여 내가 할 일들에 주목해야 한다고 생각했다.

읽었던 '스토아 수업'에서는 스토아학파의 창시자인 키프리우스 키티온 시 태생 제논(Zenon)의 사상을 가장 먼저 소개한다. 후기 스토아 사상가들 중에 로마 황제 네로의 스승이었고, '세네카의 죽음'이라는 유명한 명화의 주인공이기도 한 세네카의 사상도 주의 깊게 읽었다.

무엇보다 평상시 너무 좋아해 하루에도 몇 번이나 꺼내 읽는 '명상록'의 저자 마르쿠스 아우렐리우스 황제의 사상에 나는 주목한다. 수많은 전장에서 자기 자신에게 편지를 써가며, 들끓는 감정을 잘 다독거리기 위해 노력했던 마르쿠스 아우렐리우스 황제처럼 나는 스토아 사상을 통해 수술직전에 이렇게 글을 쓰며 나의 마음을 잘 정리해 본다.

"마르쿠스 아우렐리우스의 명상록은 나에게 쓰는 편지이다. 자신에게 감사한 일부터 써내려 간다."

세상의 모든 일은 결정되어 있는 일이리라. 우주의 탄생과 나의 태초의 탄생, 그리고 지금의 벌어지는 모든 일이 전부 준비되어 온 과정의 결과물이고 그로 인해 나는 그렇게 또 해내야 함도 결정된 것이리라. 현재 작은 나비의 날갯짓마저도 우주는 탄생하면서 계산해 두었다는 시 구절에 나는 동의한다.

그렇게 생각하고, 받아들이고, 내 감정을 빼고. 그런 순간부터 오히려 마음은 편안해지고, 그로 인해 이런 시련이든 역경이든 오히려 내가 더 강한 주인이 되어 세상에 한 방 날릴 수 있는 마음속 근거를 내가 스스로 만들었다는 것에서 큰 위안을 삼는다.

그렇지. 내가 할 수 있는 일이라고는 어쩌면 내 마음을 내가 통제하는 것. 그것이 별거 아닌 것 같지만 그것이라도 하느냐 하지 않느냐는 또 다른 차이를 만드는 것 일터이다.

노예 출신의 스토아 철학자 에픽테투스가 저작 '엥케이리디온(Encheiridion, 매뉴얼, 핸드북이라는 의미이다.)'에서 자신이 할 수 있는 일과 그렇지 못한 일을 구분 짓는 것부터가 '마음의 평온'을 만들고 편안하게 '안심입명(安心立命)'을 동원하는 출발이라고 한 그 울림이 있는 말을 다시 상기해 본다.

내가 통제할 수 있는 것과 내가 어찌할 수 없는 영역을 구분하는 것부터가 평온한 마음의 출발이다.

스토아 사상가의 핵심을 보통 결정론적 세계관이라고 말하고 자유의지론적 현대 철학에서는 스토아의 결정론적 세계관을 수동적인 관점으로 치부한다. 그렇지만 결정론적 세계관의 핵심은 오히려 적극적인 삶의 태도에 있다. 진정한 자유란 무엇인가? 진정한 자유는 바로 내가 오롯이 내 마음의 주인이 되는 것을 의미한다. '스스로'와 '말미암는다'를 결합한 '자유(自由)'라는 단어의 진정한 의미는 삶의 이유에 대해서 스스로 묻고 답하며, 존재 이유에 의미부여 하는 데 있다. 그러니, 내 마음을 잘 알고, 욕망에 이리 저리로 이끌려 다니는 것이 아닌 자신의 마음을 잘 다스릴 수 있다면 그것이 진정한 자유일 것이다.

내 마음의 주인은 내 마음을 다스리는 방식과 관련된 태도이다. 그런데 그 마음은 바로 세상의 이치, 세상의 구성 원리, 세상이 돌아가는 방식을 이해하고 체득하여 그것을 내면화하는 작용이다. 결과적으로 그 작용을 통해 삶을 어떻게 이끌어 갈 것인지를 결정하게 된다.

"나에게 주어진 것들은 과거다. 상황을 인식하고, 마음을 먹고, 삶의 태도를 결정하는 것은 현재적이고, 미래적이다. 과거에 젖어 있을 것인가? 현재의 평온과 미래의 행복을 쟁취할 것인가? 선택하라."

세상의 이치에 관해 가장 철학적인 심오한 태도는 노장사상과 불교의 세계관에서 발견할 수 있다. 노장의 도가 사상에서는 세상의 이치는 '도(道)'라는 항구 불변한 개념을 통해 설명되며, 불교에서는 '인연 생기(因緣生起)'로 설명한다.

노자와 장자는 길거리를 돌아다니다 마주치는 '도를 아십니까?' 하며 접근하는 분들보다 훨씬 심오하고 원대한 우주의 원리를 '도(道)'라고 이해했다. 도는 자연이며, 한낱 미물에 불과한 인간의 '인위(人爲)'로 담을 수 있는 대상이 아니다. 그러니 도에 따른다는 것은 우주의 원리를 이해하고 받아들이며, 캐나다의 리자이나 대학의 오강남 교수 표현대로 '도와 하나가 되어 함께 춤추고 함께 흐르는 것'이다.

붓다(buddha)가 6년간의 금식 고행을 깨고 첫 번째로 제자들에게 설파한 것이 바로 연기설[因緣生起]이다. 연기설은 이 세상이 어떤 방식으로 존재하느냐에 대한 깨달음이다. 연기설 즉, 인연 생기(因緣生起)는 이 세상 존재하는 모든 것은 인연의 끈으로 연결되어 원인이 없는 결과는 절대 존재하지 않는다는 가르침이다. 그러니 이 세상에 존재하는 모든 이는 존재할 만한 이유가 있어 여기 있으며, 그래서 소중하지 않은 존재는 없다. 나에게 벌어지는 모든 일도 필연적인 수많은 원인에 의해 벌어지게 된 것이니, 어찌할 것인가? 그렇게 생각하고 받아들이면 되는 것이다.

동양의 '도'나 '인연 생기'의 개념과 비슷하게 서양 철학에서는 고대 그리스의 헤라클레이토스 이래 '로고스(logos)'의 개념으로 설명한다. 바로 로고스가 스토아 사상가들이 이해했던 세상을 이끄는 근본 원리이다. 로마 시대를 거쳐 중세 시대가 되면 아우구스티누스 이래, 이 로고스는 '태초의 말씀'이 되며 '신의 계획하심'이 되었다. 후 길 홍의 '왼손에는 명상록, 오른손에는 도덕경을 들어라.'라는 책 제목이 의미하는 것처럼 스토아와 도가, 불교는 비슷한 방식으로 우주와 세상, 자연의 이치를 이해한다.

동양의 성리학에서는 이것을 이와 기로 설명한다. 이 모든 철학이 세상의 이치를 자신들의 개념과 용어로 설명하고자 했던 이유는 세상의 이치가 결정되어 있음을 설명하기 위한 이론화 과정일 것이다.

이런 세상의 이치를 설명하고 세계는 불확정성이 지배하는 것이 아니라 명확한 지배적 원리가 있다는 것을 설파한다. 그 원리를 파악하고 그것에 따르고 내 마음을 일치시킬 때 나의 마음이 온전한 평온함에 도달하게 된다는 것을 강조한다.

세상의 이치를 통해 조금 더 적극적으로 자신의 마음에 주목한 주체적인 태도는 근대 중국의 양명학에서 발견된다. 명나라의 양명학은 송나라 시대를 지배했던 성리학적 세계관에 반기를 들었다. 성리학은 사람의 본성에 이치가 있는 것처럼 외부에도 이치가 존재해 꽃이 피고 지는 것은 꽃 안에 내재한 이치에 의해서라고 주장했다.

그러나, 양명학은 꽃이 피고 져 봤자 그것을 내가 바라보고 인식하고 의미 부여하지 않는다면 무슨 소용이 있겠냐고 반문했다. 즉, 세상의 이치는 모두 내 마음이 사물을 인식하는 지점에서 생기므로 내 마음이 가장 중요하다는 것이다.

이는 근대 후기 서구의 칸트 철학에 나타난 '인식 주관'과 같은 관점으로 서구보다 300여 년 앞선 혁신적 인식론이었다고 할 수 있다. 내 마음이 세상을 받아들이고 해석하며, 의미부여 하는 주체이기 때문에 내 마음 밖에는 이치가 존재하지 않는다는 것. 그러나, 마음 밖에 이치가 존재하지 않는다는 것은 내 마음이 모든 것의 전부라기보다는 자기 위안에 있다. 자신감을 갖고 자존감을 끌어올려 너의 삶을 온전히 살아나가라는 것을 의미한다. 내 주변에 벌어지는 일이 내가 할 수 없는 영역의 것들은 그저 내가 통제할 수 없는 불가항력의 일이라 생각하고, 내가 할 수 있는 것에 최선을 다하라는 것.

비슷한 맥락의 사상적 정점은 원효의 일체유심조(一切唯心造)에서 발견된다. 모든 것은 마음먹기 달렸다는 태도는 세상의 이치인 인연 생기를 이해하고 이 이해를 바탕으로 삶의 태도를 취하는 방식을 강조한 것이다. 내 마음을 다스림은 내가 할 수 있는 영역임을 잊지 않아야 한다.

"왼손에는 명상록, 오른손에는 도덕경을 들어라. 그리고 내 마음을 들여다보자. 다른 사람 신경 쓰지 말고."

 예전에 힘든 시간 마음을 추스르며 다시 한번 살아갈 강한 힘을 주었던, 아끼는 책 '철학의 위안(알랭 드 보통)'에서는 인생의 절망에 빠진 우리에게 이겨내는 위안을 던져준다. 절망과 실망, 낙담은 생각지 않았던 인생의 벽이 눈앞에 갑자기 다가와 그 순간 마음이 위아래로 요동칠 때 나타나는 현상이라고 한다.

그 위아래로 마음이 요동치는 것은 인간에게는 어쩔 수 없는 현실적 과제이며, 그 과제를 피할 수 없다는 것을 받아들이는 것부터가 마음의 평화를 찾아가는 시작점이라고 말한다. 다만 그 요동치는 진폭을 점점 줄여나가 조금은 태연하고 초탈하게 위기 상황을 받아들이고 절망을 줄여나갈 수 있다고 한다.

그렇다면, 그 진폭을 줄여 나갈 힘은 어디에서 나오는 것일까? 그것은 평상시 준비된 '철학의 힘'에서 나온다고 할 수 있다.

나는 수많은 고민과 독서, 철학적 숙고를 통해 이 절망을 받아들이고, 대신 태연하고 초탈한 자세로 빨리 이 상황을 지나 보내고 싶어 한다.

그리고, 다시 나의 인생을 멋있게 살아가겠다고 스스로 굳게 다짐한다. 자신을 위로하며, 이미 나의 마음은 수술이 잘 끝나고 난 후의 나에게로 가 있다.

'스토아 수업(라이언 홀리데이, 스티븐 해슬먼)', '소크라테스 익스프레스(에릭 와이너)', '자기 결정(파스칼 메르시어)'

| 나를 깨우는 핵심 사상 요약 |

- 삶의 마지막 순간까지 품위로웠던 이어령 교수의 『마지막 수업』에는 '내 것인 줄 알았으나 받은 모든 것이 선물이었다.'라는 문장이 나온다. 당연하게 생각하며, 권리처럼 누리는 내 삶의 모든 것이 실은 세상이 나에게 준 호의였다. 당연하게 누리던 모든 것을 '어쩌면 당연하지 않을 수 있구나!' 하는 순간 세상을 보는 눈이 바뀐다.

- 스토아 사상의 핵심 태도는 '긍정'에서 나온다. 긍정(肯定, positive)은 상황을 있는 그대로 받아들이는 태도이다. 그런데, 우리는 가끔 그렇지 못한다. 보통 나 스스로가 마음속에서 귀신을 키워낸다. 상황을 최악으로 몰고 가는 것은 내 상상일 뿐이다. 긍정의 태도는 타인보다는 나에게 집중하는 것이고, 상황을 극복하는 힘은 그래서 내 안에 있다.

- 아우렐리우스는 『명상록』에서 자기 인생의 '감사'할 내용을 계속해서 나열한다. 생의 감사할 것은 찾아보면 소소하게 정말 많다. 내가 감사할 것들에 대해 너무 야박하게 살아오지는 않았는지 반문해 본다. 내 삶이 너무 팍팍하지 않으려면, 소소한 것에 감사하는 마음과 스스로 만족을 찾는 '자족(自足)'적 태도가 도움이 될 수 있다.

[인생 문장 필사 코너]
책을 읽으며 느낀 상념을 자유롭게 적어보세요.

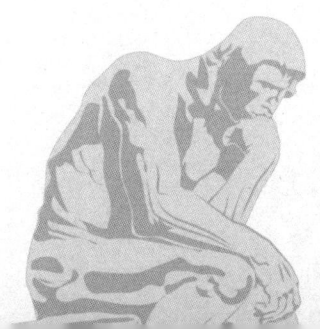

나를
깨우는
인문학
수업

Hume
데이비드 흄
(1711 ~ 1776)

따뜻함은 인간다움의 기본

수술은 월요일 아침 8시였다. 이식팀에게 나는 한 주를 시작하는 첫 번째 수술 대상자였다. 반대편 어디에선가 수혜자인 어머니가 준비하고 있으리라. 수술 전날 어머니는 나의 병실을 찾아와서 고맙고, 사랑한다고 얘기했다. 나 또한 가족 모두를 많이 사랑한다고 했다. 그렇게 덤덤한 시간이 흐르고 휠체어로 옮겨주시는 직원분의 도움으로 수술실에 도착하게 되었다. 차가운 공간. 수술을 기다리는 사람 여럿이 순서대로 대기하고 있다. 저기 있는 어느 누구는 공여자고 누구는 또 수혜자 이리라. 비교적 젊은 사람들이 공여자고 나이가 가냘프며, 힘이 없고, 지금도 곧바로 쓰러질 것 같은 누군가 들은 수혜자일 것이다. 우리 어머니도 그런 사람들 사이에 있었을 거다. 긴장했는지 화장실이 가고 싶다고 도움을 요청하는 이도 있다. 나는 끝까지 덤덤해지려 마음의 평온을 유지했다. 실감이 전혀 나지 않았다.

수술실로 들어가기 직전 보호자인 아내와 인사를 하고 헤어짐이 있던 순간, 그때를 잊지 못한다. 이상하게 보호자와 인사하고 "나 갔다 올게. 걱정하지 마. 금방 돌아올게."하고 슬픔이 가득한 표정과 눈빛으로 나를 들여보내는 아내와 헤어져 문이 열리고 새로운 차가운 공간으로 들어온 순간 큰 슬픔이 몰려왔다. 주체할 수 없었다. 글쎄 그 감정이 무엇이었을까? 잘은 모르겠지만 서러움과 슬픔, 두려움 등이 교차한 어느 지점의 복합 감정이 아니었을까?

나를 담당하는 이식 수술팀이 다가오기 전까지 잠시 차가운 공간에 머무는데 스피커를 통해 클래식 음악 한 곡이 잔잔하게 울려 퍼졌다. 내가 잘 아는 곡이었다. 마스카니 카바렐리아 루스티카나(Mascani-Cavarellia Rusticana)의 간주곡(Intermezzo)이었다.

현악기의 선율이 아름다운 이 곡은 내 기억으로는 어느 기업의 광고에 쓰였었다. 박찬욱 감독이 모델이었던 것으로 기억하는데 막 차를 타고 흙먼지를 날리면서 웅장한 음악과 함께 광고 영상이 꽤 멋스러웠던 것으로 기억한다. 광고 카피는 '나는 나를 극복했다.'였다. 그리고 일류 정신을 강조하는 기업 광고였다. 동일 기업의 병원이어서 이 음악을 틀어주었나? 하고 생각할 때쯤 나도 모르게 울컥 큰 슬픔이 밀려왔다.

"인간의 공감(sympathy)은 현악기의 현이 다음 현에 울림을 주듯, 타인의 고통과 행복을 함께하며 자연스럽게 퍼져나간다."

사실 이 음악을 잘 아는 나는 수업 시간에 효과적으로 흄(D.

Hume)의 철학을 소개하기 위해 현악기가 많이 쓰인 이 곡을 수업 도중 갑자기 불을 끈 교실 안에 크게 울려 퍼지게 틀어주고 어떤 느낌이 들었는지를 얘기 나눈다. 현악기의 하나의 현이 다음 현에 울림을 주어 함께 아름다운 울림을 우리 귀와 마음에 전달되듯 같은 원리인 흄의 공감(sympathy), 도덕감에 관해 설명하곤 했다.

흄(D.Hume)은 도덕적 행동의 직접적인 동기는 공감(sympathy)에서 나온다고 본다. 공감 무능력자는 사이코패스이다.

우리는 어떤 사람의 고통과 쾌감을 함께 느낄 수 있는 공감의 능력이 있고, 그래서 도덕 행위의 직접적인 동기는 사람의 감정과 공감의 능력에서 발동되는 것이라는 설명. 그래서, 공감의 능력이 없는 사람은 사이코패스나 소시오패스 즉, '공감 무능력자'라고 연결 지어 설명하면 학생들은 고개를 끄덕거린다.

인간의 도덕 행위에 대한 원인에 대해서는 다양한 해석이 존재한다. 대표적인 이성주의자들은 주지주의자인 플라톤(Platon) 이래로 데카르트(R.Descartes)에서 정점을 찍는다. 데카르트는 인간이라는 존재를 명확하게 증명하기 위해 생각하는 힘, 즉 이성을 그 근거로 간주했다. 어떤 경우에도 완벽히 참인 문장인 '생각한다. 고로 나는 존재한다.'에서 중요한 것은 바로 '나(ego)'이다. '나'라는 근대적 자아가 확실히 존재하고 있음을 명석 판명하게 증명하기 위해 '생각한다.'를 근거로 삼은 것이다. 역시 '이성'이 중심이 된다. 데카르트 이후 칸트(I.Kant)는 도덕적 행위의 근거를 이성적 판단 능력에 두었다. 우리도 서구 이성주의에 많은 영향을 받았다. 대한민국의 철학 전공자들이 박사학위를 받기 위해 가장 많이 연구하고 있는 철학도 바로 칸트 계열의 이성주의이다.

그러나, 근대 유럽 철학에 찬물을 끼얹어 버린 흄(D.Hume)은 과감하게 도덕 행위에서 이성의 힘이 있는 자리에 '감정'을 둔다. 대 전환이었다. 그 옛날 동양에서 맹자가 측은지심(惻隱之心)을 언급한 것처럼 우리가 도덕적인 행위를 하는 것은 감정이 동해서 그렇다는 의견이다. 가끔 이성적인 설득과 합리적인 설명보다 사람의 가슴에 감동을 주는 것이 그 사람을 움직이게 하는 것을 우리는 잘 안다. 전통적인 이성주의 시대를 지나 현대 철학에서는 오히려 다양한 철학이 자리를 잡고, 현대 인지심리학, 도덕 심리학, 뇌과학 등의 연구에서 흄의 도덕 감정 이론을 재평가하며 힘을 실어주고 있다.

가끔 학교에서 토론 수업을 하는데 수업 취지와 다르게 어떤 학생은 경쟁의식과 차가운 이성에 사로잡혀 무언가 빠진 것 같은 모습을 보일 때가 있다. 그것은 바로 '따뜻한 가슴'이라고 생각한다. 인간은 복잡하고 미묘한 감정을 갖고 있다. 인공지능(A.I.)이 흉내 낼 수 없는 인간의 감정은 그래서 가치 있고 아름다운 것이다. 학생들에게 가끔은 오히려 감정에 충실히 하라고 얘기해준다. 그리고, 타인의 고통과 행복감에 공감을 잘하는 것은 아주 인간적인 모습이라고 얘기해준다. 흄이 도덕 행위의 기반을 바로 공감(Sympathy)에서 찾는 것은 같은 이유이다.

"타인의 고통과 행복감에 공감하는 것은 인간이 응당해야 할 일이다. 공감의 감정이 메말라 간다면 노력도 해야 한다. 따뜻함은 인간다움의 기본이다."

흄의 도덕 이론은 그의 친구이기도 했던 애덤 스미스의 공감 이론과 함께 그 이후 공리주의 등 서구 철학에 많은 영향을 끼치게 된다. 현대 철학은 그 영역을 훨씬 확대 적용해서 동물 등에까지 쾌고 감수 능력을 적용하는 피터 싱어의 사상적 뿌리도 흄에게 있다고 할 수 있다.

공감의 능력은 인간을 인간답게 하는 매우 중요한 영역이어서 감정이 메말라가는 무한 경쟁과 목표 지향적 삶의 시대를 사는 우리에게 공감의 능력을 키울 수 있는 다양한 노력을 하는 것도 중요하지 않을까 하면서 화두를 던진다. 이런 아름다운 인간이 만들어 놓은 아름다운 음악처럼 예술 작품을 감상하는 것도 중요하다는 메시지도 얘기한다.

그리고, 이 곡은 마틴 스콜세지 감독의 영화 '성난 황소(분노의 주먹)'에서 주인공 복서로 등장하는 로버트 드니로의 섀도복싱 장면으로도 유명하다. 영화 미장센 중 최고로 손꼽히는 그 유명한 흑백의 장면은 주인공의 모습과 음악이 어우러져 이상한 슬픔 같은 것을 느끼게 만든다.

마틴 스콜세지 '성난 황소(분노의 주먹)'

이런 모든 뒤섞인 기억들이 소환되어 나는 이식팀을 기다리는 동안 듣게 된 음악을 통해 주체할 수 없는 감정의 미로에 빠지게 되었다. 그때 이식팀 간호사가 다가온다. "이름이 어떻게 되죠? 나이는요? 자 이제 이동할게요." 지금 기억으로는 왜 그렇게 들어가기가 싫던지. 태어나서 병원 올 일이 별로 없었고, 수술실이라는 장소는 너무나도 낯설었던 나는 이제 실감하기 시작한다. 때가 왔구나. 진짜 내 간의 70%를 절제하는 큰 수술을 하게 되는구나.

그리고, 마지막 관문으로 들어설 때 지문을 찍게 되었다. 지문을 찍을 때 화면에 사진이 뜨면서 본인과 일치, 동일하다는 메시지가 나오면서 최종 수술방의 문이 열린다. 간이식은 합법적으로 진행되어야 하므로 모든 검사를 끝내고 동의서를 쓰면서 지문 등록과 사진 촬영을 하게 되는데 그것이 진정으로 마지막 관문의 문이 열리게 하는 수단으로 쓰이게 되는지를 알게 된 순간, 불쑥 화면에 나온 나의 사진을 보고 울컥 감정이 쏟아졌다. 왜 그렇게 슬퍼 보이던지. 분명 무표정인 나의 얼굴에 많은 감정이 이입됐으리라.

좁디좁은 수술대에 누워 척추에 주사를 맞는다. "저 최대한 수술 자국 티 안 나게 복강경 신경 써서 잘해주세요. 부탁드려요." 나는 마지막 수술대에서 나의 상처에 대해 부탁했다.
상처는 나에게 기억일 것이기 때문에 상처가 내 몸에 깊이 남는다는 것은 기억이 깊이 남아 그때의 모든 것을 떠올림을 의미하기 때문에 상처가 신경 쓰였다.

"네. 걱정 마세요. 잠시 눈 감았다가 뜨면 수술 끝나 있을 거예요." 그 얘기를 듣고 잠시 어떻게 그럴 수 있지를 생각하는 순간 잠들었다.
잠시 뒤 눈을 뜬 것 같은데 수술 시간은 6시간이 훌쩍 넘어섰다. 그리고 회복실을 나와 보호자를 만나게 됐다. 나의 아내와 누나는 연신 울었다.
늘 태연하고 큰 동요 없이 삶의 모든 상황을 받아들이고 대처해오던 나를 잘 알고 있던 가족들에게 그토록 고통스러워하는 내 표정과 상황이 큰 슬픔을 주었다고 나중에 얘기해 주었다.

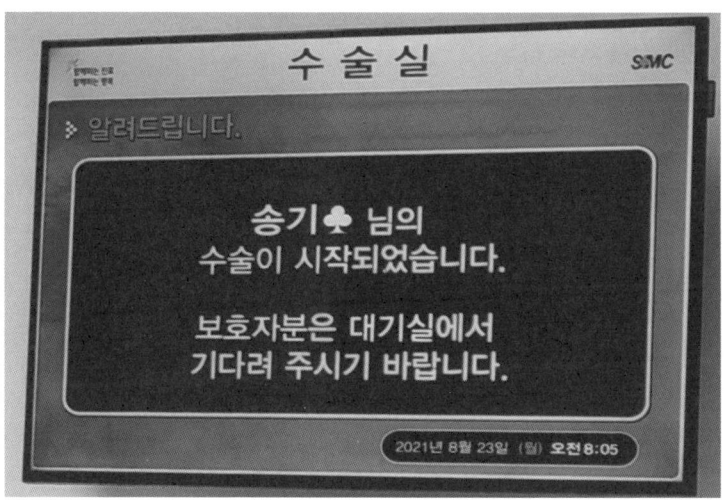

수술실에서는 마스카니 카바렐리아 루스티카나(Mascani-Cavarellia Rusticana)의 간주곡(Intermezzo)이 흘러나왔다.

| 나를 깨우는 핵심 사상 요약 |

- 뇌과학자 제임스 팰런 교수는 그의 저서 『괴물의 심연』에서 '괴물은 태어나는가, 만들어지는가?'라고 묻는다. 통계적으로 인구의 2%는 사이코패스의 뇌를 갖고 태어난다. 그러나, 유전적으로 사이코패스의 뇌를 가진 모든 사람이 범죄자가 되지는 않는다. 유전적 요인보다 더 중요한 것은 성장 과정에서 교류된 '인간의 따뜻한 감정'이다. 사이코패스(psychopath)는 '공감 무능력자'다.

- 데이비드 흄은 도덕 행위에서 '공감의 원리(the principle of sympathy)'를 중시하였다. 공감은 타인의 관점에서 사태를 파악하려는 경향을 의미한다. 나의 이기심을 넘어서 그 사람의 입장을 헤아려보는 '역지사지(易地思之)'의 태도가 공감이다. 인간다움의 본질은 공감의 능력에 있다. 인류는 공감의 능력을 바탕으로 인간 공동체를 만들어 왔으며, 인간을 '더불어 공감할 줄 아는 존재(homo symbious)'라고 한다.

- '공감은 공정의 시작이다.' 우리 공동체에는 다양한 입장이 존재한다. 나의 삶과 직결되는 사회 정책을 이해하는 시선은 당연히 합리성과 이기성에 기반한다. 다만, 이 사회 안에서 나와 더불어 살아가고 있는 수많은 사람이 있고, 그들도 나와 동등하게 인정받아야 할 존엄한 존재라는 인식이 필요하다. 그것이 '인권 감수성'이다. 현재 사회적 약자의 위치에 있는 사람도 나와 같은 인격의 존재이다. '사람 위에 사람 없고 사람 아래 사람 없다.' 이런 '인권 감수성'의 기반은 공감의 능력이다. 따라서, 우리가 희망하는 공정한 사회는 공감에서 시작된다.

[인생 문장 필사 코너]
책을 읽으며 느낀 상념을 자유롭게 적어보세요.

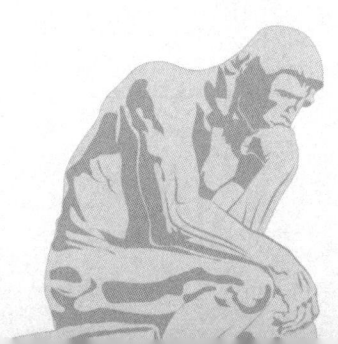

나를
깨우는
인문학
수업

5

Kant
이마누엘 칸트
(1724 ~ 1804)

자신의 본분에 충실하라

수술이 끝나고 병실에 누워있던 나에게 아내는 궁금하다며 묻는다. 이렇게 아픈데 자신의 선택에 대해 후회하지 않냐고. 늘 나의 선택을 존중해주고 동의해주는 고맙고 든든한 동료이자 지지자인 아내도 고통스러워하는 내가 매우 안쓰러워 보였나 보다. 질문에 나는 대답한다. 전혀, 전혀, 그리고 절대 후회하지 않는다고.

나는 내가 할 수 있는 영역에서의 내 선택에 후회 없이 행동한다. 선택도 빠른 편이다. 신중하지 못하게 즉흥에서 하는 선택이 아니라 심사숙고는 평소에 해야 하는 연습이라고 생각한다. 우리는 인생을 살아가면서 항상 처하게 되는 윤리적 딜레마의 상황에 평상시 숙고를 통해 인식, 판단과 선택에 연습이 되어 있어야 한다.

앞에서 언급한 페터 비에리 교수의 소설이자 동명 타이틀 영화 '리스본행 야간열차(Nachtzug nach Lissabon, 2014)'의 주인공 아마데우는 청년 시절 촉망받는 의사였다. 또한, 인권 탄압에 맞서 싸우는 비밀 저항 운동을 펼치고 있었다.

개인적으로 영국의 록 밴드 뮤즈(Muse)의 레지스탕스(Resistance) 라는 곡을 좋아하는데 아마데우는 사르트르의 자유주의 사상을 신봉하는 반파시스트 저항군 즉, 레지스탕스였다. 사르트르의 별명이 마지막 레지스탕스였으니, 뮤즈의 노래는 이 대목에서 아주 잘 어울리는 선곡이 아닐까? 그런 아마데우에게 자신들을 탄압하는 인간 백정이라 불리는 비밀경찰 멘데스가 위독한 상태의 환자로 나타나게 된다.

멘데스는 나의 동료들을 잔인하게 살해했고, 궁극에는 내 생명도 위협하게 될 인물이다. 아드레날린을 주사할 것인가? 아님, 독약을 주사할 것인가?

'리스본행 야간열차(2014)'에서는 우리가 살아가면서 만나게 되는 윤리적 딜레마 상황에 질문을 던진다. 당신이라면?

아마데우 같은 상황에 놓인다면 우리는 어떤 선택을 해야 할까? 의사로서 환자의 생명을 최우선의 가치로 여기는 선택을 하는 것은 당연한 일이고, 본인의 신념에 따라 인권을 지키기 위한 활동도 중요한 판단 가치일 것이다. 영화에서 아마데우는 환자를 성심껏 돌보고 치료하는 선택을 하게 된다.

영화에서는 또한 다양한 윤리적 딜레마 상황을 우리에게 준다. 레지스탕스에 가담하여 첫 번째 임무가 주어졌는데 파시스트의 협조자인 아버지를 처단하라는 임무라면? 경건주의 예수회 졸업식장 대표 연설에서 무신론적 혹은 자유주의적 자신의 신념적 연설을 선택할 것인가? 불꽃처럼 화려하면서 짧은 인생을 살 것인가? 지루하지만 가늘고 길게 살 것인가?

이런 어려운 윤리적 딜레마 상황이 아니라도 우리는 일상에서 다양한 선택의 갈림길에 서게 된다. 그때마다 선택과 행동의 기준을 평상시 잘 준비해두어야 한다.

근대 후기 독일의 철학자 임마누엘 칸트(I. Kant)는 일평생 확고한 원칙을 세우기 위해 노력했던 철학자다. 칸트의 철학을 너무나 사랑하는 나는 독실한 칸트주의자다. 그래서 칸트가 세우라고 강조했던 원칙을 20년이 넘는 교직 생활을 통해 숙고하면서 마련했다.

"저 하늘에 반짝이는 별을 인간 모두는 가슴에 품고 살아간다. 그래서 인간은 모두 별이고 존엄하다. 반짝이는 별일 것인지,

소멸할 것인지는 스스로 추구하는 인간다움의 기본에 있다."

칸트는 인간이 욕망에 휘둘린다면 동물이나 당구공과 무엇이 다르겠냐고 반문한다. 큐로 공을 치면 이리저리 당구대를 굴러다니는 모습은 욕망에 이끌려 다니는 본능에 기반한 동물과 같은 급일 것이다. 그렇다면 칸트가 존경받을 만한 인간의 모습으로 설정한 삶의 원칙은 무엇이며, 그 원칙에 따르면 자연스럽게 행복한 삶이 따라올 수 있을까 하는 많은 고민과 노력이 필요했다. 칸트처럼 삶의 끝에서 자신의 인생을 총체적으로 평가하면서 '좋았어! (Es ist gut!)'라고 말하고 싶었다.

임마누엘 칸트(I.Kant)는 우리에게 묻는다. 당신 삶의 원칙이 무엇인가?

나는 어떤 행동을 하려 할 때, 늘 하나의 문장에 대입하여 해당하면 행동하고, 아니면 절대로 하지 않았다. 교사로서의 행동의 원칙은 '지금 하는 이 선택과 행동이 학생을 위한 것인가?'였다.

나는 교사라는 직업을 갖고 있고, 교사는 학생을 위해 존재한다. 의사가 환자의 생명을 최우선 가치로 삼아야지 자신의 영달과 경제적 이익, 사회적 권력 등을 최상위 가치로 설정하고 행동하면 의사로서 하지 않아야 할 일을 하게 되는 결과가 발생함을 우리는 뉴스를 통해 보게 된다. 한편에서 교사는 학교 안에서 학생의 영혼을 어루만지고 치유하는 의사의 역할을 한다. 플라톤은 스승 소크라테스를 제자들의 영혼을 조각하는 조각가에 비유하며, 유일하게 합법적으로 제자의 정신과 영혼에 개입하는 성스러운 일을 교사가 한다고 말했다. 교사는 의사이다.

한때 사회적 울림이 컸던 '골든아워'의 저자인 이국종 전 아주대학교 권역외상센터 소장은 의사로서 의사의 일에만 집중할 뿐이라고 강조했다. 사회적으로 어떤 직분이든 그 기본에 충실한 것이 가장 중요하다는 사실은 누구나 안다. 그런데 그것이 참 어렵다. 인간은 이기적 유전자를 가진 존재일지도 모르고, 그 이기성에는 욕망의 충족과 사회적 권력욕이 있을지 모른다. 비단 의사뿐 아니라 공직자, 정치인, 법조인, 언론인 등 사회적 파급 효과가 큰 직업일수록 그 행동의 원칙이라는 것은 매우 중요할 것이다. 그 원칙이라는 것은 설정하기 어려운 것이 아니라, 본질에 충실한 기본을 선택하면 되는 것이다.

어느 사회든 미래를 준비하는 가장 중요하면서, 투자를 아끼지 말아야 할 분야가 '교육'이다. 교육에서 핵심은 교육 행정과 정책도 중요하고 근간이 되는 교육 철학도 중요하지만, 역시 교사 각자의 역할이 가장 중요하며, 사회는 특히 공교육 현장 교사의 활동에서 미래의 해답을 찾아야 한다.

많은 미래학자의 강연을 자주 찾아본다. 강연의 마지막 부분에서 질의응답을 하다 보면 미래 문제의 해법을 의외로 기본인 '교육'에서 찾고 있다는 것을 알게 된다. 요즘 사교육에 의존도가 높은 대한민국의 현실에서 학교의 교사보다 학원 선생님을 더 믿고 존경한다고 하는 학생들과 학부모들의 높은 의존도를 보면 심한 우려가 있는 것을 부인할 수 없다.

학생들은 사명감으로 수업과 생활기록부 작성, 부서 업무에 진로상담으로 자발적 야근까지 하는 학교 선생님보다 억대 연봉을 벌고 초호화 의식주를 거리낌 없이 자랑하는 학원 강사에게 열광한다. 심지어 학교 교육 현실과 교육정책, 학교 안의 학생 심리 등을 주제로 진솔하게 토론하는 프로그램에서 학원 강사인 방송인이 패널로 출연한다는 아이러니한 현실도 안타깝다. 실제로 내가 열심히 강의한 EBS에서는 공교육의 정상화에 공헌한다는 목표와 달리 학원의 1타 강사를 모시려 공을 들이고, 강사는 이를 발판 삼아 자신의 사교육으로 학생을 유입 시키고 있는 것이 현실이다.

그러나 나는 이런 현상을 무조건 비판만 하지 않는다. 사안의 본질을 이해하는 것이 중요하다. 이 모든 안타까운 현실은 우리 모두가 지금도 묵시적으로 동의하며 커커이 만들어 온 결과물이다. 이렇듯 인간의 기본적 욕망과 관련된 '부동산'과 '사교육 영역' 같은 것은 그 본질적 특징에서 쉽사리 정책이 바뀐다고 해결될 문제가 결코 아니다.

그 현상의 본질을 이해하고 누구나 가진 욕망을 어떻게 해소할 것인지, 연동되어있는 문제를 모두 입체적이고 종합적으로 접근하는 방식이 중요하다. 현재 대한민국의 특정 지역 집중화, 부동산 광신주의, 사교육 열풍은 서로 얽혀있는 하나의 문제이며, 이런 현상은 비단 우리나라만의 문제도 아니다.

이럴 때 우리는 곧바로 중요한 것을 물어봐야 한다. '삶의 원칙이 무엇인가?' 우리는 어떤 삶의 원칙을 가진 사람에게 '품위' 있다고 평가할 수 있을까? 왜 인간에게 품위는 추구해야 할 중요한 가치이며, 우리가 진심으로 인간적인 존경을 표하는 것과 이 품위는 어떤 관계를 갖는가?

"각자의 위치에서 자신의 본분에 충실한 것이 직업윤리다. 의사가 히포크라테스 선서를 하듯, 자신의 직업에서 추구해야 할 최상위 가치가 무엇인지 묻고, 충실하면 된다. 교사의 최상위 가치는 미래를 성장시키는 것이다."

이런 교육 현실에서 공교육 현장에 있는 교사는 그럼에도 불구하고 교사의 본분과 기본에 충실해야 한다. 교사가 자신의 안위와 나의 이익, 나의 행복을 행동의 최상위 가치로 설정한다면 존경받는 교사일 수 없다. 교사는 학생을 위해 존재하며, 어떤 행동을 하든 그것이 학생을 위한 행동인지를 묻고 그에 따른 행동 결정을 해야 한다.

교사로서의 행동 원칙과 함께 내가 숙고해서 만들어 온 한 인간으로서의 원칙은 '지금 하는 이 행동이 멋있는 것인가?'이다. 멋있지 않고 모양 빠지는 볼품없는 행동이라면 절대 하지 않는다는 원칙이다. 우리는 당당하지 못하고 비겁한 행동을 하는 상황을 만들지 않도록 평상시 노력해야 함을 잘 알고 있다. 적어도 함께하는 동료에게, 후배에게 손가락질받으며 '적어도 저 사람처럼 살지 말아야지.'라는 평가를 받는다면 한 인간으로 인생을 한번 살다가 죽으면서 얼마나 창피한 일인가.

한 인간으로 각자 다양한 가치를 추구하며 살아갈 수 있다. 그 다양성은 당연한 것이고, 다원화 사회를 건강하고 탄탄하게 만든다. 그렇지만 한 인간으로서 어떤 이유에서든 누군가에게 손가락질받는 멋없는 삶을 산다면 그것은 분명 문제가 있다는 것에 동의한다. 그 옛날 소크라테스가 제자들에게 산파술을 통해 반문한 것처럼 그런 인생은 인간의 품위적 측면에서 후회하게 될 것이다. 어떤 행동을 하더라도 스스로가 한 인간으로서 멋있다고 생각하는 행동을 해야 할 것이다. 그렇다면 평상시 어떤 것이 멋있는 것인가에 관한 스스로 정의(定義)가 우선 명확하게 내려져 있어야 할 것이다.

흔들림 없는 편안함과 후회 없는 선택을 나는 이번에도 했다고 생각했다. 수술 직후 정신을 차리자 수업을 위해 운영하는 블로그에 글을 올렸다. 제자들이 많이 보고 싶었고, 빨리 건강해져 학교로 돌아가 열정의 수업을 쏟아내고 싶었다.
그렇지만 숨쉬기조차 버거운 지금의 통증은 쉽게 사라지지 않는다는 사실도 알게 되었다. 생각했던 것보다 시간이 오래 걸릴 거라는 것도 알게 되었다. 호흡 운동을 해야겠다. 지치지 말고.

행복의 원칙은
첫째, 어떤 일을 할 것,
둘째, 어떤 사람을 사랑할 것,
셋째, 어떤 일에 희망을 가질 것이다.
- 임마누엘 칸트(I. KANT, 1724~1804)

한 가지 뜻을 세우고,
그 길로 가라.
잘못도 있으리라.

실패도 있으리라.
그러나 다시 일어나서
앞으로 나아가라.
반드시 빛이 그대를 맞이할 것이다.

- 임마누엘 칸트(I. KANT, 1724~1804)

내 마음을 늘 새롭고
더한층 감탄과
경외심으로 가득 채우는
두 가지가 있다.
그것은 내 위에 있는
별이 빛나는 하늘과
나를 항상 지켜주는
마음속의 도덕 법칙이다.

- 임마누엘 칸트(I. KANT, 1724~1804)

| 나를 깨우는 핵심 사상 요약 |

- 임마누엘 칸트는 참 심플한 삶을 살았다. 삶의 원칙이 명확했기 때문이다. 인간으로 어떤 삶을 살 것인지 확고한 신념을 설정하는 것은 매우 의미 있다. 인생의 갈림길에서 중요한 판단을 할 때, 만들어진 나의 신념과 원칙은 행동에 자신감을 불어 넣는다. 당당하고, 떳떳하며, 품위를 갖춰 존경받는 멋진 사람들을 보라. 그들은 명확한 삶의 원칙과 확고한 신념의 소유자다. 그리고, 자신의 소신을 바탕으로 소통하며, 함께 할 줄 안다. '소신 있지만, 유연하게'라는 중요한 삶의 원칙이다.

- 교사 출신이었던 칸트. 칸트와 같은 존경 받는 교사가 되기 위한 원칙은 무엇일까? 교사라는 직업은 한 사회에서 미래 세대를 양육하는 중요한 직업이다. 그렇다면, 학교라는 공간에서 교사는 학생에게 미치는 영향력에 관한 책임 의식을 가져야 한다. 교사로 살아가면서 지켜야 할 삶의 원칙은 단순하다. '학생을 위한 것인가? 학생의 성장을 돕는 것인가? 미래 세대에게 책임감 있는 모습인가?'

- 줄탁동시(啐啄同時). 청소년 시절 자유를 찾기 위한 자발적 투쟁과 함께 좋은 스승을 만나는 것은 의미 있다. 스승은 좋은 책이, 마음이 통하는 친구가 될 수도 있다. 소크라테스가 플라톤의 영혼에 합법적으로 개입했던 것처럼 어미 닭이 밖에서 쪼아주면 알을 깨고 나오는 병아리의 삶은 좀 더 힘 있고, 행복할 수 있다. 기성세대는 다음 세대에 좋은 어른, 존경할 만한 키팅 선생님이 되어준다는 의무의식을 가져야 한다. 자신의 이익에만 집중하지 말고, 우리 공동체의 미래에 책임 의식을 가져야 한다. 청소년이 우리의 미래라는 사실은 분명하다.

[인생 문장 필사 코너]
책을 읽으며 느낀 상념을 자유롭게 적어보세요.

나를
깨우는
인문학
수업

6

Mòzǐ
묵자
(B.C 480 ~ B.C 390)

평화가 곧 길이다

입원 당시 몸무게는 72kg으로 평소보다 조금 체중이 불어난 상태였다. 먹기도 잘 먹고 운동도 열심히 해서 평소 바뀌지 않던 몸무게가 2kg 정도 늘어 있었다.

수술 이후 몸이 잘 회복되는 듯해서 퇴원했지만 곧바로 장폐색을 동반한 큰 고통이 찾아왔고, 나는 앰뷸런스에 실려 응급실로 오게 되었다. 그렇게 응급실에서 아픈 배를 움켜쥐고 이리 뒹굴 저리 뒹굴 한지 꼬박 하루 만에 병실로 재입원했다가 상태가 호전되어 일주일 만에 퇴원하게 되었다.

요즘 대형 병원의 응급실은 그야말로 아비규환(阿鼻叫喚)의 상황이다. 코로나 이후 더욱 심해졌다. '아비(Avici)'는 불교에서 말하는 8대 지옥 중 가장 아래에 있는 지옥이고, '규환(raurava)'은 4번째 지옥이다. 응급실 밖에서 서너 시간의 대기는 기본이고, 들어가서도 두세 시간 아픔을 오롯이 혼자 견뎌낸 후 의사를 만날 수 있으니, 지옥을 맛본다는 표현인 아비규환은 그야말로 적확하다.

간이식 공여자 수술 직후 가끔 이런 경우가 있다고 하는데 장폐색에 의한 통증은 평생 겪어보지 못한 극심한 고통이어서 '애간장이 녹는다.'라는 표현을 정확하게 이해하게 되었다. '애'는 고유어로 창자를, 간장은 간(肝)을 의미하니 정확히 나의 고통은 애간장에 있었다.

장폐색을 동반한 통증은 조치가 간단했다. 그 방법은 뽑아내고, 굶는 방법밖에 없다 했다. 위까지 가닿는 콧줄을 고통스럽게 넣고 위에 있는 모든 것과 담즙까지 이틀에 걸쳐 뽑아냈다. 늘어난 소장과 대장은 금식을 통해 가스를 뽑아내야 했다. 평소에는 그렇게 소화도 잘하고 방귀도 잘 뀌었었는데 그 모든 내 육체의 활동이 그리웠다.

퇴원 당시 몸무게는 66kg였다. 간도 아직 작은 상태인데다가 6일간의 금식으로 에너지가 바닥이었다. 교실을 가득 채우던 쩌렁쩌렁한 나의 목소리는 사라졌고, 그나마 작은 목소리로 힘없이 말을 해도 이내 숨이 가빠왔다. 무엇보다 숨 쉬는 게 쉽지 않아 기침하면 힘들었다. 교육받은 호흡법에 맞춰 폐 운동을 열심히 해야 했다.

사실 이렇게 많이 아픈 것은 예상하지 못했다. 누가 그런 것을 예상하고 판단할 수 있겠는가? 이렇게 고통스러운 뒷일을 감당해야 한다는 것을 수술 전에 알았다면, 한 치의 고민도 없이 결정한 바를 그때도 똑같이 할 수 있었을까? 이 질문에 나는 똑같이 대답한다. 판단의 결과는 다르지 않을 것이었다. 내가 판단한 것의 기준은 지금 상태에서 주어진 문제 상황은 어머니는 이식이라는 마지막 수단이 아니면 방법이 없는 위험한 상태라는 것이고, 누나들보다 남자인 나의 신체 조건이 적합도에서 높을 것이며, 나의 건강 상태를 보았을 때 신속히 회복할 수 있다고 종합적으로 평가했고 판단했기 때문에 그렇게 결정한 것이다. 전혀 망설이거나 주저함도 없었다.

가족 중 한 사람의 중환이 생기면 아픈 당사자뿐 아니라 간병에 매달려야 하는 모든 가족의 일상이 병원에 함몰된다는 것을 알게 된다. 병원에 있는 환자들과 가족은 모두 같은 상황이다. 병원 생활이 어느덧 한 가족의 삶에 깊이 들어와 있고, 당분간은 얼굴빛도 밝지 못하다. 그렇지만 환자도 가족도 모두 희망을 품고 지금 순간을 이겨내고 있는 초인(超人, Übermensch)들이다.

인간은 영생을 얻을 수 없는 누구나 유한한 존재이므로 나이가 들어가면서 자연스럽게 그런 경험을 갖게 된다. 글을 쓰고 업로드를 하면서 다른 사람들의 글을 읽다 보면 나와 같은 상황에서 글을 써보는 이들이 많이 발견된다. 살면서 사랑하는 사람의 아픔, 자신의 아픔, 가족의 상실, 공허함 이런 것을 겪고 나면 누구나 인생의 깊이를 깨달은 철학자가 되고, 그것에 관한 자기 생각을 글을 통해 토해내고 싶어 하는 마음일 것이다.

프리드리히 니체는 하루하루 일신우일신 하는 삶을 초인이라고 했다. 어제보다 조금 더 나은 나를 순수하게 추구하는 보통의 우리가 바로 초인이다.

지금도 가족이 병환으로 고통받고, 그것을 돌보는 일을 묵묵히 감내하는 모든 환자 가족을 응원한다. 그것으로 인해 인생철학을 글쓰기로 승화하는 많은 사람 모두에게 지지를 보낸다. 나 또한 지금 그렇게 하고 있으니. 공감과 지지와 연대를 통해 우리는 견디고 궁극에는 승리한다. 세상에 멋있게 한 방 먹이는 것을 꿈꾼다. 그것은 다시 말하지만 의외로 행복하게 지내는 것이다. 이렇게 시련을 주는 도도한 세상에 씩 웃어 보이고 "그럼에도 불구하고. 나는 나름 행복해. 아주 만족해." 이렇게 멋있는 강펀치를 날리는 것이다.

나는 집에서는 어린 막내였지만 어려서부터 어른스럽게 행동했다. 누구나 있는 가족사에 나는 발목 잡히기보다는 그것을 극복하고 반면교사 삼아 나를 만들었다. 나는 부모님과도 달랐고, 가족들과도 다른 면이 많았다. 나는 그냥 순전히 '나'였다.

성장통을 겪고 있는 학생들이 상담을 요청해서 얘기를 나눌 때, 나는 내 얘기를 곧잘 해주는 편이다. 결코 그런 고통은 혼자만 겪는 것이 아니며, 또 세상에 많은 사람이 너와 같은 상황이라는 것을 꼭 얘기해주고 싶어 한다. 그리고, 그것을 이겨내는 것도 온전히 본인의 몫이며, 잘 이겨내면 '좋은 어른'이 되어 이런 얘기를 자연스럽게 할 수 있게 되는 때가 오게 된다고. 인생 드라마였던 '나의 아저씨'에서 이지안에게 세상과 살아가는 법을 얘기해주는 좋은 어른이 필요했듯, 학생들에게는 좋은 어른이 필요하다는 것을 잘 안다.

"좋은 어른은 어떤 사람일까? 언젠가부터 좋은 어른이 되는 것은 내 삶의 목표가 되었다."

성장하고 나이가 들면서 자연스럽게 부모님의 몸이 여기저기 많이 아프게 되고 그런 일이 있을 때마다 나는 하나에 집중했다. 어떤 일에 대한 해결 방안을 찾을 때, 가장 중요한 원칙은 가족 구성원 모두가 행복하게 함께 갈 수 있는 방법을 찾아야을 즐기며, 인간의 올바른 길에 관해 대화 형식으로 토론을 즐겼으니 철학과 산책은 한 몸처럼 밀접하다.

학교에서 아리스토텔레스의 철학을 수업할 때면 그가 제자들과 했던 것처럼 학교 안을 제자들과 산책하며 그가 주장한 '진정한 행복'에 관해 편안하지만 심도 깊게 토론해 본다. 제자들도 한결 부드럽게 본인이 생각하는 행복론을 잘 설명한다. 아리스토텔레스는 인간이 행복을 추구하기 위해서는 '지성의 덕'과 '품성의 덕'을 모두 갖춰야 하는데 품성의 덕이 형성되기는 쉽지 않은 일이기에 지속적인 노력과 습관화가 필요하다고 강조했다. 그렇다. 좋은 인품을 갖추는 것은 하루아침에 되지 않는다.

좋은 인품을 갖추는 것은 하루아침에 되지 않는다. 지속적인 노력과 습관화가 필요하다. - 아리스토텔레스

드라마 '품위있는 그녀'에서 주인공 박복자(김선아)는 결국 돈과 사회적 지위를 비롯한 모든 것을 갖게 되었지만, 우아진(김희선)이 가진 '품위'를 하루아침에 갖기는 쉽지 않았다. 품위를 갖추는 것은 한 인간으로서 존경받는 위치에 있게 되며, 보람된 인생을 살게 하는 행복의 중요한 영역이다. 품위를 갖추기 위해 '중용(中庸, The Golden Mean)'이라는 기준에 맞춰 지속해서 노력해야 한다. 완성은 쉽지 않다. 다만 추구하는 것이다. 그러다 보면 행복한 인생을 살 수 있는 것이다.

"완성은 쉽지 않다. 다만 추구하는 것이다. 그러다 보면 행복한 인생을 살 수 있는 것이다."

우리가 언젠가부터 책을 읽을 때 책상에 앉아 허리를 곧게 세우고, 올바른 자세로 30cm를 이격시켜 읽어야 한다고 교육받았다. 잘못된 독서법이다. 나는 책을 매우 좋아하는데 일단 책을 많이 산다. 외모를 치장하는 것도 좋아하기 때문에 옷과 각종 소품 쇼핑을 많이 하는데, 내면에도 투자해야 한다고 생각해서 책을 많이 산다. 많이 사고 옆에 두면 분명히 언젠가는 읽게 된다. 가끔 알라*같은 중고서점을 이용하는데, 요즘 중고서점은 청결하고 크고 너무 잘되어 있어 좋다. 이동진 영화 평론가의 집이나, 다치바나 다카시의 고양이 빌딩처럼 집을 꾸미는 것이 꿈이다.

필요한 책을 많이 구입하고 나면 다니는 동선에 책을 던져 놓고, 돌아다니다가 잡히는 대로 읽는다. 읽으면서 꼭 책에 지저분하게 메모를 한다. 의문점과 저자와 다른 내 생각, 다양하게 떠오른 아이디어를 기록한다. 책을 걸어 다니면서 읽는 것도 좋아한다. 무엇보다 화장실에서 읽는 것을 좋아한다. 이지승의 저서 '리딩으로 리드하라.'를 읽어보면 세기의 천재들의 독서법이 나와 있다. 그 핵심은 반복 독서, 필사, 사색에 있다고 밝힌다. 정약용, 뉴턴, 헤겔, 페트라르카, 구양수, 칸트, 링컨, 제갈량 등의 독서법을 그 예로 들고 있다. 전적으로 동의한다.

그러나, 한 가지를 첨가하자면 리딩 이후에 반드시 사색의 시간이 필요하다. 공자는 '학이불사즉망(學而不思則罔) 사이불학즉태(思而不學則殆)'라 했다. 배우고, 익히기만 하고 생각하지 않으면 그물에 물과 모래가 싹 빠져나가듯 없어진다.

"학이불사즉망(學而不思則罔), 사이불학즉태(思而不學則殆) 배우기만 하고 생각하지 않으면 다 빠져나가고, 자기만의 생각에만 빠져있고 배움과 토론에 게으르면 위태로운 독재자가 된다."

요즘 학교에서 학생들을 보면 답답할 때가 있다. 학원과 인강 등을 열심히 듣기에만 급급하여 자기만의 정리하는 시간을 갖지 않는다면, 그 지식은 진정한 내 것이 되지 못한다.

운이 좋게도 공부 잘하고 좋은 성과를 내는 제자, 수능 만점을 받는 제자를 많이 지도해 봤다. 공통적인 특징이 있었다. 그것은 자신만의 방법으로 생각하고 정리하는 시간을 배우고 익히는 시간만큼 반드시 갖는다는 것이다.

엉덩이를 의자에 붙이고 있는 시간이 결국 승자와 패자의 차이를 만든다는 것은 내 눈으로 확인한 진리임이 틀림없다.

그러나, 한 가지 보태야 하는 것은 그 시간이 온전히 동굴 속에서 자기 생각을 정리하는 '통찰(洞察)'의 과정에 투자를 많이 해야 한다는 것이다. 자신이 개발한 자신만의 정리 노트를 방송에 나와 소개하는 것은 내가 직접 확인한 그 제자들의 진짜배기 공부법이었다. 그래야 자기 것이 되고 오래간다.

사색의 시간과 스스로 생각을 정리하는 시간을 좀 더 재밌게 할 수 있는 방법도 있다. 귀에 무선 이어폰을 끼고 편안하게 듣기 좋은 음악과 함께 산책을 하면서 사색을 하는 것이다.

산책하면서 좋은 생각이 떠오르고 잘 정리가 이루어지면 스마트폰 메모장에 아이디어를 기록하거나 간단하게 녹음을 하는 방법도 좋다. 산책은 마음을 릴랙스 시키고 여유롭게 세상을 볼 수 있게 하며, 지친 일상에 재충전을 부여한다.

장기하와 얼굴들의 1집 중에서 '느리게 걷자'라는 곡이 있다. 천천히 여유롭게 걷다 보면 보이는 것이 훨씬 많고, 넓어진 시야로 또렷이 보이는 것이 훨씬 많으면, 얻을 수 있는 영감(靈感)도 분명 많아진다. 너무 빨리 앞만 보며 걷고 있다면 가끔 스스로 의미심장한 질문을 던져봐야 한다. "왜 걷지? 어디로 가는 거지? 방향은 맞는 건가? 내가 선택한 길인가?" 천천히 산책을 즐기고 말끔하게 샤워를 하면 그것이 천국이다. 산책에 투자해야 한다.

철학자 칸트는 산책광으로 잘 알려져 있다. 규칙적인 생활은 그의 신체적 결함에 의해 스스로가 개발한 생활 패턴이었다. 아침에 기상해서 강의 준비를 하고, 산책을 즐기고, 사람들과 유쾌하게 저녁 식사를 즐기며, 평온을 유지한 채 잠을 청하는 일련의 루틴은 그의 흉부 기형에도 불구하고 장수를 선물했다. 그런 그가 가장 중요하게 생각했던 것은 바로 산책이었다. 모든 면에서 원칙주의자였던 칸트는 정확한 시간에 같은 장소를 지나가는 '시계'라는 별명을 갖고 있었다. 언제 어디에서도 정확한 시계. 그의 철학은 그렇게 예외 없이 적용되는 시계처럼 원칙을 중시한다.

칸트에게서 영감을 받아 하이델베르크에 가면 철학자의 길이 조성되어 있다. 일본의 교토에도 철학의 길이 있다. 긴카쿠지에서부터 에이칸도 근처까지 대략 1.5km 길이의 길인데, 그 아름다운 길의 끝에 소담하면서도 아기자기 예쁜 요지야 카페가 있다. 철학의 길은 인생에서 한번 가볼 만한 예쁜 장소이다. 직접 걸어보면 칸트가 되기도 하고, 헤겔이 되기도 하고, 아리스토텔레스가 되기도 하고 퇴계 이황이 되기도 한다.

일본 교토의 철학의 길. 각자 인생의 '철학의 길'을 오늘도 걷자.

현대 뇌과학과 인지심리학에서는 인간의 도덕 행위가 일어나는 뇌의 영역에 주목하는 연구를 하고 있다. 인간의 뇌에는 인슐라(insula) 혹은 뇌섬엽이라고 부르는 곳이 있다. 인슐라는 '섬'을 뜻하는 라틴어다. 측두엽과 두정엽 아래쪽의 피질이 나뉘는 외측 고랑(lateral sulcus)에 자리 잡고 있는데 마치 조개처럼 생겨, 바다 위의 섬처럼 다른 부분과 구별되기 때문에 붙여진 이름이다. 그런데 이 인슐라는 감정과 의식의 연결고리 역할을 하기도 하고 도덕적인 행위에 관여하는 중요한 부위라는 연구 결과도 나오고 있다. 그런데 인슐라 피질이 두꺼워져 도덕 판단, 도덕 행위를 잘할 수 있게 도와주는 방법은 명상, 행복한 대화 그리고, 산책 같은 것이다. 반대로 지나친 흡연, 알코올 섭취, 사색과 산책이 결여된 번아웃돼버린 일상은 인슐라 피질을 얇게 만들어 도덕 판단이 쉽지 않게 만든다는 주장이 있다. 인간의 삶에서 산책은 매우 중요한 역할을 한다.

틈만 나면 혼자 하든 함께하든 산책을 즐겨야 한다. 서울대학교 심리학과 최인철 교수는 강연에서 행복감을 느끼기 위한 비법을 소개한다. 좋아하는 사람과 맛있는 음식을 먹으며, 행복한 대화를 즐기고, 멋진 풍광을 보며 산책을 즐기는 행복의 종합 선물 세트, 그것은 바로 '여행'이라고 말한다. 그러니 여행을 가서 산책을 즐기는 것은 행복감을 주는 매우 용이한 방법이다.

좀 더 많은 물과 산책로가 있는 최적의 장소를 찾아야겠다. 나는 곧바로 숙소를 알아보고 항공 티켓을 구매하고 짐을 싸기 시작했다. 수술 직후 비행기를 타도 되는지 걱정했었지만, 의사는 "항공기에는 내부에 압력 조절 장치가 있어 당연히 문제없습니다. 음. 군 수송기 같은 거 타고 가는 게 아니라면요. 하하."라고 썰렁하게 말했다. 때문에 나는 곧바로 행동에 옮겼다.

| 나를 깨우는 핵심 사상 요약 |

- 행복 전문가 최인철 교수는 인간의 뇌에서 행복감을 느끼는 것은 맛있는 음식을 먹는 것, 사랑하는 사람과의 대화, 산책, 명상 등에서 얻어질 수 있다고 강조한다. 여행은 이런 것들을 한꺼번에 즐길 수 있는 '행복의 종합 선물 세트'가 된다. 그래서, 여행은 다리가 후들거릴 때 하는 것이 아닌 가슴이 설렘으로 두근거릴 때 하는 것이다. 나중에 여유 있을 때, 돈 많이 벌어서 등의 핑계로 여행을 미루면 행복은 내 옆 사람의 것이 되고, 부러움에 잠 못 자게 된다. 불면증에 시달리느니 지금 내 행복의 여행을 떠나자.

- '소욕지족(少欲知足)과 발[足]의 행복.' 행복은 내가 느끼는 만족감에서 온다. 만족(滿足)은 머리끝부터 발끝까지 가득 찬 충만함에서 얻어짐을 의미한다. 만족이라는 단어에는 발[足]이 포함되어 있다. 만족은 발의 자극에서 온다. 산책은 행복에 필수 요소이다. 지구의 지면에서 에너지를 흡수하면서 발을 자극하는 행위는 기쁨과 평온, 만족과 행복을 만들어 낸다. 걸으면 치유된다. 너무 많은 물질을 충족하여 행복을 외물에서 찾으려 하기보다는 절제하고 내면에 집중하는 삶을 통해, 그리고 산책을 통해 진정한 행복을 찾아보자.

- 아리스토텔레스는 행복은 결과가 아니라 '과정'이고, 소유가 아니라 '활동'이며, Becoming이 아니라 'Being'이라고 했다. 행복은 완성을 향한 추구에서 나온다. 완성된 상태가 아니라 완성으로 가는 '과정', '의지', '노력'이 중요하다. 어떤 것을 성취하고 나면 결과로 행복을 얻어질 수 있다고 생각하지만, 행복은 지금 이 순간에 있다. 나중의 행복을 위해 지금 참으면서, 행복을 미루면 안 된다. 인생은 짧다. 지금 행복해야 한다. 행복은 누가 가져다주는 것도 아니다. 진정한 내가 되어 내 인생을 살아갈 때 행복은 가까이 있다.

[인생 문장 필사 코너]
책을 읽으며 느낀 상념을 자유롭게 적어보세요.

나를
깨우는
인문학
수업

8

Lǎozǐ
노자
(B.C 571 ~ ?)

겸손은 성장의 원동력

우연히 라디오를 듣다가 광고에 귀를 기울였다.

'세상에서 가장 아름다운 약속에 함께 해주세요.'라는 내용이었다. 사후 장기기증에 동참해달라는 광고였다. 예전에 생명 윤리를 다루는 수업에서 장기기증에 대해 학생들과 토론하며 얘기를 나눴던 적은 있었지만, 이번 기회에 깊이 있게 생각을 이어나갔다. 그리고, 모바일로 사랑의 장기기증 서약을 하게 되었다. 사후 각막 기증, 뇌사 시 장기기증, 인체조직기증에 체크하고 후원금도 냈다.

'장기기증 희망 등록에 참여해주셔서 감사합니다. 장기기증 희망 등록은 질병으로 고통받는 장기부전 환자들에게 새 희망을 선물하는 고귀한 약속입니다.'라는 문구가 나왔다. 신분증에 부착할 수 있는 스티커를 우편으로 보내준다고 하였다.

이번에 어머니에게 간이식을 공여하고 나서 많은 생각을 했었다. 수혜자가 새 생명을 얻어 호전되고 밝아지는 것을 보며, 예전부터 생각해왔던 사후 장기기증에 대해 실행에 옮겨야겠다고 마음먹었었다. 사실 나는 죽음관이나 사후관이 매우 명확하다. 에피쿠로스가 '죽음은 원자가 흩어져 우주로 돌아가는 현상일 뿐이니 다가오지 않은 죽음에서 자유로워지는 것이 가장 행복한 것이다.'라고 말했다. 장자는 삶은 기(氣)가 모이는 것이고, 죽음은 기(氣)가 대자연으로 흩어지는 것이어서 삶만 좋고 죽음을 나쁘다고 생각하는 흑백논리에서 자유로워지라고 말했다. 소크라테스는 육체는 영혼을 가두는 감옥일 뿐 영혼이 중요하므로 육체적 죽음에 연연하지 말고, 현실적 삶을 충실하게 살라고 말했다.

현명한 철학자들의 죽음관에 전적으로 동의한다. 사실 죽음이 전혀 두렵지 않다. 죽으면 끝일 텐데 지금 죽음에 대해 생각하고 두려워할 필요가 뭐가 있겠는가? 대신 내가 이 세상에서 사라지기 전에 스스로가 생각한 가치 있는 일을 추구하면서 살아야 후회 없는 멋진 삶이라 생각해 왔다. 그리고, 그 삶의 끝자락이 온다면 나의 쓰임새 있는 육신의 기관들을 필요로 하는 사람들에게 나눠주는 것이 좋겠다고 생각했다. '새 생명', '희망', '선물', '고귀함', '약속' 이런 단어는 가장 인간에게 소중한 단어들이라고 생각했다. 그런 일을 할 수 있는 아직 건강한 신체가 있음에 또 감사했다.

모바일로 장기기증 서약을 마치고 짐을 챙겨 공항으로 향했다. 고마운 아내가 공항까지 배웅해주었다. 아직 수술 부위에 통증이 있어 복대를 차고 큰 짐을 옮기는 힘이 없는지라 배낭에 간단한 짐만 챙겨서 공항 검색대를 통과해 비행기를 탔다.

그렇게 도착한 제주 애월은 내가 원하던 최적의 장소였다. 숙소에서 나오면 바로 해안산책로가 펼쳐지고 바다와 하늘, 바람이 포근히 나를 안아주며, 그간 고생했다고 위로해주었다.

나는 바다를 참 좋아한다. 우스갯소리로 가끔 노자의 '도덕경'에 대한 수업을 하다가 '바다'가 왜 바다인 줄 아냐고 묻는다. "바다는 모든 것을 다 받아주어서, 바다야." 이렇게 말하면 학생들 반응이 저 사람 왜 아재 개그를 하지라는 반응이지만, 그 순간 나는 나의 기억 속에 늘 작은 나를 받아 주었던 속 깊은 바다들이 떠오른다.

"동해 쪽으로 가는 가장 빠른 버스표 하나 주세요."

나는 20대가 되어 여행을 자유롭게 할 수 있는 허락이 떨어질 때쯤 주말에 혼자 밤차를 타고 바다를 보러 가곤 했었다. 그리고, 다음날 첫차를 타고 돌아왔다. 20대 후반 새로운 큰 도전을 해야 할 때도 나는 혼자 속초 바다를 찾고 한참을 벤치에 앉아 음악을 들으면서, 바다에 물어보았다. 그러면 바다는 파도 소리를 빌려 신기하게도 나에게 말해 주었다. 괜찮다고, 할 수 있다고, 그리고 용기를 내서 도전하라고, 분명 해낼 수 있다고. 속 깊은 포용력과 에너지를 나누어주는 바다의 큰 마음을 너무도 좋아했다.

에너지를 듬뿍 마음에 담고 횟집에 들렀다. 혼자 들어온 나에게 "몇 명이세요?"라고 묻는다. 분명 혼자 왔는데, 분명 봤는데, 도대체 왜 묻는 건지? 이유를 알지만 나는 이럴 때는 더욱 당당해야 한다는 생각에 경치 좋은 명당자리에 떡하니 자리를 잡고 최고의 음식을 시킨다. 심심하게 회만 먹기는 그래서 소주도 한 병 시킨다. 한 병까지는 좋다. 생각도 정리하고, 가끔 가져온 책도 살짝 들여다보고. 그런데 좋은 기분은 거기까지인데. 두 병째를 추가하면 안 되는 건데. 그다음은 잘 생각이 안 난다. 그냥 책과 흰 바지에 잔뜩 묻어있는 초고추장의 새콤 알싸한 향기가 기억난다. 그리고, 누구에게 그렇게 전화를 했는지 통화목록은 화려하다. 다음날 사과의 문자라도 해야 하나 고민한다. 회는 그래도 괜찮은 메뉴다. '나 홀로 바다 여행자'에게 조개구이는 정말 비추다. 정동진에 혼자 여행을 갔었는데 지나가던 조개구이집 냄새를 참지 못하고 들어갔던 포장마차에서 나는 홀로 너무 바빴다. 조개와 소라, 새우 등은 잠시의 방치와 운치를 허락하지 않기 때문에 추운 겨울날 땀과 콧물까지 흘려가며 '마파람에 게 눈 감추듯' 얼른 먹고 나왔던 기억이 난다.

그런 바다의 추억을 떠올리며 나는 그간 모든 나의 시름과 고민을 다 받아주는 애월 바다 앞에 서 있다. 운동을 쉽게 할 수 있는 최적의 장소를 찾아 애월에 온 터라 걷고 또 걸었다. 앱에만 오천 보를 채웠다. 해안도로를 걷고 있을 무렵 얼마 지나지 않아 해가 지기 시작했다. 눈앞에 펼쳐진 애월 바다의 풍경은 감탄을 자아냈다. 여기저기 사람들을 엄청난 풍광을 카메라에 담기 위해 연신 찰칵 소리를 내고 있었다. 나도 조용히 찰칵. 찰칵. 사진을 여러 장 찍고 너무 예쁜 이 사진이 아까워 평소 잘 듣는 라디오 프로에 사진과 함께 사연을 보냈다.

제주 애월에서 야킹(야간 조킹) 중입니다.
다음 주에는 태풍이 온다고 해서 걱정이 많은데
지금 애월 바다와 하늘, 그리고 노을은 정말 아름답죠.
부디 우리 모두에게 무탈한 다음 주가 되었으면 합니다.
저의 신청 곡은 이 분위기와 어울리는 SAM OCK의 REMEMBER 입니다.
이번에도 안 틀어주셔도 늘 감사하게 잘 듣고 있어요.

제주 애월 바다와 하늘은 지친 나의 마음과 육신, 영혼을 포근하게 감싸 안아주었다. 그리고, "괜찮아. 잘했어. 앞으로도 다 잘 될 거야."라고 위로해주었다.

배철수 아저씨는 이번에도 과연 나의 사연을 씹었다. 늘 그렇다. 단 한 번도 소개된 적이 없다. 우리 동네 사는 김현철 DJ를 빼고는 정지영 DJ, 김신영 DJ 모두 내 사연을 등한시, 백안시, 멸시했다. 내 아내는 단 한 번의 사연으로 푸짐한 선물도 받던데. 부러움을 뒤로하고 그래도 나는 꾸준히 사연을 보낸다.

'바다' 하면 떠오르는 철학자가 많지만 역시 '노자(老子)'와 바다는 참 잘 어울린다. 어니스트 헤밍웨이의 '노인과 바다'를 '노자와 바다'로 바꿔도 좋겠다는 생각이 든다. 노자와 장자 같은 뛰어난 학자들은 평생을 연구한 '도(道)'를 깨닫고 말년에는 강태공 같은 삶을 살면서 자연과 더불어의 삶을 실천했었다. 나에게도 바다가 이렇게 좋은데 노자 같은 고학자에게 심오한 바다는 얼마나 위대하게 평가되는 대상이었을까? 노자의 도덕경을 읽어보면 실제로 자연(自然) 특히, 물[水]에 대한 예찬이 자주 등장한다.

노자(老子)의 도덕경(道德經)은 거대하고 도도한 우주와 자연, 도(道) 앞에서 인간이 겸손해야 함을 강조한다.

노자의 도덕경은 5천 여자의 한자어로 기록된 대자연에 대한 예찬 서사시이다. 높은 관직에서 낙향하던 노자에게 국경 수비 대장이 인생에 도움이 되는 이야기를 남겨주길 청해 그것에 응대한 것이 도덕경이다. 인생무상을 얘기하는 것으로 해석하는 것은 오판이다. 도덕경은 거대하고 도도한 우주와 자연, 도(道) 앞에서 인간이 겸손해야 함을 강조한다.

심오한 노자의 도덕경은 서양의 위대한 철학자들에게도 많은 영감을 주었다. 독일 실존주의의 대가 하이데거(M. Heidegger)는 노자의 위대함에 흠뻑 빠져, 도덕경을 본인의 철학으로 해석하다가 채 몇 장 번역하지 못하고 포기했다. 그리고, 도덕경의 심오한 메타포와 비유, 깊이에 극찬을 남겼다. 지금도 하버드, 프린스턴, 스탠퍼드 대학생들이 가장 읽고 싶어 도전하는 책이 바로 노자의 도덕경(道德經)이다. 동양 철학의 위대함이다.

노자(老子)의 본명은 이이(李耳)이다. 노(老)는 중국어 발음으로 학식이 높은 선생님을 뜻하는 '라오슐'로 발음된다. 노자는 춘추 시대를 대표하는 가장 학식이 높은 고학자였다.

평소 학생들이 동양 철학의 깊이로 인해 많이 어려워한다. 그렇지만 최선을 다해 동양 철학의 심오한 속뜻과 매력을 소개해주면, 깊이 빠져드는 제자들도 있다. 그리고, 더 읽을 책들을 소개해 달라든지, 자신이 연구하려는 분야와 동양 철학을 접목해서 융합해보려고 한다든지 더 많은 도움을 요청하러 온다. 그것이 보람이고, 맹자(孟子)가 세 가지 삶의 기쁨 중에 마지막으로 꼽은 후학을 양성하는 큰 기쁨이다.

노자는 도덕경 8장에서 '상선약수(上善若水)'를 언급한다. '지극히 착한 것은 마치 물과 같다.'라는 뜻으로, 노자 사상에서 물은 만물을 이(利)롭게 하면서도 다투지 아니하는 이 세상에서 으뜸가는 선의 표본으로 여기어 이런 말을 남겼다고 해석할 수 있다.

지구상 존재하는 우리는 모두 물에서 나온 생명이다. 물은 생명을 생성해준다. 또한, 물이 없다면 생명을 유지할 수 없다. 그러나 물의 위대함은 이런 공(功)에서 나오는 것이 아니다(水善利萬物而不爭). 이렇게 위대한 실체인 물이 잘난 체를 하지 않는 데 있다. 세상을 탄생시키고, 생명을 양육하는 물이 조용히 세상의 낮은 곳을 흐르며(處衆人之所惡), 자신의 공이라고 소리 내지 않고, 잘난체하지 않는다. 그 겸손함이 진정한 물의 위대함이다.

최고의 덕을 가진 사람은 의식적으로 덕을 얻으려고 애쓰지 않는다. 수준이 낮은 사람은 의식적으로 덕을 얻고자 하며, 또 그것을 잃지 않으려고 안달한다. 또한 최상의 덕은 덕을 얻고자 애쓰지 않고 또한 그것을 바깥으로 자랑하려 하지 않는다. 그러나 낮은 덕은 덕을 얻고자 애쓸 뿐 아니라 그것을 바깥에 나타내어 남에게 과시하려 한다.

-노자 '도덕경(道德經)'-

물을 잘 관찰해보면 또 하나의 특징은 더러운 것을 깨끗하게 씻어준다는 것에 있다. 미야자키 하야오의 지브리 애니메이션 '센과 치히로의 행방불명'을 보면 각종 다양한 영혼이 모이는 상징적인 장소가 바로 큰 목욕탕이 있는 료칸이다. 일본 전통문화에는 애니미즘(정령숭배)적 전통이 많이 녹아들어 있는데, 진짜 살아 있는 것처럼 생명력을 부여하는 애니메이션도 같은 어원이고 특히 하야오의 '모노노케 히메', '바람 계곡의 나우시카', '하울의 움직이는 성' 같은 애니메이션은 정령 숭배적 전통이 많이 녹아들어 있다.

센과 치히로의 행방불명에 큰 '오물 귀신'이 등장할 때 모든 직원들은 초긴장한다. 주인공 치히로의 활약으로 오물 귀신은 깨끗한 '강의 신'으로 고마움을 표하며 날아간다. 거기서 하회탈을 본 것은 나만의 착각일까? 일본 문화에 뿌리 깊게 우리의 전통이 자리 잡고 있다고 주장하고 싶다.

여하튼 오물 귀신은 인간의 탐욕과 현대 문명을 상징하는 것으로 볼 수 있고, 이런 잘못된 인위(人爲)에 사로잡혀, 스스로 고통스러워하는 현대인들에게 오물 귀신을 깨끗하게 씻겨주는 료칸의 '깨끗한 물[藥水]'은 바로 노자의 도덕경에 등장하는 물이 그대로 차용된 것이다. 물은 우리에게 생명을 주고, 양육하며, 더러운 것을 깨끗하게 씻겨 순수한 상태[素朴]로 돌아가게 한다.

나에게 물은 늘 겸손하고, 과시하지 않고, 포용적이고, 고귀한 품위를 갖춘 어르신 같았다. 늘 머리를 스스로 조아리게 만들고, 존경하게 만드는 대상이었다. 그런 물들이 지표면의 가장 낮은 곳을 흐르고 흘러 모이는 곳이 바로 바다이니, 과연 바다는 모든 것을 받아주는 '바다'이다.

노자는 물의 위대함에 대해 다음과 같이 가르침을 주는데 그것이 바로 수유칠덕(水有七德)이다. 나는 이 수유칠덕의 문장을 너무 좋아해 노란색 종이에 코팅해두고 교무실 책상에 붙여 놓았다. 그리고, 하루에도 몇 번씩 스스로에게 반문했다. 오늘 나는 물같이 살았는가?

물에는 일곱 가지의 덕(德)이 있으니,
1. 낮은 곳을 찾아 흐르는 겸손(謙遜)
2. 막히면 돌아갈 줄 아는 지혜(智慧)
3. 더러운 물도 받아주는 포용력(包容力)
4. 어떤 그릇에나 담길 수 있는 융통성(融通性)
5. 바위도 뚫어내는 끈기와 인내(忍耐)
6. 폭포처럼 투신할 줄 아는 용기(勇氣)
7. 유유히 흘러 바다를 이루는 대의(大義)

먼저, 겸손(謙遜)을 갖춘 사람은 큰 보물을 갖고 있는 것과 같다. 겸손의 삶의 태도와 관련된 것이다. 진리 앞에 겸손할 줄 안다면, 더 크게 성장할 수 있게 된다. 가끔 본인이 진리라고 떠들고 다니는 사람들을 보곤 한다. 위험하다는 생각이 든다. 그런 사람은 사이비이거나 작은 학문적 성취에 심취한 작은 인물일 가능성이 크다. 큰 인물이 되기 위해서는 완성이 없다는 것을 깨달아야 한다. 노자는 도덕경에서 '대기만성(大器晚成)'이라 했다. 그러나, 이 문장은 전수되면서 단어가 바뀐 것이고 원본에서는 '대기면성(大器免成)'이었다. 늦깎이에 완성된다는 뜻이 아니라, '큰 그릇은 완성이 없다.'라는 뜻이다.

대기면성(大器免成) '큰 그릇은 완성이 없다.' 겸손(謙遜)은 성장의 원동력이다.

소크라테스의 위대함은 바로 이 겸손함에 있다. 겸손해야 더욱 추구하게 되고, 노력하게 된다. 겸손함을 잃은 사람은 더 이상 노력하지 않는다. 가끔 사회생활을 하다 보면 대학에 입학한 것을 끝으로 생각하는 사람을 만나게 된다. 대학(大學)은 말 그대로 크게 배우는 학문 기관이다. 대학에서 더욱 많이 배우고 성장해서 앞으로 더 긴 인생을 멋있게 살아가는 준비의 기관이고 기간으로 응당 여겨야 한다. 어느 대학에 합격했느냐가 앞으로의 긴 인생에 끝이라면 그것은 '겸손'하지 못한 태도이다. 가끔 대학 합격 이후 노력에 게을러 사회생활에서 도태되고, "저 사람은 그 대학 나왔는데 왜 저렇게 능력이 없대, 왜 사람이 저렇게 품위가 없대." 이런 얘기를 듣게 된다. 서글픈 얘기다. 겸손은 사람의 성장에 도움이 된다. 인생에 완성은 없다. 지속해서 추구하는 것이다. 그러면 삶을 마감할 때 스스로 만족한 삶을 살게 되는 것이다. 거기에 노자가 물의 특징을 빌려 말한 겸손의 태도가 좋은 약이 된다.

지혜(智慧), 포용력(包容力), 융통성(融通性)은 유연성과 부드러움을 의미한다. 살아가면서 가장 듣지 말아야 할 말이 바로, "저 사람은 말이 안 통해, 나 누구랑 얘기하니? 벽하고 얘기하니? 불통의 아이콘 같아요." 이런 말들이다. 단지 '꼰대'라는 표현을 쓰지 않더라도 위의 평가를 받는다면, 서글퍼지고 고립감을 느끼게 될 것이다. 반대로 내가 가장 좋아하는 말은 "그럴 수 있어."다. 가수 양희은 씨가 자주 사용한다는 "그러라고 그래."와 비슷하다.

우리는 모두 다양하다. 생김새와 생각도 다양하다. 나만의 것이 진리일 수 없다. 타인의 다름을 인정해주는 것은 결코 지는 것이 아니다. 수업 시간에 교사가 가장 조심해야 할 말이 나는 "조용히 해. 말하지 마."라고 생각한다. 물론, 엄청 힘들게 하는 아이들은 정말 통제가 되지 않는다는 것도 겪어봐서 잘 안다. 그렇지만 수업 시간에는 본인이 생각하는 것을 얘기할 수 있게 해주는 열린 시간, 열린 공간임을 느끼게 해 주어야 세상에 나아가서 본인의 생각을 말하고, 잘못된 것을 지적하고, 고치려 목소리를 내고, 연대하고, 참여하게 된다. 그 연습의 시간이 바로 학교 수업 시간이라고 생각한다.

교사는 자신이 준비한 수업 내용을 온전히 전부 전달해야 한다는 강박에서 자유로워져도 괜찮다. 아이들과 함께 얘기 나누는 것이 더 소중한 기억으로 남을 수 있다. "그렇게 생각했구나. 그래. 그럴 수 있어."라고 포용적이고 융통성 있는 지혜를 보여주면 아이들은 당연히 그 선생님을 믿고 의지한다. '벽, 꼰대, 불통의 아이콘'이라는 표현보다, "우리 선생님은 우리를 이해하고 인정해줘."라는 평가가 좋지 아니한가? 노자(老子)가 말한 그런 '물' 같은 사람이 된다면, 주변에 사람이 모이고, 사람의 기운이 모이면 인기(人氣)가 있게 되고, 따뜻한 사람의 온기가 나에게로 모이면 행복감은 차츰 커지게 된다. 행복은 사람이 가져다주는 것이니까.

포용적이고 융통성 있는 지혜를 보여 주면 주변에 사람이 모이고, 따뜻한 사람의 온기가 모이면 행복감은 차츰 커지게 된다. 행복은 사람이 가져다주는 것이니까.

나는 언젠가 연수받으면서 '자기 강점 분석'을 한 적이 있었다. 나도 나의 강점이 궁금했다. 나의 강점에 1순위는 '인내(忍耐)'였다. 나름 기분이 좋았다. 나에게 인내는 노력과 같았다. 결국 나는 다이아몬드 수저를 갖고 태어난 것도 아니고, 최고의 학벌을 갖고 사회생활을 시작한 것도 아니었다. 그런 '결핍'이 나를 노력하게 했고, 더 성장하게 했다. 그 결핍은 인내라는 강점으로 내면에 남았다. '둔필승총(鈍筆勝聰)'이라는 말은 '무딘 붓이 더 총명하다. 재치 없는 글이 더 총명함. 서툰 글씨라도 기록하는 것이 기억보다 낫다는 말.'로 해석된다. 속 뜻은 무딘 붓이어도 지속해서 인내를 갖고 노력하면 단순한 총명함을 이길 수 있다는 의미이다. 물의 위대함은 꾸준히 지치지 않고 인내의 힘으로 강력한 바위를 쪼개는 데 있다.

드라마 '미생(未生)'에서 인내와 성실함이 결국 승리하는 요인이라는 대사가 나온다.

"네가 이루고 싶은 게 있다면, 체력을 먼저 길러라. 네가 종종 후반에 무너지는 이유, 데미지를 입은 후에 회복이 더딘 이유,

실수한 후 복구가 더딘 이유, 다 체력의 한계 때문이야. 체력이 약하면 빨리 편안함을 찾게 되고, 그러면 인내심이 떨어지고, 피로감을 견디지 못하면 승부 따위는 상관없는 지경에 이르지. 이기고 싶다면 네 고민을 충분히 견뎌줄 몸을 먼저 만들어. 정신력은 체력의 보호 없이는 구호밖에 안 돼."

동의한다. 체력은 정신력을 지배하고, 인내는 체력에서 나오는 것이다. 그래서, 체력관리가 매우 중요하다.

미생(未生)에서 완생(完生)의 존재로 나아감에 있어 인내, 성실이 반드시 동반되어야 한다. '지치지 않음'이 가장 중요하다.

마지막으로, 물의 '용기(勇氣)'와 '대의(大義)'는 공동체를 살고 있는 시민에게 의미심장 하다. 물을 연약한 존재로 보면 안 된다. 실상 물은 세상 존재하는 사사 물물 중에 가장 강력하다. 부드러우면서도 그 본질은 매우 강력하다. 본인이 옳다고 생각하는 일에는 '용기'를 갖고 뛰어들어야 한다. 참여와 연대가 없다면 세상은 바뀌지 않으니까. 담쟁이처럼 함께 손잡고 '대의'를 위해 나아가야 한다.

한 인간으로서 살아가는 우리는 사르트르(J.P.Sartre)의 말처럼 타인에게 지옥일 수도 있다. 그러나, 더불어 살아가며 행복을 서로 나누는 존재들이라는 것을 잊지 않아야 한다. 때로는 타인을 대할 때 약자에게는 한없이 포용적이고 따뜻하며, 부드럽게 함께해야 하고, 대상이 향기로운 인간의 냄새가 없는 악취만 풍기는 불의한 괴물 같은 권력자라면 그런 자에게는 굽히지 않고 저항하고 끝까지 항거하며, 사납게 자신의 힘을 보여줄 수 있는 '강수(强水), 폭수(瀑水)'가 되어도 좋다.

그것이 균형이고 세상을 올바르게 이끌 우리 소시민들의 역할이리라. 그러니, 거대한 물은 한 방울 한 방울 소시민이 모여 이루어지는 실체임을 절대 잊지 말아야 한다. 우리가 늘 깨어 있어 올바름과 부정의함에 대해 구분하고, 생각하고, 토론하고, 함께하는 것이 우리 삶과 역사를 올바른 방향으로 이끌고 혁신해 온 결과라는 것을 잊지 않아야 한다.

순자(荀子)의 왕제편(王制篇)에 나오는 '군주민수(君舟民水)'라는 표현은 민중이 물임을 강조하고 있다. 때로는 순풍에 물은 부드럽지만, 불의에 물은 크게 성을 내며, 스스로 자각하여 올바름에 대해 고민하고 연대와 참여를 통해 세상을 바꾸는 것을 의미한다.

순자(荀子)의 왕제편(王制篇)에 나오는 '군주민수(君舟民水)'는 한 방울 한 방울인 소시민들이 자각하고, 연대하고, 참여하여 세상을 바꾸는 것을 의미한다.

역사의 물은 정치 주체를 띄우기도 하고 뒤집고 엎는 힘 또한 가졌다. 그것을 혁명, 전복, 급진이라고 표현하지 말자. 그것이 자연의 이치이고 물의 이치이고 우리 삶의 이치이다. 우리가 살아가는 우리 인간 군상들은 소시민이고 힘이 없어도 항상 옳다. 위정자는 반드시 시민과 국민을 두려워해야 한다. 그래서, 국민은 물[水]이다. 개개인은 물의 덕을 배워 삶을 지향하고 정치지도자는 물의 속성에 귀를 기울이고, 배우고, 이해하며, 생각하여 물을 두려워할 줄 알아야 한다.

심오한 물의 일곱 가지의 덕에 흠뻑 취해 해변 올레길을 산책하고 있을 때쯤 라디오에서 날씨 소식이 전해진다. 초대형 태풍 14호 찬투가 제주를 향해 오고 있다고 말이다. 그래서 그런지 폭풍 전의 하늘은 세상에서 본 가장 아름다운 미묘한 색깔로 잔잔한 바다와 함께 지친 내 영혼과 육신을 부드럽게 감싸 안아주었다.

나를 깨우는 핵심 사상 요약

- 최고의 희곡작가 피터 셰퍼의 작품 '에쿠우스(EQUUS)'. 자신이 아끼던 6마리 말의 눈을 쇠꼬챙이로 찌른 열일곱 살 소년의 범죄 실화를 바탕으로 한 연극. 왜 소년 알런 스트랑은 이런 잔인한 범죄를 저질렀을까? 단지 청소년 시기에 발병한 조현병 같은 소년의 정신적 병리 현상으로만 봐야 할까? 연극이 끝나고 나면 묵직한 긴 여운이 감싼다. 어쩌면 끊임없이 욕망을 채우기에 급급한 현재를 살고 있는 우리가 또 다른 알런 스트랑의 순수한 영혼을 더럽히고 있는 것은 아닌지. 소년의 처절하고 절박한 반항의 몸짓이 에쿠우스[馬]에 투영되어 머릿속을 헤집고 다닌다. 노자(老子)는 욕망에 사로잡혀 더 많은 것을 추구하며 지금, 이 순간에도 스스로를 해치고 있는 우리에게 일침을 가한다. 지금 우리를 힘들게 하는 진짜 원인은 무엇일까?

- 故 신해철의 유작 '민물장어의 꿈'은 "좁고 좁은 저 문으로 들어가는 길은 나를 깎고 잘라서 스스로 작아지는 것뿐"이라는 노랫말로 시작한다. 늘 채우기에만 급급한 인생이 끝나갈 즈음 우리는 결국 깨닫게 된다. 이생에서 나의 욕망과 물질, 권력과 명예만을 좇다가 놓치는 것이 많다. 대자연 앞에 한없이 작은 존재인 우리에게 노자는 겸손함을 갖출 것을 강권한다. 오히려 나를 스스로 괴롭히는 족쇄 같은 인위적인 가치에서 벗어나, '무위(無爲)의 삶'으로 방향을 전환하는 것이 행복한 삶의 시작이다. '혁신은 속도가 아니라 방향이다.' 인생의 경지를 깨달은 노자의 가르침을 삶의 뒤안길에 깨닫게 되면 너무 늦는다. 마지막 노랫말에 등장하는 "저 강들이 모여드는 곳, 성난 파도 아래 깊이 한 번만이라도 이를 수 있다면. 나 언젠가 심장이 터질 때까지 흐느껴 울고 웃다가 긴 여행을 끝내리 미련 없이"는 민물장어의 꿈이며, 우리가 꾸는 꿈이기도 하다. '덜어냄이 진정한 채움이다.'

[인생 문장 필사 코너]
책을 읽으며 느낀 상념을 자유롭게 적어보세요.

나를
깨우는
인문학
수업

9

Jeong-Yak Yong
정약용
(1762 ~ 1836)

혁신을 준비하라

캄보디아어로 꽃이라는 뜻의 초강력 태풍 찬투가 가까이 다가 왔다. 제주와 나는 큰 어려움에 직면한 가냘픈 아이처럼 고립된 느낌이었다. 활기차게 애월 해안 산책로를 걷거나 자전거를 즐기던 사람들은 다 숨죽이며 숨어들었다. 그러나, 나는 준비해온 우비를 입고 비와 바람을 뚫고 운동을 지속했다. 용케도 우비 사이를 파고드는 바람과 비를 온몸으로 감내하고 내가 좋아하는 애월 해안도로의 가파른 언덕에 있는 교동 도너스 가게 앞 전망대에서 호흡 운동을 했다.

아직 폐를 비롯한 모든 체내 기관이 숨을 쉬면 통증이 있었다. 입원해 있을 때 간호사가 얘기해준 것처럼 날씨가 흐릴 때는 수술 부위 통증이 심했다. 그래도 나는 태풍이 미리 보낸 강한 바람을 내 폐 안에 들이마실 기세로 높은 전망대에서 거센 파도가 치는 바다를 내려다보며 호흡 운동을 이어 갔다. 코로 들이마시고, 들이마신 바람을 하나도 빠짐없이 폐포에 밀어 넣어 숨을 정지하고 꾹 참는다. 그리고, 입으로 숨을 내쉬어 보낸다. 눈을 감고 반복해서 계속했다. 한결 건강해지는 것을 느끼며 강력한 태풍의 에너지를 내 안에 온전히 축적했다. 점점 바람이 더 거세지고 비도 많이 내려 걷기조차 쉽지 않았다. 숙소로 돌아와 바람과 비의 흔적을 씻어 낸 뒤 테이블에 앉아 여러 가지 생각을 정리해 본다.

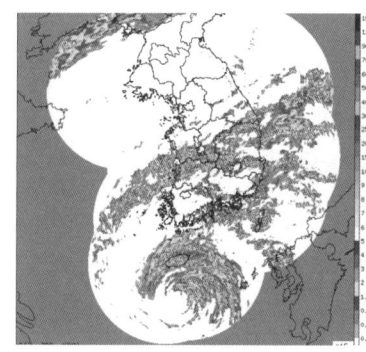

태풍이 다가올 때 혁신을 준비하라.

지금 나의 인생도 태풍 앞에 놓인 것 같다는 생각이 들었다. 그러나, 이내 태풍이 다가올 때 '무엇을 준비해야 할까?'를 생각해 본다. 그것은 태풍이 이미 근접했을 때나 지나갔을 때가 아니라, 오히려 '다가오고 있을 때 미리 준비해야 할 것이 무엇일까?'라는 질문이었다.

지나가고 나서는 사후약방문(死後藥方文)일 뿐이다. 다가오고 있을 때 미리 '혁신'을 준비해야 한다.

어느 기업, 기관, 조직, 그리고 하나의 개인에게는 살다 보면 태풍과 같은 '위기 상황'이 오기 마련이다. 기상 특보에서 태풍 발생, 강도, 예상 경로 등을 확인하면 우리에게 도달하기 전까지 우리는 무엇을 준비해야 할까? 태풍은 피할 수 없다. 우리 삶에서 '고난'과 '역경'을 피할 수 없는 것과 마찬가지다. 그것들은 부지런히 누구에게나 찾아간다.

우리네 인생이 아름다운 장밋빛일 것이라는 믿음은 빨리 집어치워야 한다고 쇼펜하우어는 조언한다. 독일의 생철학자이자 유려한 문장과 독설가로도 유명한 아르투르 쇼펜하우어(Arthur Schopenhauer)의 염세주의적 철학은 솔직한 매력이 있다. 일찍이 인도 철학에 심취했던 쇼펜하우어는 "인생이 아름답다고? 거짓말 마라. 인생은 흙탕물에서 구르는 것처럼 더러운 것이다. 차라리 인간보다 개가 더 좋다."라는 현실적 조언을 우리 뒤통수에 투척한다. 눈이 번쩍 뜨인다.

아르투르 쇼펜하우어(Arthur Schopenhauer)의 염세주의적 철학은 솔직한 매력이 있다.

가끔 수업 시간에 학생들에게 인생에 관해 얘기를 하다가 뼈를 때리는 현실적인 얘기를 던진다. 항상 따뜻하게 우리를 지지하고 응원해주던 비빌 언덕 같은 선생님이 '왜 갑자기 저런 얘기를?' 하는 반응이다. 인생은 아름답지만, 반면 부조리한 현실도 분명히 있다. 그것이 세상의 이치다. 해가 있으면 달이 있고, 낮이 있으면 밤도 반드시 있다. 나는 제자들이 순수한 마음을 품되, 세상에 나아가기 전에 현실을 반드시 직시해야 한다고 생각했다.

그런 세상과 맞서 싸우는 기술도 습득해야 한다. 무엇보다 잘 버티고 잊지 않고 있다가, 때가 되어 룰을 만들 수 있는 위치가 되면 부조리한 현실을 바꾸기 위해 노력할 줄 알아야 한다고 강조했다. 부조리한 세상과 맞서 싸우기 위한 기본 지식을 습득하고, 타인과 소통하고 설득하는 기술을 배우며, 올바른 가치관과 태도를 갖게 하는 수업이 바로 윤리 수업이라고 얘기했다. 나름 공격적인 마케팅을 해야 한다고 생각했다. 그리고 그것은 늘 내가 가르치는 과목에 관한 진심, 나의 일에 대한 진정한 사랑에서 고민해온 결론이었다.

보통 대학에서 지원자의 자기소개서를 통해 꼭 확인하고 싶어 하는 항목이 있다. 나눔, 협력, 갈등 관리 경험 등의 표현을 쓰지만 결국 묻고자 하는 핵심은 살아오면서 역경을 맞이했을 때 어떻게 그것을 극복했는지를 기술하라는 항목이다. 그런데 학생들이 자꾸 없던 역경을 만들어 내 드라마틱하게 이야기를 펼쳐 나간다.

그러나 이 항목은 역경의 내용에 관한 구체적 기술이 포인트가 아니다. 본인은 그 역경을 어떻게 받아들였고, 그 태도를 통해 어떻게 그것을 극복했으며, 이후에는 어떤 교훈을 얻어 무엇을 준비하게 되었냐는 내용이 핵심이다.

개인과 마찬가지로 기업과 학교 등의 기관도 외부 환경의 변화에 따라 위기 상황은 오게 마련이다. 현재 학교는 거대한 틀에서의 변화를 맞이하고 있다. 고교 학점제와 2022 개정 교육과정, 대학 입시의 변화와 함께 시대에 맞는 교육 환경의 변화를 요구받고 있다.

그 변화의 요구는 태풍 앞에 우리처럼 누구도 피해 갈 수 없다. 초강력 태풍의 진행 경로에 들어온 이상 미리 태풍이 오기 전에 철저히 대비해야 한다. 붕괴 예상 지역의 보수, 수로 정비, 흔들거리는 간판 등을 철저히 관리해야 한다.

무엇보다 인명 피해가 나타나지 않도록 예의 주시하며 시민들에게 행동 요령의 매뉴얼을 언론을 통해 전달해야 한다. 그리고, 태풍이 근접하면, 안전한 곳에서 상황을 주시하며 기다려야 한다. 이후, 태풍이 지나가면, 피해 상황을 파악하고, 지원 대책을 마련해 신속한 일상으로의 복귀를 도와야 한다.

교육도 마찬가지다. 미리 준비하는 것이 분명 중요한데, 현재 거의 모든 학교는 태풍이 다가옴에도 구체적 상황, 경로 파악과 대책 마련 등이 이루어지지 않고 있는 것이 현실이다.

혁신(革新)은 위험한 전쟁터에서 새로운 가죽 갑옷으로 바꿔입는 것을 의미한다. 위기가 기회이며 기회는 혁신에서 온다.

미래학자 앨빈 토플러는 그의 저서 '부의 미래'에서 시속 10마일의 학교가 100마일로 달리는 기업에 취업하려는 학생들을 준비시킬 수 있겠냐고 반문했다. 토플러의 질문에 우리는 선뜻 아니라고 대답하기 어렵다. 내가 몸담고 경험한 대한민국의 다양한 교육기관은 모두 속도가 늦다. 혁신에 더디며, 새로운 환경 조성, 적응에 게으르다는 것을 부인할 수 없다.

왜 그럴까? 왜 그럴 수밖에 없고, 조금도 나아지질 않을까? 이런 답답함과 함께 다가오는 태풍에 발이 묶인 숙소에서 닫힌 시대에 열린 사고로 새로운 세상을 만들고 싶어 했던 혁신의 아이콘들을 떠올려 본다.

여기 제주에서 TV를 틀면 "대정(大靜)에 있는 한 학교에서 확진자가 발생하여…"라는 뉴스가 끊이지 않는다. 모슬포와 송악산이 있는 서귀포 대정은 바로 조선시대 추사 김정희(秋史)가 있던 곳이다.

또한, 이곳 제주는 실학 사상가들과 밀접한 종교인 천주교와도 관계가 깊은 곳이다. 성 김대건 신부의 라파엘호가 표류하다 최초 표착한 곳이기도 하니 실학 하면 연상되는 곳이 틀림없다.

대정에서 자신의 마지막 삶을 불꽃처럼 태운 추사에 대해 생각해본다. 그리고, 닫힌 시대에 다가올 위기의 강도와 경로를 미리 과학적으로 진단하고 그에 따른 '혁신'을 준비하며 열린 세상을 희망했던 담헌(湛軒) 홍대용, 다산(茶山) 정약용, 손암(巽庵) 정약전을 떠올려 본다.

우리가 알고 있듯 유형원, 이익, 김정희, 김정호, 박지원, 박제가, 정약용, 정약전, 최한기 등은 대표적인 실학 사상가이다. 본래 실학(實學)이라는 말은 현실적이고 실생활에 도움이 되는 학문 경향을 표현하기 위해 후대에 성리학을 허학(虛學)이라 하고, 반대급부에 붙인 표현이다. 그러나, 성리학에 대한 반기를 들었다기보다는 정반합(正反合)의 변증법적 발전과정으로 이해해야 하며, 실학은 성리학에 대한 재해석으로 본질은 같으면서도 백성과 민중의 삶에 녹아들 것을 목표로 삼았다는 포스트 성리학적 특징을 갖고 있다. 따라서, 실학은 성리학이 탄생 당시 갖고 있던 본질적인 목표와 동일한 고민에서 시작된 것이다. 물론, 성리학의 탁상공론적 변질을 혁신하고 싶어 했던 목표 또한 사실이다.

실학 사상가들의 마음속에는 시대를 읽고, 새로운 혁신을 도모하며, 그 중심에 백성에 대한 사랑을 바탕으로 민중의 인권을 존중하고 복지에 힘썼다는 의미가 가장 중요하다.

보통 영조, 정조 시대를 '조선의 르네상스'라 칭하고 문화적으로 성장한 혁신의 시대로 일컫는다. 개인적으로는 조선의 르네상스라는 표현에는 거부감을 갖는다. 서구 근대성의 출발을 15세기로 보고 그 핵심에는 르네상스, 종교개혁, 자연과학의 발달 등을 근대적 촉발 사건으로 둔다.

반면 조선의 르네상스는 18세기 후반에 들어서 시작되었고, 근대성도 서구에 비해 한참 늦었다는 의미가 될 수 있다. 그렇지 않다. 조선은 서구와 환경이 달랐을 뿐이다. 흡사 서양과 동양의 문화적 차이는 환경적 차이에서 발생한 것이며, 그 차이를 시기의 문제로 누가 앞섰고, 누가 뒤처졌다는 우열의 판단 근거로 삼기는 어렵다.

우리는 서구에서 기술하고 전파한 '서양 중심의 세계사'를 가르치고 습득해왔다. 근대 이후 인류 역사는 서양이 주도한 것이 사실이고, '근대성'에 대한 정의도 서구 중심이라고 볼 수 있다. 카를 마르크스(K.Marx)의 역사 발전 5단계론 같은 것이 대표적인 서구 중심 역사 구분법이다. 우리의 고유한 역사적 변화와 흐름을 꼭 서구 중심에 맞춰 우리는 늦었다고 생각할 필요 없다. 균형 잡힌 시각이 중요하며 거꾸로 읽는 세계사도 필요하다.

조선의 실학은 그 어느 학문보다 휴머니즘적이며, 과학적이고, 혁신적인 사상이자, 태도였다. 다만, 새로운 혁신을 시대와 정치문화가 담을 수 있느냐는 별개의 문제이다. 항상 역사를 공부하고 철학을 탐구하며 느낀 것은 열린 세상을 꿈꿨던 실학 사상을 담기에는 닫힌 시대의 문제가 있었다는 아쉬움이었다. 그래서, 태풍이 올 때 혁신을 준비해야 함과 그중에서도 교육계에 혁신을 생각하며 실학이 떠오른 이유도 거기에 있다.

추사 김정희(秋史 金正喜, 1786~1856년)는 외척 세도 정치기에 활동한 조선 예원의 마지막 불꽃 같은 존재이다. 글씨의 대가로 알고 있는 추사는 혁신적 화풍으로도 유명하다. 진경의 시대를 연 혁신적인 인물이다. 그리고, 스스로 갈고닦아 유배지 대정에서 완성한 추사체의 완성은 우리 문화의 보물이다.

평소 글씨를 많이 쓰는 직업을 갖고 있다. 수업 시간에 판서에 혼을 담기도 하고, 한 명 한 명의 제자들에게 힘내라고 꾹꾹 눌러 응원의 편지를 쓰기도 한다. 살면서 글씨는 계속 바뀐다. 예전에 각지고 뾰족한 인간관계를 맺고 인생의 길을 걸어왔다면, 지금은 매우 둥글어지고, 부드러워졌다. 그 사람의 삶이 고스란히 글씨에 묻어난다는 것을 알게 되었다. 비단 글씨만 그렇겠는가? 얼굴, 체형, 걸음걸이, 행동 모든 것에 그 사람의 삶이 반영될 것이다.

추사의 글씨는 삶의 끝을 향할수록 최소주의에 가까워진다. 아마 파블로 피카소의 입체파적인 후기 작품을 보며, 아동이 그린 것 같다고 평하는 사람도 있을 것이다.

그러나, 피카소의 초기 작품을 보면 사실적 묘사의 대가이며, 기본기가 탄탄한 그림으로 시작했다는 것을 저절로 알 수 있다. 추사의 글씨도 동일하다. 추사체의 완성을 보면 스스로 인생을 글씨에 담아 세상에 대한 본인의 철학을 담백하게 담아낸 천재의 영혼 같다는 생각이 든다.

추사는 탁본 연구로도 유명하다. 그것을 금석학(金石學)이라 이름 붙인다. 탁본 연구의 주제는 바로 우리의 옛것이다. 민족의 정체성과 우리의 전통, 우리의 정신을 연구한다는 것은 민족적 자부심이기도 하다.

추사체는 스스로의 인생을 글씨에 담아 세상에 대한 본인의 철학을 담백하게 담아낸 천재의 영혼 같다.

실학사상은 단지 새로운 혁신적 특징으로만 그치지 않는다. 실학사상은 정신이고, 철학이며, 민족의 자부심을 연구한 것에 그 핵심이 있다. 즉, 혁신의 출발은 정신과 철학에서 출발한다. '혁신은 속도의 문제가 아니라 방향의 문제'이다. 그리고, 그 혁신의 방향은 민중에 대한 사랑과 역사에 대한 자부심에서 나와야 한다. 여기 제주에서 마지막 인생의 불꽃을 태웠을 추사를 생각해보면 숙연한 마음과 함께 그의 시대를 온몸과 마음으로 살아낸 뜨거운 가슴이 함께 느껴진다.

Innovation is not speed but direction.
(혁신은 속도가 아니라 방향이다.)

실학에 관해 연구하다 보면 성리학의 나라였던 조선에서 '어떻게 이런 혁신적인 세계관과 과학적 관점을 갖고 있었지?' 하는 놀라움을 주는 인물이 있다. 그가 바로 화이(華夷)의 경계를 허문 세계주의자 담헌(湛軒) 홍대용이다. 그는 지전설, 무한 우주론 등 대담하고 독창적인 이론을 주장하며, 중화주의적 명분론에 사로잡혀 있던 조선에 새로운 변화를 불러일으킨 조선의 지성이다.

청나라의 북경을 다녀와서 집필한 '의산문답(醫山問答)'에서 가상의 인물인 실옹(實翁)과 허자(虛子)가 펼치는 대화를 읽다 보면 '코페르니쿠스적 전환'의 면모를 발견한다. 우리의 사상은 결코 더디거나 늦지 않았다. 혁신에 게으르지도 않았다.

그런 노력은 지속되어 왔다. 실학은 우리의 다양한 혁신적 시도의 일부이다.

혁신의 사상 실학을 얘기하면서 정약현, 정약전, 정약종, 정약용 형제를 빼먹을 수 없다. 4형제는 모두 당시 서학(西學)이라고 일컫던 천주교적 세계관을 받아들였다. 형제들은 신념에 따라 순교하고, 정신적 희생을 감수했다.

현재 남양주 조안면에 위치한 마재마을은 형제가 태어나 자라고 공부한 후 세상에 나간 삶의 터전이었다. 이곳을 '마재성지'로 하고, 한국 천주교의 요람 가운데 한 곳으로 선정하였다는 것만 보더라도 정 씨 형제는 천주교와 실학사상의 중심에 있다.

형제 중 정약용은 강진으로, 정약전은 흑산도로 유배 갔다. 이들은 후에 큰 자산이 되는 보물을 남긴다. 유배지는 답답한 공간이지만 동시에 이들에게는 자기 삶을 돌아보고, 생각을 정리하며, 세상에 하고 싶은 이야기를 무궁하게 펼치는 통찰(洞察)의 공간, 알타미라 동굴(Altamira cave) 같은 곳이 되었다. 나에게 이곳 제주 애월이 내 인생의 알타미라 동굴 같은 소중한 장소가 된 것처럼.

정약용은 조선 후기 실학을 집대성한 인물이다. 특히, 정약용은 정조의 친애를 받아 1790년(정조 14년) 9월부터 단행된 개혁 정치의 중심인물이 되었다. 정약용은 어려서부터 박지원과

박제가 등과 접촉하면서부터 실학자들의 영향을 받았다.

정약용은 23세 때 천주교의 서적과 서양 근대의 천문학, 수학, 지도, 시계, 망원경 등의 기물을 보았는데, 이를 통해 중화사상의 협소한 세계관을 수정하였으며, 새로운 과학 지식과 기술의 학습으로 관심을 돌리게 하였다.

33세에 경기도 암행어사에 임명된 그는 각 지방을 순찰하면서 극도로 피폐한 백성들의 처절한 궁핍성과 탐관오리들의 부패를 생생하게 목격하였다. 이를 통해 훗날 『목민심서(牧民心書)』를 집필하게 되고, 이 저서에서 공직자가 갖춰야 할 도리와 민본주의(民本主義)에 대해 논했다. 백성을 위한 진보적인 정치와 경제 개혁안을 구상하여 발표하게 된 기틀이 이때 다져졌다. 사상의 핵심은 백성의 눈으로 세상을 바라보고, 세상에 도움이 될 수 있는 현실적인 학문을 추구했다는 데 있다.

정약용이 제시하는 실천적, 개혁적 학문이란 유교 전통에 내재한 본래적 가치를 재각성함으로써 당시 조선의 묵은 폐단을 제거하고자 하는 것이었다. 나아가 청나라에서 새롭게 전래된 경전 해석 방법인 고증학이나 서양에서 전래된 서학 등 새로운 사조를 종합적으로 흡수했다. 실증적 태도, 객관적 태도를 학문의 목적으로 삼았으며, 모든 학문은 백성[民]을 근본에 두고 현실적으로 도움이 되는 것을 제시해야 한다는 실용적, 실천적 태도를 강조했다.

수령이 백성을 위해 있는 것인가, 백성이 수령을 위해 태어난 것인가? 백성이 곡식과 옷감을 내어 그 수령을 섬기고, 백성이 가마·말·말먹이·하인을 내어 그 수령을 보내고 맞으며, 백성이 그 고혈과 뇌수를 짜내어 그 수령을 살찌우니, 백성이 수령을 위해 태어난 것인가? 아니다, 그렇지 않다! 수령이 백성을 위해 있는 것이다. ……
먼 옛날 처음에는 백성이 있을 뿐, 어찌 수령이 있었겠는가! 백성들이 하나둘 모여 살게 되면서 어떤 사람이 이웃과 다투어 해결이 나지 않았는데, 한 노인이 공평한 말을 잘하므로 그에게 가서 바로잡았다. 사방의 이웃들이 모두 그를 추대하여 받들고 이정(里正)이라고 불렀다. 황왕(皇王)의 근본은 이정에 있고, 수령은 백성을 위해 있는 것이다.

- 정약용, '여유당전서'

모든 정치의 근간은 백성이며, 백성을 위하는 정치가 올바른 통치의 근간이라고 정약용은 강조하고 있다. 민본주의는 애민(愛民), 위민(爲民)과 같은 의미로 공자의 덕치(德治)와 인정(仁政) 사상에서 출발하여 맹자의 왕도정치와 민본주의 역성혁명 사상, 정도전의 성리학 사상에도 이어져 정약용의 정치철학에서 완성됐다.

정략적 당쟁의 싸움이 치열하던 닫혀있던 시대 조선에 세상을 백성의 눈으로 바르게 이해하고 새로운 세상, 깨끗한 세상을 만들고 싶었던 정약용. 유배지였던 강진 다산초당의 초상화가 안경 낀 모습으로 얼마 전 바뀌었다. 안경 낀 초상화의 의미는 바로 그런 의미를 반영한 것이 아닐까?

세상을 백성의 눈으로 바르게 이해하고 새로운 세상, 깨끗한 세상을 만들고 싶었던 정약용. 안경은 바로 그런 의미이다.

약용이 강진에서 형 약전을 그리워하면서도 집필활동을 계속해 1표 2서를 비롯한 위대한 저서를 남겼다면, 손암(巽庵) 정약전은 흑산도에서 자신이 보고, 경험하고, 실험한 해양 생태계의 총체를 기록으로 남긴다.

어느 날 '우리나라 최초의 해양 생태계의 어보로 정약전이 흑산도에서 기술한 저서의 제목을 네 글자로 쓰시오.'라는 단답형 문제에 '월간낚시'라고 써 놓은 학생의 답안이 문득 떠올랐다. 그렇다. 지금의 월간낚시는 정약전의 자산어보가 있었기에 가능한 것이다.

한 편의 수묵 담채화 같았던 아름다운 이준익 감독의 영화 '자산어보'를 보며 너무 좋았다. 실학의 가치와 정약전과 정 씨 형제들이 그렸던 세상을 잘 담아주어서였다. 감동했고, 감사했다.

'사학쟁이'라는 비아냥을 들어가며 흑산도에 도착한 정약전이 바로 본 것은 해양 생태계보다 앞서 민중의 삶이었다. 새로운 세상을 희망하고, 혁신해야 하는 이유도 백성이 좀 더 살기 좋은 세상을 만들기 위해서였다. 당시 군포와 같은 세금 문제와 탐관오리의 전횡으로 인한 피폐한 민중의 현실은 비단 흑산도 백성만의 문제는 아니었다.

현재 코로나로 인해 현실을 지옥과 같다고 외치는 민중의 삶에 무엇보다도 필요한 것은 현실적 지원과 대책 마련이다. 혁신적 접근이 필요하다. 늘 위정자들은 백성의 삶에 가깝지 못했다. 나라가 왜 존재하는가? 백성을 위해 존재한다. 그렇다면 나라의 곳간은 누굴 위해 존재하는가? 국민을 살리고 나서 생각해야 한다. 코로나 시대에 정신적, 감정적, 물질적 CPR이 필요한 국민의 목소리에 무조건 귀 기울이는 것이 혁신의 출발이다.

영화 중에 "주자는 참 힘이 세구나."라는 대사가 나온다. 여기서 주자는 학문적 전통이기도 하지만, 또한 우리의 선입견, 무비판적 사고 태도를 의미하기도 한다. 문제가 무엇인지 알면서도 바꾸려 하지 않는 현실 안주적 태도가 문제의 핵심이다.

1994년 8월에 혜성같이 우리에게 등장해 고3 시절 노래방에서 친구들과 목이 터져라 부르게 했던 노래가 문득 떠오른다. 서태지와 아이들이 '교실 이데아'를 꿈꾸며, "왜 바꾸지 않고, 마음을 졸이며 젊은 날을 헤맬까. 왜 바꾸지 않고 남이 바꾸길 바라고만 있을까."와 정약전의 문제의식은 동일했다.

영화 속 대사처럼 사람이 공부하는 이유는 과거에 급제해 입신양명하는 것이기도 하지만, '사람 노릇을 하려고 하는 것'이기도 하다. 학문을 탐구하는 것은 나와 우리 공동체가 조금 더 나은 상태로 성장하도록 돕는 데 있다. 이제는 공부를 열심히 해서 나도 잘되고, 남도 잘되는 공동체적 가치를 추구해야 하는 시대이다.

얼마 전 재밌게 읽은 공동 저작 '코로나 사피엔스'에서 김누리 교수는 경쟁적 야수 자본주의에서 국민 각자의 삶을 중시하는 '라이피즘(Lifysm)'으로의 혁신적 변화가 필요하며, 연대와 상생적 관점을 해법으로 강조했다. 정약전이 해양 생태계를 주제로 연구한 이유는 무엇일까? 물론, 고립된 유배지 흑산도에서 보고, 경험하고, 관찰과 실험을 할 수 있는 실증적 연구 주제가 해양 생태계였겠지만, 본질적 이유는 다른 곳에 있다. 민중의 삶을 위해서이다. 혁신적 삶의 변화를 위해서이다. 직접 경험한 과학적 사실을 기록하고, 후대에 전파하여 백성들의 어업발전과 좀 더 나은 삶에 도움이 되기 위함이었다.

정약전이 해양 생태계를 주제로 연구한 이유는 무엇일까? 민중의 삶을 위해서이다. 혁신적 삶의 변화를 위해서이다.

대동여지도의 김정호, 추사체와 금석학의 김정희, 목민심서의 정약용 등 모든 실학자의 연구 목적은 민중의 삶이 좀 더 나아지는 데 있었다. 우리의 것, 우리의 정신, 우리 전통을 연구하고 염증적인 연구 결과를 기록으로 남기는 것이 혁신의 시작이었다. 체계를 갖춰 분류하고 기록하는 것이 핵심이다.

서구에서 프랜시스 베이컨(F. Bacon)이 자신의 학문을 새로운 시대를 여는 혁신적 과학이라 칭하고, 스스로를 '참된 귀납법'이라고 명명한 것을 실학 사상가들은 몸소 실천하고 있었다.

영화에서 정약전은 이렇게 말한다. "이 나라의 주인이 성리학이냐? 아니면 백성이냐?" 이제 우리는 헌법 1조 1항을 얘기하지 않아도 이 나라의 주인이 누군지 안다. 실학의 시대와 지금 우리의 상황은 크게 다르지 않다. 조금 세련되었을 뿐, 본질은 같다. 국민의 행복한 삶을 위해 '실학적 혁신'이 필요한 시대임이 틀림없다.

이 나라의 주인이 성리학이냐? 아니면 백성이냐?

영화 '루시(RUCY, 2014)'를 보며 많은 생각을 했다. 인류에게 가장 중요한 것은 무엇일까? 그것은 역시 밈(Meme)을 후대에 전달하는 것일 텐데. 그러나 가장 효과적인 인류 가치 문화의 전달은 다름 아니라 '교육'에 있다. 이 시대에도 여전히 유효한 '실학적 혁신'을 떠올리며, 혁신의 출발이 교육이어야 한다는 생각의 꼬리를 물어본다.

현재의 대입 제도의 변화는 큰 틀에서 4차 산업 혁명과 인공지능의 시대에 창의적인 인재를 우리 교육이 양성할 수 있느냐는 질문에서 시작된다. 4차 산업혁명의 핵심은 '초연결성(Hyper-Connected)', '초지능화(Hyper-Intelligent)'을 바탕으로 한다. 사물인터넷(IoT), 클라우드(cloud) 등 정보 통신 기술을 통해 사물과 사물, 인간과 사물, 그리고, 인간과 인간이 상호 연결된다. 빅데이터와 인공지능 기술보다 지능화된 사회로의 변화를 의미한다.

그런데 교육은 이런 초인재상을 잘 담아내고 있는가? 현장 교육은 대입 제도에 의해 많은 영향을 받는다. 그렇다면, 대입제도는 이런 인재를 선발해서 성장시킬 수 있는 체제인가? 교육전문가가 아니라도 우리는 이런 질문에 대해 부정적인 대답을 가질 수밖에 없다. 문제의 핵심은 어디에 있을까? 입시제도 그 중에서도 큰 비중을 차지하는 대수능에서 문제와 답을 찾을 수 있지 않을까?

현행 대수능 체제는 처음 시작되었던 1994년에 비하면 많은 변화가 있다. 학문의 종합적 이해력을 측정하겠다던 탄생 취지와는 다르게 현재는 지엽적 지식을 기계적으로 측정하는 정도라고 평가받는다. 나는 대수능 변화의 역사를 잘 안다. 수능의 첫 시행 세대로 혼란 속에 대입을 준비하고, 현재 대입 체제에 최일선 대입 지도를 책임지는 교사의 삶을 살았으니 몸으로 그 변화를 자연스럽게 체득하게 되었다.

현재 대입 제도에서 특히 대수능을 종합적으로 이해해보면, 4차 산업혁명과 인공지능 시대의 인재상을 선발하는 체제로는 어려움이 분명 있다고 판단한다. 그러나, 교육 당국과 평가 담당 전문가, 일선 학교에서 이런 점을 모르고 게을러서가 원인일까? 그렇지 않다고 생각한다.

문제의 핵심은 상황 파악 능력, 종합적 이해력과 구성력, 언어 표현 능력 등을 종합적으로 판단하는 입시제도의 개발이 쉽지 않다는 것이다. 정시의 수능과 수시의 내신을 모두 고려해서 대입제도에 반영해야 하는 문제도 있다. 따라서, 수능 체제, 대입제도, 학교 교육과정을 종합적으로 고려해 태풍과 같은 변화에 대해 혁신을 통해 미리 준비하기 위해서는 다양한 읽기와 토론, 그리고 언어적 표현력을 측정하는 쓰기 등을 통해 디지털 리터러시 즉, 디지털 시대를 읽어내고 앞서 혁신을 도모할 수 있는 문해력을 키워주는 방향으로 대전환이 필요하다.

이미 전 세계적으로 IB(인터내셔널 바칼로레아) 체제를 바탕으로 한 IB Diploma(통칭 IBDP)를 대입제도에 반영하는 국가들이 많다. IB의 핵심은 언어, 사회, 자연, 예술, 철학 등 다양한 주제에 대해 스스로 생각하고, 토론하고, 응용하고, 직접 써보는 데 있다. 우리 교육 제도의 급진적인 IB 전환은 아니어도 디지털 문해력을 키워주고 새로운 시대를 앞서갈 수 있는 인재를 변형된 형태이면서 우리에게 잘 맞는 '한국형 IB'와 '한국형 IB Diploma'가 필요한 시점이 되었다.

물론, 교육 현장에서 경험해 보면 행정적으로 급진적인 변화가 발생시키는 다양한 문제를 잘 안다. 그래서, 교육은 백년지대계(百年之大計)이어야 하고, 체계적이고 긴 호흡으로 새로운 시대를 담아내고, 앞서갈 수 있는 혁신을 준비해야 한다.
분명한 것은 지금은 태풍이 발생하여 교육계로 오고 있다는 경로가 확인된 시점이고, 미리 4차 산업 혁명 시대를 이끌 인재를 성장시킬 수 있는 대비와 혁신의 방향을 깊이 고민해야 하는 시점이라는 것이다. 대한민국의 교육 현장에서는 모두 동의하는 부분이 있다. 문제점을 알지만 어찌하지 못하는 문제이다. 그것은 바로 대한민국의 입시 중심에 수학이 있고, 어려운 수학 문제를 푸는 능력이 대입에서 가장 중요한 영역을 차지한다는 것이다. 대한민국은 일선 대입 지도 교사들이 이구동성으로 동의하듯 수학 공화국이 되었다. 수학을 통해 논리적인 사고력을 측정하는 것은 중요하다는 것에 누구나 동의한다. 그러나, 지나친 쏠림 현상은 기형을 만들고 이것은 혁신에 더딘 결과를 만든다.

지금의 단계에서 커다란 태풍이 다가오기 전 우리는 미리 혁신을 준비해야 한다. 혁신은 생명이며, 앞으로의 삶의 질을 결정한다. 혁신에서 살아남을 것이냐, 혁신의 대상이 될 것이냐는 진단하고 준비하는 시각에서 시작한다. 지금은 우리 스스로 솔직하게 진단해야 하는 때임이 틀림없다. 커다란 초강력 태풍이 일기예보를 통해 우리에게 온다고 경로가 확인되었다. 바로 우리가 혁신을 미리 준비해야 할 때이다.

혁신의 주체가 될 것인가? 아니면 혁신의 대상이 될 것인가?

내 인생의 알타미라 동굴(Altamira cave) 같은 이곳 통찰(洞察)의 공간에서 '교육의 본질'에 대해 깊이 생각해 본다. 끝나지 않는 코로나 팬데믹 시대를 살아내고 있는 지금도 교육의 본질은 그대로이다. 교육은 인간됨의 본질적 고민을 함께 나누며 따뜻한 '업글인간'으로의 성장을 돕는 일이다. 다양한 분야의 소양을 높여 품위 있는 인간의 길을 가게 도와주는 것이 교육의 본질이라는 것은 변함없다. 그리고, 우리 교육에 혁신이 필요한 때가 바로 지금이다.

| 나를 깨우는 핵심 사상 요약 |

- 영화 변호인에서는 "대한민국 주권은 국민에 있고, 모든 권력은 국민으로부터 나온다. 국가란 국민입니다."라고 한다. 누구나 동의하면서 당연하게 생각하는 이 문장은 헌법 1조 2항에도 명기되어 있다. 정치가 국민을 위해 시행되어야 한다는 생각은 사회계약설 이래 서구에서 발전시켜온 근대적이고 자유주의적인 발상만은 아니다. 동양에서도 공자 이래 정치는 백성을 근간으로 해야 한다는 '민본주의 사상'을 이어 내려왔다. 정약용은 여유당전서, 목민심서 등 본인의 저서에서 백성을 진정으로 사랑하고, 백성을 위한 정치가 되어야 한다고 민본주의 사상을 강조하고 있다. 특히, 암행어사 시절 탐관오리에 시달리던 백성들의 피폐한 삶을 잘 이해하였던 정약용은 목민관(수령)은 청렴결백한 도덕성을 지녀야 하고 백성을 위한 통치를 해야 한다고 강조한다.

- 한국 영화의 새 기록을 썼던 영화 '명량'에서 전장에서 물러나 자신의 안위를 지킬 것을 요구하는 장남 이회에게 이순신 장군이 충(忠)에 관해 이야기하는 장면이 나온다. "장수 된 자의 의리는 충(忠)을 좇아야 하고, 충(忠)은 백성을 향해야 한다. 백성이 없으면 나라가 없다."라고 말하는 부분은 정약용의 민본주의 사상과 그 맥을 같이 한다고 할 수 있다.

- 원래 충(忠)이라는 개념은 공자의 논어 이인편에 '진기지위충, 추기지위서(盡己之謂忠, 推己之謂恕)'에서 유래되었다. 즉, 자기 마음을 다하는 것을 '충', 자신을 미루어 남에게 미치게 함을 '서'라고 해석한다. 주자(朱子) 또한 충(忠)을 '자신의 온 정성을 다하는 마음'이라고 했다. 정약용의 민본주의와 이순신의 충(忠)의 의미, 그리고 '국가란 국민입니다.'라고 외치던 영화 속의 장면들은 시공을 초월하여 백성과 국민을 근본으로 삼고 진정으로 자신의 신념을 지키려고 했다는 면에서 공통점이 있다고 하겠다.

[인생 문장 필사 코너]
책을 읽으며 느낀 상념을 자유롭게 적어보세요.

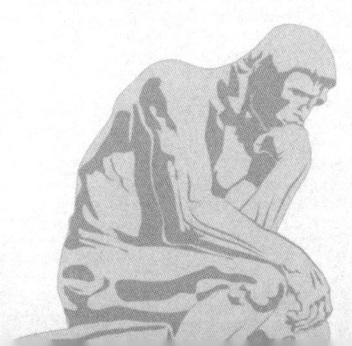

나를
깨우는
인문학
수업

Spinoza

바뤼흐 스피노자

(1632 ~ 1677)

진정한 자유

여행을 좋아하는 나는 어디를 가든 날씨 걱정은 전혀 없었다. 나 스스로 나의 사주에는 비가 없다고 생각했다. 어디를 가도 날씨는 최상이었다.

심지어 수학여행을 가기 전 모든 학생과 강당에 모여 사전 교육을 담당했던 나는 "우리가 여행 가는 다음 주 제주에 비가 들어있긴 하는데, 쌤은 비를 내쫓는 신묘한 힘이 있으니, 한번 믿어봐."라고 말했다.

일기예보가 당연히 정확하겠지만 제주의 변화무쌍한 날씨에 한 가닥 기대를 담아 호기를 부렸다. 출발할 때만 해도 비가 왔는데 희한하게 제주에 도착하자 날씨는 화창해졌다. 모든 학생이 나에게 감사를 표하니 내가 무슨 날씨의 신이 된 느낌이었다. 덕분에 쉽게 허하지 않는다는 백록담까지 학생들과 함께 등반하고 잊을 수 없는 추억을 쌓았었다.

그러나, 이번 제주 날씨는 나에게 새로운 경험을 주었다. 정말 미친 듯이 바람이 불고 비가 왔다. 일주일 내내 비가 왔다. 내가 머문 숙소는 바다가 보이는 3층에 있었는데 베란다 앞에는 멋있고 키 큰 야자수가 세 그루 있었다. 날씨가 좋을 때는 참 운치 있고 멋있는 아이들이었다.

그런데 태풍이 만든 바람이 제주에 와닿기 시작하면서 세 그루의 야자수는 완전히 다른 야수로 돌변했다. 흡사 조선시대 사극에 많이 등장하는 의금부에 끌려와 상투를 풀어헤친 사람 같았다. 어두워지면 창밖의 나무들과 눈이 마주칠 때마다, 어휴. 놀라서 눈을 피했다. 머리를 풀어 헤치고 바람에 따라 심하게 좌우로 춤을 추고, 때로는 앞뒤로 인사를 안쓰러울 정도로 열심히 했다.

큰 나무가 주유소 입구에 있는 풍선 인형이 될 수 있다는 사실을 처음 알았다. 저녁에 통창 앞에 테이블을 두고 글을 쓰다 보면 많이 힘들었던 나무들이 금방이라도 들어가게 해달라고 노크를 하듯 나에게 다가왔다. 무서웠다.

거센 바람으로 때때로 한쪽 방향으로 계속 쏠려 있을 때는 최준 헤어스타일하고 특유의 콧소리로 연신 '커피 한잔할래요'를 불러 주는 듯했다.

그래도 태풍은 분명 지나갈 것이다. 자연의 이치가 그렇다. 비는 계속 오지 않는다. 나에게도 우리 인생에도 맑은 날은 분명 온다. 믿음의 문제이다. 믿고 나에게 주어진 것에 집중하는 것이 효율적이라 생각했다. 그리고, 저 아이들은 다시 운치 있는 제주 애월의 야자수로 돌아올 것이라 믿었다.

평화롭던 야자수는 돌연 야수가 되어 상투를 풀어헤친 사람, 때론 주유소 앞 바쁜 풍선 인형, 최준의 헤어 스탈 같기도 했다.

꼼짝 못 하고 글을 쓰던 나는 문득 비 오는 날 배경으로 각인된 멋진 영화들을 떠올려 본다. '오징어 게임'의 마지막 게임 장면에 내리던 비도 생각났고, 비지스의 홀리데이가 잔잔히 깔리며 등장한 안성기와 박중훈의 '인정사정 볼 것 없다.'의 장면도 떠올랐다. '지금 만나러 갑니다.'에서 엄마가 비와 함께 돌아온 장면도 생각났고, 10번 넘게 본 '번지점프를 하다.'에서 주인공 인우(이병헌 분)와 태희(故 이은주 분)가 빗속에 있는 장면도 떠올랐다. '라디오 스타'의 '비와 당신'도 떠올랐다.
생각해보면 많은 영화와 대중가요에서 '비'는 중요한 소재로 자주 등장했다. 좋아하는 영화 속 장면처럼 우리는 누구나 비와 관련된 기억과 추억을 갖고 있다. 비를 흠뻑 맞으며 미친 듯이 축구를 하던 어린 시절과 사랑에 가슴 뜨겁던 시절 온몸에 맞던 비 냄새와 감촉은 추억으로 아로새겨져 지금 내리는 이 비와 함께 폴폴 되살아 난다.

비와 영화 생각에 흠뻑 빠져있다 보니, 문득 대여점에서 비디오테이프를 빌려 밤새도록 좋아하던 영화를 보던 그때의 기억이 새록 스쳐 지나갔다.

비디오테이프와 DVD를 거쳐 지금의 IPTV와 영화 플랫폼을 모두 경험한 세대인 나는 아날로그와 디지털 모두의 감성을 흡수한 복 많은 세대이다. 우리 세대의 축복이며 감사할 일이다. 우리 세대는 레트로와 뉴트로적 감성을 이미 체내에 모두 갖고 있다. 요즘 학교에서 아이들이 보는 영화나, 드라마, 듣는 음악이 뭔가 궁금해서 살펴보면 그건 놀랍게도 나의 소년 시절의 그것들이었다. 아이들은 그 시절 노래와 영화가 너무 좋다고들 한다. 요즘 세대를 MZ라고 정의 내리지만, 도대체 그런 명칭 붙이기는 누가 하는 건지 잘 모르겠다.

누군지 모르는 사람의 명명으로 나는 X세대였다. 영화 '강남 1970'에 나오는 것처럼 개발의 70년대에 태어나 90년대 대학을 다니며 IMF 시대를 관통했다. 지금은 '노 모어 엉클족(no more uncle族)'을 표방하는 세상 겁 없던 X세대로 불렸던 사람이다.

이런 명칭이 무슨 의미가 있겠는가? 유독 '명칭 붙이기'와 '세대 구분'에 열을 올리는 우리 문화가 결과적으로 세대 갈등을 더 조장하게 되는 결과를 만드는 것이 아닌가 하는 노파심이 든다.

좋아하는 영화나 음악으로 소통하면서 개인의 취향을 나누다 보면 세대를 뛰어넘어 하나가 될 수 있다. 그런 면에서 아날로그와 디지털 시대를 관통해산 것에 감사한다. 오드리 헵번, 비비안 리히의 고전 흑백 영화부터 시애틀의 잠 못 이루는 밤, 해리가 셀리를 만났을 때, 러브 어페어 같은 로맨틱 물을 거쳐 타이타닉, 터미네이터, 반지의 제왕, 매드 맥스 같은 대작, 그리고 현재의 자랑스러운 K-무비까지. 모든 것을 아우르는 영화적 시절을 살았다는 사실에 행복했다. 영웅본색, 화양연화, 첨밀밀 등의 홍콩영화는 최고의 기쁨이기도 했다.

'비'하면 떠오르는 영화 속 명장면, 어떤 것이 가장 먼저 생각나는가?

수많은 명화 중에서 '쇼생크 탈출(The Shawshank Redemption, 1995)'의 주인공이 자유를 쟁취하는 장면에 내리는 비를 떠올리는 사람이 많다. 영화를 보는 내내 차곡차곡 긴장감을 몰아가다 클라이맥스에서 한꺼번에 우르릉 쾅쾅하고 폭발시키는 장면에서 주인공 앤디(팀 로빈슨 분)가 맞는 빗줄기를 함께 맞는 느낌이었다.

'쇼생크 탈출(The Shawshank Redemption, 1995)'의 주인공이 비를 맞는 장면은 곧 억압으로부터의 자유를 의미했다.

억울한 누명으로 복역하게 된 앤디는 희망을 버리지 않는다. 그리고, 드디어 20여 년을 뒤로하고 그곳에서의 탈출에 성공한다. 그때 내리는 비는 축복 같기도 하고, 더럽고 힘들었던 기억을 모두 씻겨주는 폭포수 같기도 했다. 쇼생크 탈출에서 가장 중요했던 장면에서 프랭크 다라본트 감독은 비의 상징성을 통해 탈출을 설명한 것이다. 탈출은 억압으로부터의 회피이며, 결국 자유를 상징한다.

자유(freedom, 自由)의 사전적 정의는 '무엇에 얽매이지 않고 자기 마음대로 행동하는 일, 또는 그러한 상태'이다. 한 인간에게나 국민에게 자유는 매우 중요한 가치이다. 인류의 역사는 자유를 쟁취하기 위해 투쟁한 역사이기도 하다. 인종적 억압,

젠더 억압, 온갖 선입견과 편견의 억압에서의 탈출 역사였다. 그리고, 인권 신장과 함께 소중한 자유라는 가치를 성장시켜 왔다.

비 내리는 애월의 바다를 한참 바라보다, 쇼생크 탈출에서 흘러나오던 '피가로의 결혼'을 듣는다. 커피를 한잔 마시며 자유의 철학을 떠올려 본다. 근대 유럽의 자유 도시에서 진정한 자유를 위해 자신의 사상을 완성했던 철학자가 떠오른다. 그 이름은 '자유의 철학자 바뤼흐 스피노자'이다.

'진정한 자유'를 사랑한 철학자 바뤼흐 스피노자(Baruch Spinoza)

개인적으로 네덜란드 하면 가장 떠오르는 것이 무엇인가? 거스 히딩크 전 국가대표 감독? 그렇다면 약간 예전 세대. 스케이트를 비롯한 동계 스포츠 강국? 평균 신장 180cm이 넘는 거인국? 개인적으로 네덜란드는 진보적인 각종 정책에 있어서 가장 전향적인 나라라는 생각이 든다. 네덜란드는 가장 자유로운 사고의 나라이며, 그리고, 바로 스피노자의 나라이기도 하다.

인습에서 벗어나 종교와 사상의 자유를 꿈꿨던 '진정한 자유사상가' 스피노자. 그는 유대인으로 1632년 당시 국제교류의 중심 도시였던 암스테르담에서 태어났다. 어린 시절 정통 유대교 교육을 받고 유대 사회에서 촉망받던 청년이었다.

암스테르담은 당시 유럽의 유통 단지였으며, 가장 혁신적인 자유 도시였다. 우리가 잘 알고 있는 빈센트 반 고흐, 폴 고갱 등의 후기 인상파 화가들은 이 자유의 도시를 사랑했다. 이유는 바로 일본에서 들어오는 도자기에 있었다. 활발하게 동양의 문물이 들어오는 관문이기도 했던 자유 도시에서 화가들은 새로운 동양의 도자기에 심취했다.

물론, 일본의 도자기는 '도자기 전쟁'이라 일컫는 임진왜란에서 불법적으로 끌고 간 우리의 도자기 장인들의 소산이었다. 불법적으로 사람을 끌고 가고, 그런 사실을 감추고, 후에 역사를 왜곡하는 일은 반복되었다.

예술을 사랑하는 젊은 시절 남프로방스를 여행할 때, 마르크 샤갈, 파블로 피카소, 빈센트 반 고흐의 뮤지엄을 가보았다. 그때 새롭게 발견한 사실은 그 유명한 화가들이 도자기, 그릇에 심취했었다는 것이다. 우리가 아는 명화 작품만큼의 다양한 그릇과 도자기를 그들은 많이 만들었다.

그러나, 정작 중요한 것은 그 화가들에게 바다 건너 들여온 해외 명품 도자기가 아니었다. 동양의 위대하고 섬세한 기술로 제작된 도자기와 그릇을 배로 운반할 때 깨지지 않게 포장한 포장지에 그들은 더욱 열광하게 된다. 당시 일본의 풍속화라고 할 수 있는 '우키요에'는 판화로 제작되어 다량으로 찍어 낼 수 있게 되면서도 자기가 안전하게 운반되도록 겉면을 감싸는 데 사용하게 되었다.

도자기를 보고 좋아하던 진보적 화가들에게 전혀 새로운 충격적 화풍인 포장지는 놀라움을 주는 예술적 모티브가 된다. 이후 후기 인상파의 작품에는 우키요에의 화풍이 뚜렷이 차용된다. 폴 고갱의 작품 '언제 결혼하니.'에서는 명확한 영향이 발견된다.

폴 고갱의 작품 '언제 결혼하니.' 후기 인상파 화가들은 일본의 우키요에의 독특한 화풍에 열광했다.

예술과 문화, 철학에서 가장 혁신적인 도시였던 암스테르담의 청년 스피노자. 그가 심취했던 철학은 바로 데카르트의 철학이었다. 인간 이성으로 모조리 의심하라고 했던 데카르트의 철학적 지침대로 본인의 종교인 유대교마저도 의심해 보았다.

정통 유대교에 어긋나는 의견을 기술한 '신학 정치론'으로 인해 스물네 살의 나이에 유대 공동체에서 쫓겨나게 되었다. 이때 스피노자는 자신의 이름을 히브리어 바뤼흐(Baruch)에서 베네딕트(Benedict)로 바꾸었다.

그는 자신의 다락방에 숨어들어 망원경, 현미경, 안경 등에 쓰이는 렌즈를 갈면서 생활을 연명했고 1673년에는 제안받은 하이델베르크 대학의 철학부 교수직마저도 거부했다. 그가 그토록 외부적 요인에서 벗어나 스스로 혼자임을 자청하며 심취한 것은 궁극적으로 세계에 대한 올바른 해석이었고, 합리적 사유를 통해 스스로 그것에 대한 결론을 '신(神)에 대한 지적 사랑'이라고 내리게 된다. 그래서, 주변에서는 스피노자를 '신(神)에 취한 사람', '다락방의 합리론자'라고 불렀다.

스피노자의 신(神)은 세상의 질서를 주재하는 '절대신', 기독교적 '유일신'을 의미하는 것이 아니라, 이 세상에 존재하는 모든 것이 신(神)이라는 생각으로 스피노자의 신관은 스토아 철학에서 시작된 범신론(汎神論)적 사상을 완성했다는 평가를 받게 된다.

따라서 스피노자가 강조한 '세계 내의 모든 것은 신적 질서로 가득 차 있다'라는 말은 대자연을 움직여 나가는 주체가 절대신이 아니라, 대자연적 질서, 우리 세계 내에 존재하는 명확한 인과 법칙 자체가 신적 질서라는 의미이다.

이런 스피노자의 대자연의 질서에 대한 믿음은 동양 철학에서 특히 도가 사상가들이 자주 언급하는 도(道)와 통한다고 할 수 있다. 도가 사상가들은 이 세상을 움직이는 근본 원리를 도(道)라고 규정하였으며, 그 도에 맞게 살아가는 것을 궁극적 목표로 삼은 철학이었다.

스피노자는 우주를 필연적 질서에 따라 움직이는 거대한 기계로 생각하였고, 이 세상에 일어나는 모든 일은 원인과 결과로써 필연적으로 서로 맺어져 있다고 생각하였다. 영화 '딥 임팩트', '2012', '노잉'처럼 지구 종말이라는 극한 상황이 온다고 하더라도 그러한 사실은 필연적인 자연의 이치이며, 신의 섭리이기 때문에 한 그루의 사과나무를 심으며, 평온한 상태로 대자연을 관조하고, 대자연과 대화를 나누며, 내 삶을 반추할 수 있을 것이다.

스피노자의 사상은 '무신론'으로 몰려 비난을 받기도 하였다. 그러나 스피노자는 세속적인 부와 명예, 쾌락을 추구하는 일상 생활의 공허함에서 벗어나 진정한 행복을 줄 수 있는 길에 몰두했으며, 그것은 '신에 대한 지적 사랑'만이 허무함이 없는 진정한 행복으로 우리를 해탈시켜 줄 수 있다고 생각했다.

철학자 질 들뢰즈는 스피노자를 '철학자들의 그리스도'라고 칭

했다.

근대 유럽 변화의 시대 한가운데서 스피노자는 진정한 자유의 철학을 논했다. 그것은 인습에서 벗어난 사상적 자유와 종교적 자유였다.

생전에 명예, 부, 권력에서 멀었고, 심지어 친구조차도 없었던 그는 다락방에서 소중히 자기 생각을 담은 저서를 집필한다. '에티카(Ethica)' 또는 '기하학적 순서로 증명된 윤리학(Ethica, ordine geometrico demonstrata)'이라는 제목으로 스피노자 사후 1677년 간행되었다. 마스크 브랜드와는 철자도 다르고 관계가 없다.

ETHICA
Ordine Geometrico demonſtrata,
E·T
In quinque Partes diſtinƐla,
in quibus agitur,

I. De Deo.
II. De Naturâ & Origine Mentis.
III. De Origine & Naturâ Affectuum.
IV. De Servitute Humanâ, ſeu de Affectuum Viribus.
V. De Potentia Intellectus, ſeu de Libertate Humanâ.

부제는 '기하학적 순서로 증명된 윤리학(Ethica, ordine geometrico demonstrata)'이다.

비와 함께 '쇼생크 탈출'의 장면을 떠올렸고, 자유에 관한 생각까지 이어졌다. 인류는 소중한 가치인 자유를 신장시키기 위해 지속해서 노력해 왔다. 몇몇 노력으로 지금의 자유를 단지 얻은 것이 아니다. 모두의 노력과 희생으로 자유를 쟁취해온 것이다. 진정한 자유의 철학을 논했던 스피노자도 함께 떠올려 본다. 지금 현재 내가 누리고 있는 자유가 무겁고 더욱 소중하게 다가온다.

그리고 언젠가 이곳 애월에 바다가 잘 보이는 한 곳에 인문학 브런치 카페를 만든다면, 이름을 '스피노자의 서재'로 해야겠다는 생각을 해본다. 스피노자는 이곳 애월과 참 잘 어울린다고 생각했다. 아니면 '어느 모럴리스트의 서재'로 할까? 내일은 애월 바닷가가 화창했으면 좋겠다. 열심히 걷고, 성실히 생각하고, 부지런히 쓸 수 있게.

| 나를 깨우는 핵심 사상 요약 |

- 최갑수의 문장 모음집 『사랑보다도 더 사랑한다는 말이 있다면』에서는 "사랑 앞에서 우연이라는 건 없다고 믿게 됐어요. 한 사랑을 이루기 위해 우주는 나비 한 마리의 날갯짓까지 계산한다고 믿게 됐어요, 기적 같은 필연, 내가 당신 앞에 설 수 있었던 걸 한낱 우연으로 돌리긴 싫었던 거죠. 그러니까 제가 할 수 있는 일은 최선을 다해 당신을 사랑하는 거죠."라는 문장이 나온다. 우리의 사소한 만남이 태초 우주의 탄생에서부터 결정된 계산이었다니. 무언가 뭉클하다. 스피노자는 『에티카(Ethica)』를 통해 우주를 필연적 질서에 따라 움직이는 하나의 거대한 기계로 생각하고, 이 세상에서 일어나는 모든 일은 원인과 결과로 필연적으로 서로 맺어져 있다고 생각하였다.

- 인간도 자연의 일부라는 점에서, 어떤 것도 우연히 일어나지 않으며, 일어나는 모든 것은 필연적으로 일어나는 것으로 보아야 한다고 스피노자는 주장하였다. 그렇다면 이 우주에 '각본 없는 드라마'는 없다. 인간의 육체는 자연이라는 필연적 질서에 따라 움직이는 거대한 기계 전체의 한 부분에 지나지 않으며, 육체의 모든 활동은 이 기계를 지배하는 법칙 그리고 운동에 선행하는 물리적인 조건의 측면에서 남김없이 설명될 수 있다고 주장하였다.

- 모든 사물의 궁극적인 원인과 질서를 이성적으로 파악할 수 있다면 인간은 마음의 안정과 행복을 얻을 수 있다. 이성적 관조를 통한 마음의 안정과 평화는 우주와 참된 조화를 가져올 수 있다는 면에서 스피노자의 『에티카(Ethica)』의 결론은 우주, 대자연, 세계의 질서에 관한 합리적 이성의 관조가 마음의 평화를 가져오는 것이고 그것이 우리로 하여금 스스로를 진정으로 자유케 한다는 것이다.

[인생 문장 필사 코너]
책을 읽으며 느낀 상념을 자유롭게 적어보세요.

나를
깨우는
인문학
수업

Kierkegaard

쇠렌 키에르케고르

(1813 ~ 1855)

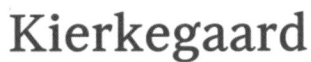

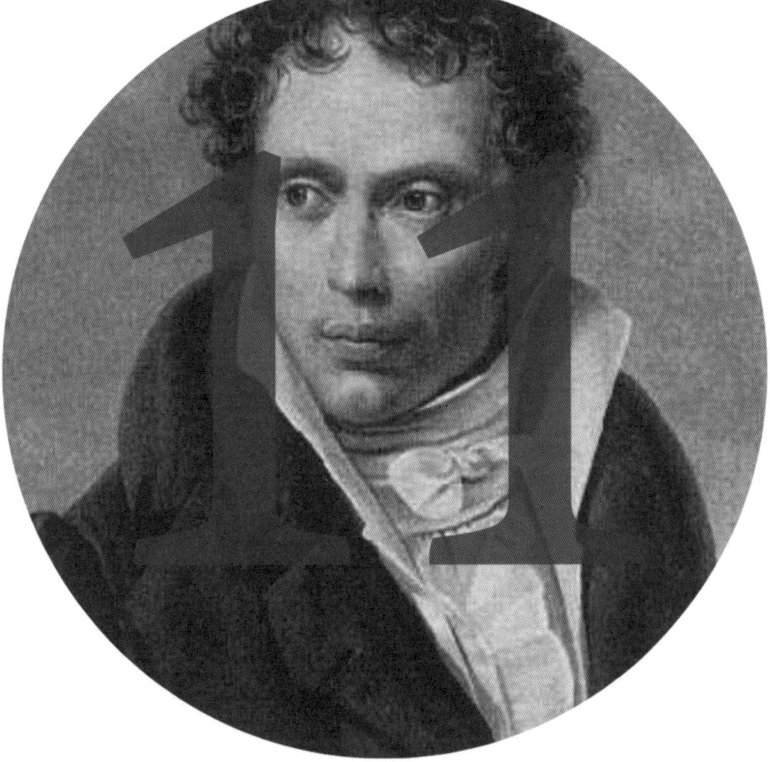

11

당당한 단독자

몸이 조금씩 회복되었다. 컨디션도 좋았다. 매일 정해진 식사 시간에 밥을 먹고, 약을 챙겨 먹고, 식사 전후로 걷기를 지속했다. 일정한 루틴만이 건강한 몸을 만든다고 판단했다. '루틴은 삶의 뼈대와 같다.' 단단하게 구축된 척추와 뼈대는 건강한 삶을 지탱한다.

아리스토텔레스(Aristoteles)의 말대로 좋은 습관이 좋은 삶을 만들고, 좋은 삶은 행복한 삶이 된다. 수술 후유증에서 빠르게 회복하고, 앞으로 내 삶의 지속 가능한 행복을 위해 철저하게 루틴을 지켰다. 늘 같은 시간에 같은 일을 평생 한 칸트(I.Kant)가 된 것처럼 하루의 시간을 철저한 계획 속에서 사용했다. 퇴계 이황이 체찰(體察)과 함양(涵養)을 일상에서 지속해서 행했던 것처럼 몸과 마음의 보존을 위해 정해진 루틴을 실천했다.
때로는 루틴이 지겹기도 했지만, 수술 전처럼 정상적인 몸이 되길 간절히 바랐기 때문에 기꺼이 그 지겨움을 감내했다. 그러면서 생각해 본다. 루틴의 대가 테니스 선수인 라파엘 나달은 자신의 루틴이 얼마나 지겹고, 때로는 깨고 싶을까?

성공적이고 행복한 인생으로 이끌어주는 '신묘한 힘'은 바로 Grit이다.

그럼에도 잠시의 일탈이 주는 묘한 즐거움을 억누르고 철저히 자기와의 약속을 지키고 결국 최고가 된 그 '신묘한 힘'은 어디서 나올까? 그것은 Grit(집념, 투지)일 것이다. 본인의 목표를 성취하기 위해 흔들리는 마음을 다잡아주는 집념이 지켜운 자기와의 약속을 철저히 이행하게 하는 힘이다.

지금 나에게 루틴은 다시 건강한 나로 돌아가기 위해 스스로 정한 약속이었다. 우리는 타인과의 약속을 지키지 못하면 비난을 받는다. 그 비난을 기꺼이 받아들인다. 그러나, 자신과의 약속을 지키지 못하는 것에 관대하다면 Grit가 미약한 것이고, 궁극에는 성취하고자 설정한 목표에서 멀어져 갈 것이다.

교사 노릇을 21년째 하면서 많은 학생을 지켜본다. 입학 사정관으로 수많은 학생의 면접을 봐 왔다. 관상가 양반이 다 되었다. 때때로 학생의 미래가 보일 때도 있다. 선생님이 보고 싶다고 찾아온 제자들과 즐거운 대화를 하며, 10년 전 20년 전 내가 했던 예상들을 확인해 보곤 한다. 참 재밌다. 신기하게도 그때 그 예상은 거의 다 맞는다. 그 제자의 미래를 예견하는 가장 중요한 판단 기준은 Grit이다.

현재 내가 갖고 있는 것들과 나의 재능, 위치로 섣불리 판단하면 안 된다. 그 안에 스스로가 인생의 전 영역과 전체 시간에 거쳐 밀고 나갈 수 있는 힘 즉, Grit가 형성되어 있느냐, 그렇지 못하느냐가 성공과 행복한 삶의 판단 기준이다. 이미 고등학교 시절에 이 '신묘한 힘'을 갖게 된 제자들이 보인다. 여기에 어려움과 역경에 대한 극복의 힘 즉, Anti-fragile까지 갖춘 학생은 게임이 끝난 것이다. 분명 뭣을 해도 성공적인 인생을 살 것이고, 한 인간으로서 행복한 삶을 살아갈 것이다.

그렇다면 Grit와 Anti-fragile은 도대체 어떻게 형성시킬 수 있을까?

그렇다면, Grit와 Anti-fragile은 도대체 어떻게 형성시킬 수 있을까? EBS 입시 설명회 전문 위원으로 전국을 다니며 이 점을 강력하게 설명해 왔다. 사실 지금 내신 성적도 중요하고, 수행 평가 1점과 수능 모의고사 점수도 중요하다. 그렇지만 우물 안에 있을 것인가, 아니면 하나뿐인 나의 인생과 감히 우물을 뛰쳐나가 '슈퍼 개구리[초와, 超蛙]'가 될 것인가는 중고등학교 시절에 '이것'이 준비되었는지의 차이에 달려 있다.

설명회가 끝나고, 땀을 닦으며 한숨 돌리고 있는데 누군가가 다가온다. 지역에 설명회를 유치한 국회의원이었다. 평소 정치는 중요하다고 생각하지만, 정치인은 싫어하는 나는 경계한다. 본인의 치적을 얘기하러 온 줄 알았다. 그러나 이내 경계심을 풀고, 밝은 얼굴로 함께 대화한다. 감동적인 강연 내용에 많은 생각을 할 수 있었다고 한다. 입시 설명회여서 입시 정보와 각종 데이터, 성공 전략만 얘기해주는 딱딱한 강연일 줄 알았는데, 거기에 감동적인 인생의 동기 유발까지 해줘서 고맙다는 인사였다. 그리고, 예전 근무한 학교에서 내가 본인 딸의 수업을 한 적이 있었다는 사족까지.

"성공적인 삶과 행복한 인생을 위해 학창 시절 미리 준비해야 할 Grit와 Anti-fragile을 키워낼 방법이 무엇일까요?" 수많은 수험생과 학부모들의 눈빛이 집중된다. 이내, 큰 스크린에 항아리와 벽돌 사진을 띄우고 이야기를 이어나간다.

EBS 입시 설명회, 안성

철저한 루틴에 맞춰 애월의 해안도로를 걸었다. 구름이 없다면 제주의 태양은 서울의 햇살과 완전히 달랐다. 9월이 끝나가는 지금의 해도 버거웠다. 해안 도로에는 나무 그늘이 없기 때문에 주로 해가 뜨기 전이나 해가 질 때를 이용해 걸었다. 해안 도로 위에 내가 좋아하는 장소들을 곳곳에 정해두고 거기까지 찍고 돌아오는 코스를 설정했다.

제주 방언으로 '함께 가자'라는 뜻의 숙소 레스토랑에서 매일 아침과 점심을 똑같은 자리에서 먹었다. 아침을 챙겨 먹고 좋아하는 음악을 들으며 부지런히 걷기 시작했다. 주로 음원사이트의 추천 앨범을 플레이했지만, 오늘은 콜드플레이와 우리 방탄의 'My Universe'를 반복해서 들었다. YB의 'Sad But True'

도 계속 들었다. 상쾌한 아침 걷기에 최고의 배경 음악이었다.

오늘의 목표도 2만 보 걷기 도전이다. 자신과의 약속을 지킨 성취감은 대단했다. 앱에서는 거리로는 14km, 활동 시간은 3h, 칼로리 소비는 756이라고 표시해 준다. 1km가 2.55리 정도 되니, 14km는 36리 정도 된다. 님을 버리고 가면 10리도 못 가서 발병 난다고 했는데, 적어도 3번은 발병이 나야 했지만 아주 괜찮았다. 버리고 온 님도 없었고, 튼튼한 두 다리가 있었다. 수술 이전의 아주 나이스 했던 나의 몸은 아니어도 조금씩 수술의 후유증에서 몸이 벗어나고 있음을 느낄 수 있었다.

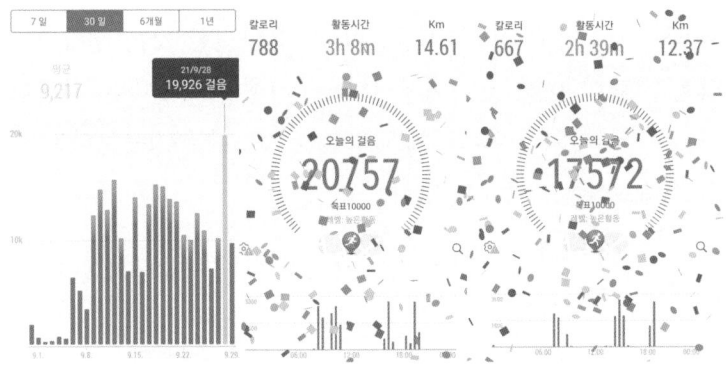

나를 깨우는 인문학 수업

총 10종류의 약도 이제 다 끝이 났다. 내 몸이 그간 그 많은 주사제와 약을 다 빠짐없이 흡수하고 이제는 자력갱생 모드로 가도 된다고 허락받은 느낌이었다.

그만큼 일상으로의 복귀가 다가왔음을 의미하기도 했다. 학교에서는 복귀 수업 시간표를 보내주었다. 모든 교사가 그렇듯 이번 시간표도 맘에 안 든다고 생각하다가 이내 지금껏 나의 부재로 대신 고생했을 사람들을 떠올려 보며, 감사함을 갖고 기꺼이 받아들인다.

식사와 걷기를 마치고 다시 숙소 베란다에 앉아 곰곰이 생각을 가다듬어 본다. 10편의 글을 올리고 이제 11편째를 쓰고 있는 지금, 내가 이 글쓰기를 왜 시작했는지에 대해 다시 생각해 보았다.

축구 게임에서 전반이 끝나고 주어진 하프타임처럼 45년의 인생을 정리하는 휴식 시간, 생각의 정리를 통해 앞으로의 계획을 또렷이 하기 위해 글을 쓰기로 했었다.

그리고, 무엇보다도 간이식 수술 과정과 경과, 몸의 상태 등을 자세히 기록하고 싶었다. 병원에 가서 확인한 것은 생각보다 많은 사람이 이식 센터에서 수술을 진행하고 있다는 사실이다. 이식 환자와 공여자들에게 막연한 공포나 두려움보다는 사실 그대로를 알려주고자 했다.

각종 블로그에서 발견된 이식 수술에 참여한 사람들의 글은 별

것 아닌 듯 편하게 기술된 글들이 보였다. 아마 수술 이후 몇 해를 지나 기억에 의존해서 기술해서 그럴 수 있다고 생각했다. 될 수 있으면 과정과 경과 그리고 공여자의 심리 상태 이런 것을 자세하게 기록에 남기고 싶었다. 물론 나는 그 심리와 연결된 철학을 글에 녹였다.

이식 수술은 간단치 않다. 수술 과정도 복잡하고, 당사자의 미묘한 심리적 문제도 신경 써야 한다. 수술 이후 회복되는 기간과 병간호에도 많은 노력이 필요하므로 가족 내부의 문제도 있을 것이다. 단지 어느 한 사람의 희생만 강요되어 해결되는 일도 아니다. 수술 이후 회복에도 고통이 따른다.

하다못해 드라마 '다모'에서도 사랑하는 정인(情人)의 칼에 베인 외상에 "아프냐. 나도 아프다."라고 크게 공감해주는데, 공여자는 자기 간의 70%를 적출하는 데 스스로 동의하고 몸에 수술을 받아들인다. 공감과 존중의 태도가 필요하며, 섣부른 위로보다는 잘 회복할 수 있도록 자신만의 시간을 주는 것이 무엇보다 중요하다. 나의 사랑하는 가족들이 내게 해주었던 것처럼 말이다. 어떻든 인간이 자신의 신념대로 사랑하는 사람을 위해 하는 가장 숭고한 결정임이 틀림없다.

이런저런 생각으로 다시 또렷해졌다. 글쓰기를 참 잘했다고 생각했다. 이제 나는 '세상의 중심에서 당당하게 바로 서게 되었구나.' 하는 느낌마저 들었다. 감사했다.

회복되고 있는 몸에 감사했고, 이렇게 나에게 온전히 집중할 수 있는 여건에 감사했고, 생각을 잘 정리해 글을 쓸 수 있음에 감사했다. '당당한 단독자(單獨者)'를 주창한 덴마크의 실존주의 철학자 키에르케고르가 떠올랐다. 사실 요즘 내가 나에게 던지는 모든 질문은 키에르케고르의 질문들이었다. 수많은 물음과 찾기 힘든 대답에 골몰하며, 그의 철학에 깊이 빠져든다.

사실 요즘 내가 나에게 던지는 모든 질문은 키에르케고르가 스스로 그리고 세상에 던진 질문이었다.

실존 철학의 아버지로 불리는 키에르케고르는 1813년 덴마크의 수도 코펜하겐에서 8남매 중 막내로 출생하였다. 어려서부터 아버지는 키에르케고르에게 엄격한 교육을 했으며 그리스도 교육을 하는 학교에 들어갔고, 코펜하겐 대학 신학과에 입학하였다.

22살이 되던 해, 아버지의 죄를 알게 된 키에르케고르는 삶에 대해 회의와 분노를 느끼고 방탕한 생활에 빠져들었다. 죄의식을 떨쳐버리기 위해 사교생활을 하던 그는 레기네 올젠이라는 소녀를 만나 사랑에 빠지게 되었다. 양가의 허락을 받아 레기네 올젠과 약혼을 하지만, 죄의식에 빠져있던 키에르케고르는 일방적으로 약혼을 파기하고 방황한다.

이후 그는 『이것이냐 저것이냐』, 『두려움과 떨림(공포와 전율)』, 『반복』, 『불안의 개념』, 『인생 행로의 여러 단계』, 『그리스도교 담론』, 『죽음에 이르는 병』 등을 출간하면서 아버지를 통한 원죄 의식과 종교적 신앙의 힘, 헤겔의 철학에 반대한 주체성의 철학으로 다듬어진 현실 속에 존재하는 지극히 중요한 나의 문제 즉 '실존'적 물음에 골몰하게 된다.

키에르케고르는 헤겔의 영향을 많이 받았지만, 당대를 지배하고 있던 그의 사상을 정면으로 반대한 철학자이다. 키에르케고르는 인간의 본성이나 본질을 보편타당하게 서술하는 데에는 전혀 관심이 없었고 오로지 개인의 실존을 중요시했다.

키에르케고르는 헤겔의 진리관을 비판하면서 "헤겔은 스스로 인류의 역사 속에서 자유와 윤리의 개념, 정반합의 원리를 통해 체계를 설명했지만 정작 그 안에 살고 있는 '나' 자신의 문제를 해결하는 것은 놓쳤다."라고 말했다. 한 사람 한 사람 각자에게 그의 영혼을 구원하고 이끌어줄 진리를 찾았고 그에 대한 해답은 '내 삶의 현실적인 문제를 풀기 위해서는 주체성이 진리이다.'라는 것이었다.

키에르케고르는 인간의 실존을 3단계로 설명한다. 인간의 가장 기본적인 삶의 모습은 '미적 실존'의 단계이다. 이 단계에서 사람들은 오로지 미(美)만을 추구한다. 편안한 것, 맛있는 것, 아름다운 것 등 쾌락을 좇아 살아간다. 이러한 사람들을 '탐미주의자'라고 한다. 예를 들면 모차르트(Mozart) 오페라의 주인공 '돈 후안(Don Juan)'이나, 헨리 입센의 이야기에 등장하는 주인공 '페르퀸트(Peer Gynt)'를 예로 들 수 있다.

탐미적 인간들은 바라보고 즐기기만 할 뿐 절대 행동으로 옮긴다거나 책임을 진다거나 하지 않는다. 키에르케고르는 이 단계에서 머물러 있는 것으로는 그 이상 행복해질 수 없다고 했다. 익숙해진 즐거움과 쾌락으로 인해 결국 권태를 느끼며 고통스럽게 된다. 그렇지만 이때의 고통은 우리가 실존하고 있다는 증거이기도 하다. 그는 이 단계에서 싫증과 고통 혹은 절망을 느낀 사람들은 주관적인 진리에 따라 이보다 높은 단계인 윤리적 실존의 단계로 '선택'하여 넘어간다고 믿었다.

'윤리적 실존' 단계의 사람들은 더 이상 쾌락과 감각적인 즐거움만을 쫓지 않고, 진지성과 보편적 윤리의 척도를 가지고 살아나간다. 이때 윤리는 칸트가 주장한 '의무 윤리학'과 관련이 깊다. 칸트는 사람들이 보편적인 윤리를 따르는 것이 의무이기 때문에 따르는 것이지 윤리를 따르는 행위 자체가 남들이나 자기 자신에게 이익을 주기 때문에 윤리를 따르는 것이라는 공리주의적 윤리학을 부정하였다.

또한, 소크라테스적 삶이 윤리적 실존에 해당할 수 있다. 자신의 원칙과 신념에 따라 결단을 내리고 당당하게 양심에 따라 살아가더라도 세상은 뜻대로 펼쳐지지 않는다. 그래서 윤리적 실존은 좌절한다. "나처럼 도덕적으로 살고자 하는 사람이 없는데도 왜 나에게만 불행이 찾아오는가?", "나같이 도덕적인 삶을 사는 사람을 놔두고 그렇지 않은 사람들이 왜 더 잘 살게 되어 있는가?"라는 질문을 하게 된다. 이제 고단한 삶, 재미없는 삶, 좌절에 빠진 윤리적 실존에 선택과 결단의 시간이 다가온다. "탐미적 실존의 단계로 후퇴할 것인가?", "아니면 종교적 실존으로 나갈 것인가?" 지속해서 이것인지, 저것인지 선택을 강요받고 있는 우리는 늘 절망하고 절규한다.

에드바르 뭉크(Edvard Munch)의 작품, 절규(The Scream)

키에르케고르는 제3단계인 종교적 실존의 단계에 와야만 비로소 인간의 삶이 완전해진다고 생각하였다. 여기서 키에르케고르가 말한 종교는 기독교이다. 이 단계에서 사람들은 스스로의 선택에 따라 신을 진정으로 믿고 따르며 무력감과 허무함을 떨쳐버리게 되고, 결국은 완성된 삶을 살게 된다. 이 종교적 실존 단계에서 나온 말이 '신 앞에 선 단독자'이다. 다시 말해서 실존은 신 앞에 자기 스스로를 자각하여 진정한 자기 자신을 회복하는 것이다.

마지막 '종교적 실존'의 단계에 예는 신의 뜻에 따라 자기 아들인 이삭을 제물로 바친 아브라함을 들 수 있다. 윤리적으로 보면 아버지 아브라함은 자신의 자식을 죽이려 한 범죄자이며 그의 행위는 윤리적 비판을 받아 마땅하다. 또한 보편적이지도 않다. 하지만 아브라함에겐 믿음이 있었다. 그 믿음, 혹은 신앙은 우리에게 역설로 다가온다. 아브라함이 보여 준 역설은 한 인간이라는 개별자가 어떻게 절대자와 관계 맺을 수 있는지 보여 준다.

우리는 살아가면서 큰 위기의 벽 앞에 수많은 실존적 질문을 던진다.

'이것이냐 저것이냐'라는 양자택일에 몰리기도 하고, '두려움과 떨림', '공포와 전율'을 느끼기도 한다. 낯선 상황에 '불안'하기도 하고, 때때로 결코 벗어날 수 없는 '죽음에 이르는 병'을 심연에 갖고 있다. 인간에게 주어진 운명 같은 한계상황과 통곡의 벽들이다.

그러나, 키에르케고르처럼 주체적으로 세상의 중심에서 딱 버티고 바로 서 있다 보면 온전히 극복할 수 있게 된다. 확실한 대답을 모두 찾을 수는 없지만, 수많은 질문을 가진 채, 바닷바람 세찬 교동 도나스 앞 전망대에서 한참 드넓은 바다의 수평선을 바라본다. 살아 있는 느낌이다. 격하게 기분이 좋다.

북방의 천사(Angel of the North), 앤서니 곰리(Antony GORMLEY) 작품. '세상의 중심에서 바로 서다'를 생각해 본다.

| 나를 깨우는 핵심 사상 요약 |

- 에드바르 뭉크(Edvard Munch)의 '절규(The Scream)'라는 작품을 보고 있다 보면 가끔 현실에서 큰 벽을 만나 고뇌하는 나의 모습을 보는 것 같아 짠하다. 키에르케고르의 실존주의적 해석으로는 우리 삶에서 항상 '이것이냐, 저것이냐?'의 선택의 문제가 가져오는 불안과 절망을 나타내는 그림으로 이해할 수 있다. 어쩌면 절대자인 '신(神)'을 잃고 방황하며 불안해하는 현대인의 모습을 담은 작품으로 해석할 수도 있겠다.

- 근대 사실주의 연극의 효시인 '인형의 집'으로 유명한 노르웨이 극작가 헨리 입센. 그의 작품 '페르퀸트'를 양정웅 연출로 보았을 때의 충격은 잊히지 않는다. 어쩜 이야기 속의 끊임없이 방황하는 주인공 페르퀸트는 우리의 현실적 페르소나일 것이다. 키에르케고르가 말한 실존적 단계로 보면 연극의 주인공 페르퀸트는 탐미적 인간의 전형이다. 그러나, 끝까지 그의 방황을 기다려주고, 받아주는 연인 솔베이지(Solveig)는 인간이 '신 앞에 스스로 섰을 때' 기다리고 받아주는 절대자인 '신(神)'으로 해석할 수 있다. 그래서, 노르웨이의 전설적인 작곡가 그리그(Grieg)의 페르퀸트 모음곡 중 '솔베이지의 노래'를 듣고 있노라면 평안한 안식처를 찾은 듯 마음이 침잠한다.

- 영화 '시'와 '밀양'은 이창동 감독의 영화적 주제 의식이 잘 투영되어 있다. 이런 주제 의식은 그의 전작들 '초록물고기', '박하사탕', '오아시스', 그리고 각본으로 참여한 '아름다운 청년 전태일'에 잘 녹아들어 있다. 도시화, 대중화, 물신화, 고독과 인간소외에 허덕이는 인간성 상실의 현대 사회에서 그는 그 안의 주인공인 인간을 이야기한다. 신을 통하건 아니건 인간은 스스로를 구원하여야 한다고 말하고 있다. 나를 구원하는 것의 실마리는 내 안에 있다.

[인생 문장 필사 코너]
책을 읽으며 느낀 상념을 자유롭게 적어보세요.

나를
깨우는
인문학
수업

Epicurus

에피쿠로스
(B.C 341 ~ B.C 271)

12

내게 행복을 주는 사람

어젯밤에도 세찬 비가 내렸지만, 아침부터 거짓말처럼 날씨가 좋아졌다.

창밖 풍경이 사뭇 달랐다.

"참 좋다."

살면서 누구와 어디에서 무엇을 보고, 어떤 일을 할 때 과연 "참 좋다."라는 감탄사가 어중간하게 섞인 말을 자주 하는 편인가? 얼마나 많이 하면서 살고 있는가?

그래도 나는 "참 좋다."라는 말을 자주 하며 살았던 것 같다. 참 감사한 인생이다.

양희은의 노래 '참 좋다'를 찾아 틀어 놓고 스피커에서 나오는 대로 흥얼거려 본다.

'햇살이 참 좋다 네가 있어 참 좋다. 언제나 내 곁에서 따스한 미소 짓는 네가 고맙다.'라는 가사가 딱 맞는 아침이다.

고흐의 해바라기보다 더 노란 파인애플이 프린팅된 셔츠를 입은 연인이 서로 번갈아 가며 멋진 포즈로 사진을 찍어준다. 떨리는 순간, 서로에게 촬영본에 대한 컨펌을 받고 만족했는지 총총히 다음 촬영 장소로 이동한다. "참 좋다. 좋을 때다."라고 말해본다.

차 한잔을 준비해 베란다 난간에 기대 바닷가를 내려다본다. 날씨가 좋으니 제주의 바다를 흠뻑 느껴보려고 형형색색의 보트를 타는 사람들도 많다. 간만에 핑크색 레저용 보트에 사람으로 만선을 한 선장은 호기롭게 커브를 틀어 사람들의 '꺅'하는 비명을 이끌어낸다. 모두들 행복해 보인다.

날씨만큼 몸과 마음의 컨디션이 너무 좋아 단단히 조식을 챙겨 먹고 해안도로를 열심히 걸어 아침부터 만 보를 완성했다. 숙소 앞에 있는 구엄포구 옛 염전 터를 지나 바닷가를 걷다 보니 오늘따라 바위들의 모양이 또렷하게 눈에 들어온다. 연신 카메라에 담았다.

용암이 흘러 바다와 만나 형성된 기암괴석이 흡사 고질라 같았다. 아니면 백악기를 주름잡았던 거대한 티라노사우루스가 바닷가에 누워 쉬는 듯했다. 자세히 보니 코에서 바닷물을 연신 뿜어내며 금방이라도 일어날 것 같았다. 얼른 듣고 있던 음악을 악뮤의 'DINOSAUR'로 바꾸고 날랜 걸음을 이어 간다. 언젠가 제주 애월에 바위인 척 누워있던 공룡들이 잠을 깨고 바다로 걸어 사라졌다는 뉴스가 전해질 거라는 굳은 믿음과 함께 9월의 마지막 날 맑은 하늘과 제주 바다를 만끽했다.

언젠가 제주 애월에 바위인 척 누워있던 공룡들이 잠을 깨고 바다로 걸어 사라졌다는 뉴스가 전해질 거라 굳게 믿었다.

참 좋은 산책을 마치고 숙소로 돌아왔다. 로비에 있는 친절한 직원이 반갑게 인사를 해준다. 고맙게도 제주에서 만난 모든 사람이 참 좋았다. 친절하고 배려심이 많았다. 첫날부터 인상 깊었던 젊은 훈남 직원은 늘 내게 친절했다. 내 룸 넘버와 이름도 기억했다.

"워낙 장기간 머무시니까요."라고 옆에 있는 직원도 거들었다. 나를 기억하고 이름을 불러 준다는 것은 큰 의미이다. 비단 김춘수의 '꽃'과 장정일의 '라디오같이 사랑을 끄고 켤 수 있다면'의 시구를 인용하지 않더라도 다정하게 고객님 앞에 이름을 붙여 불러 주는 정성과 센스에 나는 '참 괜찮은 청년일세'라고 속말을 했다. 온종일 사람과의 대화가 일도 없는 나에게 유일하게 다정한 눈빛으로 말을 걸어주는 사람이니 특급칭찬을 안할 수 없다.

가끔 저녁에는 야구 중계를 틀어 놓고 선수들과 대화를 시도했다.

"그래서. 다음에도 또 삼진당할 거야? 홈런 맞을 거야? 꼭 그렇게 다 가져가야만 속이 시원했냐? 지금 몇 패째니? 올해도 여기까지인 거니?"

다 사람이 그리워서였던 것 같다.
머무는 기간에 비해 챙겨 온 옷 가짓수가 적어 고객용으로 비치된 세탁기를 사용했다. 저녁을 먹고 한참을 걷고 있는데 처음 보는 번호로 전화가 왔다. 제주 번호였다.

"고객님. 세탁이 다 된 것 같은데, 제가 실례가 안 되면 건조 버튼을 눌러 드릴까요?"

우렁각시 같았다.
지금 쓰고 있는 이 글들을 꼭 보여 주고 싶다고 생각했다. 저분들은 내가 왜 여기에 이렇게 오랜 기간 머물고 있는지, 왜 삼시 세끼를 숙소에서 열심히 챙겨 먹는지 궁금해할 것 같았다. 왜 날이 좋으나, 나쁘나, 적당하나 저렇게 바지런히 밖에 나가 걷는지도 궁금해할 것 같았다. 파트리크 쥐스킨트의 '좀머 씨 이야기'에 등장하는 좀머 씨나 '포레스트 검프'의 검프로 나를 생각할 수도 있겠구나 했다.

날씨만큼 행복감이 온몸을 감싸는 오늘 진정한 행복에 관해 글을 써야겠다고 생각했다. 과거부터 많은 철학자들이 본질적인 행복의 정의(定義)와 인간의 행복한 삶에 관해 대화를 해왔고, 자기 생각을 글로 남겼다. 행복론에 관한 다양한 연구가 있었던 이유는 결국 인간이 태어나 죽을 때까지 행복을 추구하는 존재임이 틀림없기 때문이다.
대표적인 '행복' 연구의 대가는 역시 아리스토텔레스이다. 아리스토텔레스 이후 고대 스토아, 에피쿠로스와 근대 공리주의를 거쳐 현대에도 인지심리학, 진화생물학 등과 연결되어 지속해서 연구되고 있다. 또한, 동양에서도 인간의 행복은 중요한 철학 주제였다. 고대 중국의 춘추전국시대 맹자와 묵자의 행복론과 인도에서 발생한 불교의 행복론에 주목할 필요가 있다.

행복은 그만큼 인간의 삶을 관통하는 중요한 주제이고, 다양하게 정의되고 해석되며, 행복한 삶을 사는 방법에 관해서도 주장이 분분하다. 어떻게 행복한 삶을 통일된 정답으로 제시할 수 있겠는가? 생김새만큼 인간의 생각은 다양하고, 그래서 다양한 삶의 모습이 존재한다. 그렇기 때문에 행복은 단일하게 정의되기 어렵다. 방법도 정답으로 정해져 있지 않다. 그런데도 대표적인 행복론의 대가들 이야기에 귀를 기울일 필요가 있다. 힌트를 얻을 수 있고, 그 힌트를 나에게 맞게 나만의 행복론을 만드는 데 사용하면 되기 때문이다.

아리스토텔레스는 모든 인간의 행동은 최종적이고 궁극적 목적인 'Eudaimonia'를 향하고 있다고 주장한다.

아리스토텔레스는 Eudaimonia(에우다이모니아, 행복)을 '인간의 고유한 기능이 덕에 따라 탁월하게 발휘되는 영혼의 활동'이라고 정의한다. 논리학에 능통했던 아리스토텔레스는 인간이 왜 행복을 추구하는지를 논리적으로 설명한다. 인간의 행위는 모두 일정한 목적을 추구하는데, 목적 간의 위계가 있음을 강조했다. 즉, 현재 나의 모든 관심사가 건강에 맞춰져 있는 것처럼, 한 사람이 건강을 목적에 두고 비타민도 챙겨 먹고, 식단도 관리하고, 건강검진도 한다. 여기서 인간 행동의 목적은 건강이 된다. 그런데 관리를 통해 건강해지려 하는 이유는 어디에 있는가? 궁극에는 모든 인간의 행동은 최종적 목적인 'Eudaimonia'를 향하고 있다는 주장이다.

아리스토텔레스는 자신의 저서 '니코마코스 윤리학' 1권과 10권에서 각각의 맥락에 따른 행복을 정의한다. 아리스토텔레스는 "인간의 좋음은 탁월함[德]에 따르는 영혼의 활동이라는 것이 밝혀진다."라고 했다. 즉 행복은 육체적 탐닉이나, 물질적 욕구 충족 등에서 오는 것이 아니라 영혼의 활동을 통해 얻어지는 것이라고 주장한다.

소크라테스, 플라톤 같은 이성을 중시한 아리스토텔레스는 행복은 이성적 활동을 통해 인간의 고유한 기능을 잘 발휘하고 인간다움을 추구하고, 존경받을 만한 인품을 갖추는 데서 온다고 주장했다. 직업적으로 가르치는 일을 하는 나의 행복은 일단, 강의하는 과목에서 탁월한 실력을 갖추는 것이 먼저일 것이다. 또한, 좋은 인품으로 존경을 받는 것도 매우 중요하다. 그렇다면 행복한 교사의 삶을 살 수 있게 되는 것이다.

그러나, 여기서 중요한 것은 인품이 하루아침에 습득되지 않는다는 데 있다. 지속적인 노력으로 직접 해보고, 경험하는 수밖에 없다는 것이다. '중용(中庸)'이라는 기준에 맞춰 계속 실천하고 좋은 습관으로 자연스럽게 몸에 배면 존경받을 만한 인품을 갖추게 되고, 행복한 삶을 살 수 있게 된다. 인간은 동물과 분명히 다른 존재이므로 인간이 인간다움을 추구하고 인간답게 살 수 있느냐가 행복에 가장 중요한 조건일 것이다.

학교에서 나는 그랬다. 끊임없이 연구했고, 내가 갖고 있는 배경보다는 실력으로 인정받길 원했다. 강의 시간에 울림, 떨림이 있는 수업으로 인정받기를 원했다. 무엇보다 학생들에게 좋은 어른이고 싶었다. 내가 사랑하는 일과 하루의 반 이상을 보내는 직장에서 행복하지 못하다면, 깊이 생각해봐야 한다. 맹자가 반구 제기(反求諸己)를 통해 '모든 원인을 자기 자신에서 찾아라.'라고 말한 것처럼 내 행복을 위해 나는 인정받을 만한 실력과 인품을 갖추고 있는지 생각해봐야 한다.

맹자는 반구제기(反求諸己)를 통해 '모든 원인을 자기 자신에서 찾아라.'라고 말했다.

천직이라 생각했던 가르치는 일은 한 직장인으로의 만족한 삶을 넘어서 더 큰 행복감을 주었다. 맹자(孟子)는 본인의 저서 '맹자'의 '진심상편(盡心上編)'에서 "부모 형제가 모두 아무 일 없이 살아 있는 것이 첫 번째 즐거움이요, 하늘을 우러러 한 점 부끄러움 없는 것이 두 번째 즐거움이요, 천하의 재능 있는 인재를 얻어 교육하는 것이 세 번째 즐거움이다."라고 말했다.
우리가 사랑하는 동주의 '서시'에 나오는 '죽는 날까지 하늘을 우러러 한 점 부끄럼 없기를'이라는 시구는 맹자의 진심상편을 차용한 것이다. 한 인간으로 정작 부끄러워해야 하는 대상은 나의 '위치'가 아니라 '가치'여야 한다. 한 인간으로 내가 추구하는 가치가 인간답지 못하다면 그것에 부끄러움을 느껴야 한다. 그리고, 맹자가 세 번째 행복의 조건으로 들은 인재를 교육하는 즐거움은 전적으로 동의한다. 제자를 교육하는 것은 내게 대단한 기쁨과 행복이었다.

영화 '파파로티'에서는 지극한 스승의 애정이 나온다. 마지막에 스승인 한석규 배우와 제자인 이재훈 배우가 함께 노래한다. 가사는 이렇다. "그대 내게 행복을 주는 사람. 내가 가는 길이 험하고 멀지라도 그대와 함께라면 좋겠네." 험하고 멀고 힘든 인생의 여정에 함께해주는 것만으로도 좋은 사람이 있다면 분명 행복한 인생이다. 또한 제자에게 그런 스승이 되어 준다면 가장 행복한 인생일 것이다.
이렇게 시간이 주어져 찬찬히 지나온 길을 돌이켜보면서 생각한 것은 '참 좋다. 나는 행복한 사람이구나.'라는 것이었다.

아리스토텔레스나 맹자가 제시한 행복론의 기준에 맞춰 나를 생각해 본다.

"그대 내게 행복을 주는 사람. 내가 가는 길이 험하고 멀지라도 그대와 함께라면 좋겠네."

행복에 관한 가장 현실적인 이야기는 에피쿠로스일 것이다. 에피쿠로스는 행복은 곧 쾌락이며, 쾌락을 거부하거나 고통을 즐기는 사람은 없다고 보았다. 현대를 사는 누구나 동의하는 문장이다. 오히려 지나친 쾌락을 좇는 것이 문제일 것이다. 에피쿠로스의 쾌락주의는 지나친 육체적, 물질적 쾌락을 멀리하고, 진정한 행복이 어디에서 오는지를 반드시 사려 깊게 접근할 것을 강권한다.

에피쿠로스학파는 쾌락을 정의함에 있어서 긍정적 방법이 아닌 부정적 방법을 사용했다. 그들에 따르면, '쾌락은 고통의 부재'이다. 인간은 고통스러울 때 불행해진다. 불행하지 않다는 것은 행복하다는 것을 의미한다는 것이다. 그리고, 고통이 없다면 불행하지 않기 때문에, 불행하지 않으면 행복할 수밖에 없다는 것이다. 즉, 특별히 즐겁지는 않더라도 슬프거나 고통스럽지 않으면 그것이 행복이라는 것이다.

그들은 또한 고통은 욕망에 기인한다고 주장했다. 누구나 욕망이 충족된다면 쾌락을 얻지만, 욕망이 충족되지 않으면 고통스러워한다. 그런데 문제는 인간의 욕망이 무한하다는 것이다. 무한한 욕망을 충족시키는 것은 불가능하므로, 욕망만을 추구한다면 인간은 무한히 고통스러울 수밖에 없다. 고통스럽지 않으려면, 마치 불교에서 주장하듯이, 욕망을 버리면 된다. 왜냐하면 충족되지 못하는 욕망이 사라지기 때문이다.

에피쿠로스는 필수적인 의식주를 제외하고 허황된 욕망을 버릴 것을 강조한다. 마치 불교에서 우리의 욕망을 갈증이 난다고 해서 참지 못하고 마시는 바닷물에 비유하는 것과 같다.

그렇다면 우리에게 고통을 초래하는 부질없는 욕망들은 어떤 것이 있을까? 에피쿠로스는 필수적인 의식주를 제외하고 허황된 욕망을 버릴 것을 강조한다. 마치 불교에서 우리의 욕망을 갈증이 난다고 해서 참지 못하고 마시는 바닷물에 비유하는 것과 같다. 더 큰 갈애(渴愛)를 불러일으킬 뿐이다.

가끔 나도 스트레스를 소비로 풀 때가 있다. 코로나 시대에 앱으로 간단하게 고생한 나를 위해 명품을 선물한답시고 이것저것 쇼핑을 하다 보면 매우 행복해진다. 그러나, 물질적 보상으로 쾌락을 만들어 스트레스를 해소하는 방식은 오래가지 못하는 가장 저급하고 근시안적인 처방이라고 심리학자들은 말한다. 에피쿠로스는 허황된 욕망의 대표를 인기, 권력, 명예 등을 꼽는다.

특히, 인기는 있다가도 없어지는 구름과 같은 것이다. 젊은 시절 대중 앞에서 많은 인기를 누려본 사람이라면 반드시 알게 되는 것이 있다. 그 인기에서 멀어져 가면서 느끼게 되는 허망함이 참으로 힘들다는 것이다. 제주도 본인의 집에서 민박집을 운영하는 프로그램에 출연했던 이효리 씨가 후배인 알바생 이지은 양에게 해준 얘기가 있다.

연예인은 최고의 위치까지 가기 위해 노력하는 것도 중요하지만 이후에 차근차근 계단을 내려가듯 그 위치에서 안전하게 내려오는 법을 알아야 한다고. 참 속 깊은 얘기다. 에피쿠로스가 해준 진정한 행복의 의미를 저렇게 쉽게 잘 전달해 줄 수 있다니. 연예인으로도 선배 가수로도 한 인간으로도 참 매력이 많은 사람이다.

연예인은 최고의 위치까지 가기 위해 노력하는 것도 중요하지만 이후에 차근차근 계단을 내려가듯 그 위치에서 안전하게 내려오는 법을 알아야 한다.

이 부분을 수업 시간에 강의하면서 꼭 학생들에게 물어보는 것이 있다. 우리가 찐으로 사랑하는 아이돌이나 본인이 애정하는 연예인들을 어떤 존재로 생각하는지를 묻는다. 혹시 자본주의적 소비의 대상으로 상품처럼 구입해서 아끼고 사용하다가, 이내 싫증 나서 버리는 대상으로 생각한다면 그 아이돌은 너무 서글플 것이다.

대중 앞에서 보이는 겉모습 이면에 그들 또한 한 인간으로 자신의 꿈을 실현하고 행복을 추구하면서 살아가는 인격체이다. 인기 절정의 시기를 지나 분명히 대중의 관심 속에서 멀어지는 시기가 왔을 때, 차근차근 그 계단을 잘 내려올 수 있도록 기획사는 책임지고 알려줘야 한다.

인생을 얘기해줘야 하고, 인기의 부질없음과 진정한 행복은 어디에서 오는가를 알려줘야 한다. 기획사는 춤과 노래를 연습시키는 것처럼 인생 수업을 개설하고 꼭 강의해줘야 한다. '에피쿠로스가 말하는 진정한 행복' 정도면 강의 주제로 적절하겠다. 세부적으로는 '허황한 욕망과 인기를 대하는 우리의 자세'에 대한 것이 좋겠다.

어린 시절에 기획사에 들어와 목표를 향해 많은 것을 감내하고 노력하는 연습생들과 그 과정을 이겨내고 자신의 색깔로 세상을 물들이고, 선한 영향력을 끼치는 위치까지 간 아이돌들을 진심으로 아낀다면 우리는 기획사가 이런 철학적 도움을 주고 있는지 관심을 가져야 한다. 구입해 아끼며 사용하다가 싫증 나 버리는 상품으로 그들을 생각하지 않는다면 반드시 그래야 한다.

에피쿠로스에게 쾌락이 고통의 부재라면, 고통이 없는 상태, 즉 어떠한 욕망도 없는 상태가 최상의 쾌락일 것이다. 이러한 상태를 에피쿠로스학파는 '번뇌 없는 평정(ataraxia)'이라고 불렀다. 그러나 인간은 생존을 위해 욕망을 가질 수밖에 없다. 따라서 어떠한 욕망도 없는 상태가 아닌 최소한의 욕망만을 가진 상태만이 인간에게 가능하다. 즉 욕망을 줄일수록 인간은 행복해진다는 것이다.

'못 올라갈 나무는 쳐다보지 않는다.' 이것이 에피쿠로스의 소박한 쾌락주의이다. 에피쿠로스학파는 육체적 쾌락은 지속성이 없으며, 종국에 가서는 고통을 초래한다는 '쾌락의 역리'를 주장했다. 육체적 쾌락은 육체적 욕구를 충족시킴으로써 달성된다. 반면에 충족되지 않은 육체적 욕구는 고통을 초래한다. 우리의 욕구는 무한하지만 이러한 욕구를 충족시킬 방법이 없으므로 충족되지 않은 욕구는 강한 고통을 초래할 뿐이다.

즉, 쾌락을 욕구의 충족만으로 정의하면, 쾌락을 추구할수록 고통을 겪게 되며, 쾌락의 강도가 클수록 고통도 커지게 된다. 우리는 쾌락을 얻는 것을 행복이라고 생각해 이를 추구하나, 위의 논리에 따르면 행복과 쾌락을 추구할수록 불행해지기만 한다. 이들은 고통이 따르는 육체적 쾌락 대신에 정신적 쾌락을 추구했다.

에피쿠로스는 동시대인 헬레니즘 시대의 금욕주의 사상인 스토아 철학과 다른 해법을 제시한다. 스토아 철학의 핵심은 로고스(logos)를 통해 우주적 질서를 강조하였고 결정론적 세계관을 바탕으로 한다. 그러나, 에피쿠로스는 행복한 삶을 영위하기 위해 인간들은 우선 '신(神)'과 '죽음'에 대한 두려움, 즉 두 가지 기본 불안에서 해방되어야 한다고 주장했다.

에피쿠로스는 모든 초자연적인 세력을 인간의 삶으로부터 추방하여 인간을 운명이나 신의 개입으로부터 자유로운 존재를 만듦으로써 가능한 불안 요인을 원천적으로 없애고자 했다. 이를 위해 에피쿠로스는 먼저 운명적 필요성을 부정했고 그것을 통해 신의 존재를 거부하였다.

자기 삶에 주인공인 인간에게 자주권을 부여하여 스스로 운명에 얽매이고 신들을 두려워할 필요도 없으며, 자유롭고 편안한 마음으로 우리의 삶을 스스로 꾸려나가도록 강조했다. 다음으로 데모크리토스의 가르침에 따라 에피쿠로스는 자연에 대해 원자들로서 설명할 것을 제안한다. 세계는 미세하고 불가분적인 물질의 요소들, 원자들(atomes)로 구성되어 있다고 주장하였다. 존재하는 모든 것은 원자들의 결합에 의해서 이루어진다. 마찬가지로, 죽음도 신체가 원자의 요소들로 해체되는 것이다.

결론적으로 에피쿠로스는 결정론적인 우주적 질서를 거부하고 신의 무용론, 원자론(原子論)을 통해 죽음의 공포에서 벗어나려 했다. "죽음은 아무것도 아니다. 왜냐하면 죽음이 찾아오면 아무런 감각도 없어지기 때문이다. 그리고 아무 감각이 없으면 죽음에 대해 걱정할 필요도 없다." 이렇게 에피쿠로스는 마지막으로 죽음의 공포로부터 사람들을 구하고자 하였다. 그리고 이제 아무런 불안 없이 한 번뿐인 삶을 마음 놓고 즐기라고 권하는 것이다.

쾌락이라는 이름은 하나지만 쾌락 그 자체는 하나가 아니다. 수많은 쾌락 중에 무엇이 참된 쾌락일까? 결국 에피쿠로스에게 참된 쾌락은 육체의 고통을 피하는 것, 사치와 향락을 멀리하는 것, 죽음의 공포에서 벗어나는 것뿐이다. 에피쿠로스는 진정한 행복은 현재를 사는 것(Carpe diem)이라고 말한다. 다가오지 않은 미래의 불안으로 현재의 행복을 놓치고 있지는 않은지 자문해봐야 한다. 네 잎 클로버의 잎 말은 행운이고, 세 잎 클로버의 잎 말은 행복이다. 허황한 행운만을 좇으며, 지천으로 깔린 가까이에 있는 행복을 다 뽑아 버리고 있지는 않은지 생각해봐야 한다.

2007년 겨울이 오던 길목에서 관객이 몇 없던 이대 앞 어느 극장에서 봤던 영화가 문득 생각났다. 영화는 프랑스어로 '작은 참새'라는 뜻을 갖고 있는 '에디트 피아프'의 일생을 그린 영화였다. 참 좋았다.
영화 '라비앙로즈'에서 에디트 피아프는 인생의 끝자락에 자신을 취재하러 온 기자에게 마지막으로 이런 말을 한다.

"아니요. 나는 아무것도 후회하지 않아요. (Non, je ne regrette rien)"

독일의 철학자 임마누엘 칸트(I. Kant)는 마지막에 이렇게 말했다.

"참 좋았어(Es ist gut)"

인생의 끝에서 이런 말을 할 수 있다면 행복한 인생을 산 것일 것이다. 그랬으면 좋겠다. 내가 아끼는 사람들도. 그리고, 많은 사람이 그랬으면 좋겠다.
故 김수환 추기경님의 말씀이 귓전을 맴돈다.

"당신이 태어났을 때는 당신만이 울고 주위에 모든 사람이 미소를 지었습니다. 당신이 이 세상을 떠날 때는 당신 혼자 미소 짓고, 당신 주위의 모든 사람이 울도록 그런 인생을 사십시오."

Non, je ne regrette rien, Es ist gut, 당신이 이 세상을 떠날 때는 당신 혼자 미소 짓고, 당신 주위의 모든 사람이 울도록 그런 인생을 사십시오.

인적이 드물어진 밤바다에 마무리 산책을 한다. 오늘도 2만 보를 채웠다. 온몸이 더욱 건강해졌다. 플레이리스트에서 넬(NELL)의 음악을 꺼내고 '위로 危路'를 듣는다. 밤바다, 밤 조명, 넬의 노래가 뒤섞여 최고의 아름다운 위로를 건넨다. 최고의 밤이다.

이제 다음 주가 되면 북적이는 나의 제자들이 있는 학교로 돌아간다. 가서 다시 예전처럼 뒹굴고, 같이 산책도 하고, 열정의 수업을 할 수 있도록 끝까지 최선을 다해 몸을 회복해야겠다. 지금, 이 순간 "참 행복하다."라고 소리 내서 말해 본다.

| 나를 깨우는 핵심 사상 요약 |

- 알렉산드로스 대왕의 동방 원정을 통해 급진적인 세계화가 이루어지고, 전쟁이 잦았던 '혼란의 시대 헬레니즘(Hellenism)'을 살던 에피쿠로스는 진정한 행복을 '고통의 부재'에서 찾았다. 고통스러운 현실을 살고 있는 우리에게 몸과 마음의 고통이 사라진다면 그것이 바로 진정한 쾌락일 것이다. 그렇다면, 지금 나를 고통케 하는 것의 실체는 무엇인가? 욕망이 나의 영혼과 아름다운 나의 인생을 좀먹게 가만히 두지 말지어다. 에피쿠로스는 말한다. "소박한 식사와 물만으로 만족하며 호사스런 삶의 쾌락을 멀리할 때 나의 몸은 상쾌하기 그지없다네. 누군가를 행복하게 해주고 싶다면 그의 재산을 늘려주는 것보다 그의 욕망을 줄여주는 것이 더 낫다네."

- 우리 삶의 '욕망'은 음식의 '소금'과 같다. 간을 봐가면서 적당량의 소금을 시기적절하게 음식에 넣는 것은 필요하다. 에피쿠로스를 비롯한 동서고금을 막론하고 진정한 행복을 논하는 철학에서 우리의 현실적 욕망을 완전히 제거하라고 말하지 않는다. 음식에서 소금을 뺄 수 없듯, 우리 인생에서 욕망을 완전히 없앨 수는 없다. 그러나, 소금에 음식을 넣게 되면 먹을 수 없게 된다. 삶과 욕망의 관계도 마찬가지다. 삶에 욕망을 조금씩 첨가하는 것은 필요하지만, 욕망에 삶을 넣으면 그 삶은 노예의 삶이 된다. 하나뿐인 내 인생, 욕망의 노예처럼 살 것인가 아니면 행복의 주인으로 살 것인가?

- 가끔 죽음에 관해 두렵다고 상담을 신청하는 학생들에게 예일대 셸리 케이건 교수의 저서 『죽음이란 무엇인가』를 권한다. 단지 '죽음이라는 공포스러운 관념'이 당신을 오늘도 잠 못 자게 하고, 괴롭히고 있는가? 사실, 죽고 나면 아무것도 남지 않는다. 죽음은 끝을 의미하며, 죽음은 우리에게 아무런 해악도 끼치지 않았다. 셸리 케이건은 에피쿠로스의 사상을 빌려 '죽음은 나쁜 것인가?'라고 묻는다. 또한, 루크레티우스의 사상을 차용해 강한 메시지를 남긴다. 내가 '없던' 과거, 내가 '없을' 미래. 그렇다면 '지금'의 현재가 남는다. 현재를 충실히 살아감이 '카르페 디엠(Carpe diem)'이다.

[인생 문장 필사 코너]
책을 읽으며 느낀 상념을 자유롭게 적어보세요.

나를
깨우는
인문학
수업

Nietzsche

프리드리히 니체
(1844 ~ 1900)

인생을 다시 한 번 똑같이

걷기 좋은 길

퇴사 열풍이다. 아직 세상에 나아가 제 뜻을 펼쳐보지 못한 학생들은 잘 모르겠지만 직장인들에게는 뜻을 펼치는 공간이면서, 동시에 아침에 눈 뜨면 그렇게 가기 싫고, 홀연히 떠나고 싶은 아이러니한 장소가 바로 직장이라는 곳이다. 정말 꿈같지만 쉽게 꾸지 못하는 꿈. 그것이 바로 '퇴사'다. 퇴사라는 단어를 검색창에 입력하고 책을 검색해보니 가히 퇴사 열풍이라는 것을 단박에 알 수 있었다.

'회사를 나왔다. 다음이 있다', '퇴사는 여행', '퇴사하기 좋은 날', '퇴사 학교', '내 꿈은 퇴사다' 등 직장인에게는 퇴근과 퇴사는 생각만 해도 달콤해지는 꿀 같은 단어다. 오후 산책을 마치고, 바다가 잘 보이는 2층 카레 집에 들어서, 매콤한 전복 카레를 추천받고 주문한다. 배가 고프다. 소화가 잘되고 있다는 좋은 신호다. 기대하던 음식이 나왔을 때쯤, 라디오에서 책 소개가 흘러나온다. 책을 좋아하는 나는 집중해서 듣는다.

37년간 다니던 회사를 퇴사하고, 27일간 계속 걷고 생각한 바를 정리해 책을 쓴 작가에 대한 소개이다. 라디오를 좋아하는 나는 '조정선'이라는 작가 이름을 들었을 때, '어. 배철수 음캠 PD 했던 분인데.' 하고 금세 눈치챌 수 있었다. 스페인 산티아고 순례길을 계획했다가 코로나19로 국내 바닷길을 걷기로 계획을 변경하고, 부산을 기점으로 통일 전망대까지 770km를 걸었다고 한다. 그리고, 자기 생각을 담아 책을 썼다고 한다.

'27일간 770km니까 하루에 28.5km 정도 걸은 거구나. 내가 여기서 하루에 14km 정도를 걸으니 응. 별 차이는 없네.'하고 생각해본다. 가끔 여기서도 바닷길을 걷다 보면, 제주 올레길을 일주하고 있는 것으로 보이는 사람도 보이고, 자전거를 타는 사람들도 있고, 큰 굉음을 내면서 쌩하고 달려가는 멋진 바이크들도 내 옆을 지나간다. 모두 이 길을 사랑하는 일종의 순례객들일 것이다. 37년간 인생의 전부였을 직장에서 퇴사하여 770km를 걷고 글을 쓰는 것은 아니지만, 훨씬 젊은 나이에, 이렇게 주어진 인생의 쉼표 같은 시간에 걷고, 글을 쓰고 있다는 것이 행복으로 다가왔다.

오늘도 최고의 태양과 예쁜 구름이 감탄을 자아낸다. 바다 냄새가 살짝 풍기는 선선한 바람이 머릿결을 적당히 넘겨주는 기분도 최고다. 걷기 참 좋은 길이다. 걷기 시작하면 구엄포구 옛 염전 터를 지나 내가 좋아하는 다이노서 바위들을 지난다. 소품 가게를 지나 예쁜 말 조각이 나타나는데 '난 말이야. 널 사랑한단 말이야'라고 적혀 있다. 오. 작명 센스 보소. 문장 옆에 엄마 말과 귀여운 망아지 조각을 사진에 담아 본다.

새물 옛 식수원 터를 지나 애월 전분 공장이 있던 곳에 자리한 예쁜 카페에 아이들과 뛰어노는 사람들이 정겹다. 명당 경치에 자리한 '해녀의 집' 어항에 있는 낙지, 전복, 성게, 문어를 물끄러미 바라본다. 당분간 좋아하는 회, 해산물 같은 날것을 먹을 수 없다는 아쉬움에 잠깐의 짧은 해산물과의 대화를 마치고 다시 걷는다.

최애 장소 도나스 가게 앞 작은 전망대에서 바람을 들이마셔 본다. 시원하고 너무 좋다. 매번 지날 때마다 궁금했던 이순신 김밥집을 들어가 본다.

"근데 궁금한 게 있었는데 왜 이순신이에요. 혹시 김밥이 거북선 모양으로 나오나요?"

한참을 웃던 사장님이 본인의 고향이 여수여서 붙였단다.

속으로 '거북선 모양이면 더 성공적일 텐데.'하고 살짝 아쉬워한다.

별다방을 지나 맛있는 성게미역국을 파는 집 앞까지 걸어본다. 바다를 보며 심호흡을 여러 번 하고 그 길로 다시 돌아온다. 그렇게 하면 한 번에 만 보를 완성할 수 있다. 돌아오는 길에는 전망 좋은 편의점에 꼭 들러 바다가 잘 보이는 테이블에 앉아 여유롭게 파란색 이온 음료를 마신다.

수술 직후 병실에서 계획을 세웠다. 우선, 과거 여행의 기억 속에 걷기 좋았던 장소를 떠올리고, 운동과 글쓰기 계획을 세우고, 조건에 충족하는 적당한 숙소를 예약하고, 성공적으로 지금 이곳에 와있다.

길을 걷다가 잠시 멈추고 문득, '나는 지금 잘 가고 있는 걸까? 이 길이 맞는 걸까?' 하고 생각해 본다.

인생, 전인미답(前人未踏)

날씨 좋은 봄날 수업 시간에 학생들과 함께 길을 걸었던 생각이 났다. 수업이 시작되자 간단하게 인사를 나누고 곧바로 교실 컴퓨터에서 GOD의 헌정 앨범에서 '길'을 찾아 함께 듣는다. 그리고, 간단하게 노래에 대한 느낌을 주고받는다. 밖에 나가 친구들과 삼삼오오 자유롭게 다니면서 길 사진을 찍고 시를 한 편 써보라고 한다. 아이들은 교실 밖을 마냥 좋아한다. 강아지들 같다. 시의 주제를 소개한다. 지금까지 내가 걸어온 길, 지금 서 있는 길, 앞으로 내가 살아갈 길에 대해 써보는 것이다. 사진과 함께 완성된 아이들의 '길'은 감동의 물결이었다. 결과물이 아니고, 그 과정이 너무 좋았다.

'전인미답(前人未踏)'

한 번뿐인 인생을 살아가는 우리는 모두 아마추어다.

누구도 가보지 못한 길을 걷는 것이다. 의구심도 들고, 두려운 것은 당연하다. 누구나 '이 길이 맞는 걸까?' 하는 생각을 언제나 한다. 프리드리히 니체(F. W. Nietzsche, 1844~1900)는 '차라투스트라는 이렇게 말했다.'에서 '지금 인생을 다시 한번 완전히 똑같이 살아도 좋다는 마음으로 살아라!'라고 말했다.

프리드리히 니체(F. W. Nietzsche, 1844~1900). '지금 인생을 다시 한번 완전히 똑같이 살아도 좋다는 마음으로 살아라!'

인생의 길에는 정답이 없다.

누구도 인생을 게임처럼 한판 해보다가 아닌 것 같다고 버튼 하나 간단히 눌러 다시 시작하지 못한다. 이 길이 맞는지 잘 모르지만, 최선을 다해서 잘 찾아가 보려고 노력하는 것 자체가 중요할 것이다. 지금 내가 선택하고 걷고 있는 이 길이 다음번에 완전히 똑같이 걷게 되더라도 스스로 만족할 수 있도록 현재에 최선을 다해서 걸어야 한다.

그것이 내 삶의 긍정이고, 아모르 파티(Amor Fati)이다. '운명애'라고 어렵게 번역하지 않더라도, 지금까지 내가 걸어온 길을 후회하지 않고, 지금 서 있는 길을 정확히 파악하며, 앞으로 갈 길에 대해 최선의 계획을 세우는 것이 결국 아모르 파티이다.

한참 길과 니체 얘기를 하고 있는데 한 학생이 질문한다.

"그런데 도대체 길을 잘 가고 있는지는 어떻게 알아요? 저는 평소 길치여서 내비게이션 같은 거 없음 진짜 못 찾아가거든요. 그래서 저는 시도 그렇게 썼어요."

길치인 나에게
길을 찾아가는 건
너무 어려운 일이야.
인생도 그래. 많이 어려워.

"이렇게 시를 써 봤어요."

누구나 공감할 얘기다. 그렇다면 인생의 길을 잘 찾아가는 내 비게이션은 어디서 구매할 수 있는 걸까.

인생의 길을 가다가 선택의 갈림길에서 정확하게 길을 안내해 주는 기계가 있다면 비싼 가격이어도 누구나 사려고 할 것이다. 그러나 그런 기계가 없다는 것 또한 누구나 잘 알고 있다.

어렸을 때 개그맨 이휘재 씨가 인기였다. 다리가 짧았던 내 친구는 이휘재 씨가 갑자기 등장해 '롱다리'를 외치면서 갑자기 숏다리를 패배자로 만드는 이상한 문화를 조장했다고 참 불편해했었다. 그 친구는 그 후에 갑자기 얼굴이 작은 사람이 각광받는 이상한 문화가 만들어졌다고도 불평했었다. 그렇지만 숏다리와 얼굴이 컸던 그 친구도 이휘재 씨가 "빠밤 빰 빠밤"하는 오프닝 음악과 함께 등장하는 '인생극장'을 참 재밌게 봤다.

인생극장. 그래, 선택했어.

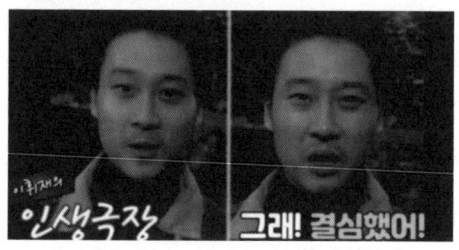

A와 B 중 어떤 것을 선택해야 하는 것이 더 의미 있고 행복한 인생을 보장하는지 알려주는 선택 기계는 없지만, 좋은 선택을 도와주는 것은 분명히 있다.

A와 B 중 어떤 것을 선택해야 하는 것이 더 의미 있고 행복한 인생을 보장하는지 알려주는 선택 기계는 없지만, 좋은 선택을 도와주는 것은 분명히 있다.

좋은 친구, 훌륭한 선생님, 좋은 책 이런 것들이다. 그런 것들을 통칭해서 'humánĭtas'라고 한다. 즉, 인간에 관한 모든 학문을 '인문학'이라고 정의한다. 앞서 얘기한 것처럼 인생의 길에서 정답도 없고 정답을 알려주는 기계도 없다. 그런 기대는 포기하는 것이 정신 건강에 좋다.

다만, 시간이 좀 걸리고, 쉽지 않지만, 힌트를 얻을 수는 있다. 그런데 그 힌트를 알고 있느냐 그렇지 않으냐는 완전히 다른 인생을 만든다.

인생의 좋은 선택을 도와주는 친구, 스승, 책을 통칭해서 'humánĭtas'라고 한다.

저녁을 먹고 깜깜해졌지만, 운동을 멈추면 안 되었기에 바닷길을 또 한참 걸었다. 아침, 점심, 저녁 시간의 산책길은 각각의 멋이 달랐다. 특히, 저녁의 선선한 바람에 산책은 최고였다. 전망대에서 호흡을 정리하고 다시 내려와 돌아오던 길에서 일이 벌어졌다.

갑자기 모든 불빛이 사라져 버렸다. 화려한 카페의 조명도 편의점과 음식점의 불빛도 일순간 모두 사려졌다. 밝다가 돌연 캄캄해지니 더 어둡게 느껴졌다. 여기저기서 웅성웅성 사람들은 어떻게 해야 하는지, 어떤 길을 가야 하는지 가늠할 수가 없는 모양이다. 급한 대로 휴대폰 불빛에 의지하여 천천히 걸음을 옮겨본다. 2~3분 정도 지났을까? 다시 불이 들어오고 사람들이 안도하는 소리가 들린다. 그 짧은 찰나의 암흑세계에서 내가 분명히 확인한 것이 있었다. 칠흑 같은 어둠 속에서 건너편 바다로 눈을 돌렸더니, 밤 조업을 하는 고깃배들의 불빛과 그리고, 하늘 위에는 더욱 밝게 반짝이던 북극성과 별빛들을 볼 수가 있었다.

원래 별을 잘 보려면 주변의 조명을 다 끄고 봐야 하는 것처럼, 근래에 보기 드문 밝은 별을 오랜만에 봤다. 100명에 가까운 학생들을 인솔해서 사하라 사막을 다녀온 적이 있었다. 아직도 잊지 못하는 장면은 사하라의 밤이다. 세상에 별이 그렇게 많은지는 처음 알았던 그때 사막에 누우면 쏟아지는 별들이 모두 나의 것이 된다. 그때 사하라의 별만큼이나 밝게 빛나는 별들을 그 짧았던 순간 여기 애월에서 보게 될 줄이야.

별자리, 나침반, 인문학

'humánĭtas' 즉, 인문학은 우리에게 밤하늘에 반짝이는 별과 별들이 연결된 '별자리' 같다. 지금처럼 자동 항법 장치나 내비게이션, 심지어 나침반도 없던 옛날에 어둠만 가득한 야간 항해를 해야 하는 선원들에게 바다는 공포와 두려움 그 자체였다. 지금 우리가 한 치 앞도 잘 모르겠다는 인생의 안개 바다를 항해하는 것처럼 말이다. 같은 배에 타고 있는 경험이 많은 사람에게 의지할 수밖에 없었다. 그 야간 항해의 경험이 많았던 사람이 한 가지 사실을 발견해 낸다.

지금처럼 자동 항법 장치나 내비게이션, 심지어 나침반도 없던 옛날에 어둠만 가득한 야간 항해를 해야 하는 선원들에게 바다는 공포와 두려움 그 자체였다.

선원들이 위험한 야간 항해를 하기 위해 기댈 것은 오로지 달과 별빛들뿐이었을 것이다. 축적된 경험이 많았던 선원들은 별들로 연결된 '별자리'를 발견해 내고 북극성을 기준으로 수학적인 좌표를 찍듯, 방향을 파악해 목적지를 향해 항해한 것이다.

'인문학'은 단순한 별의 의미를 넘어서 별을 연결하여 만들어진 '별자리'가 된다. 인문학은 '별자리'이고 '나침반'이다.

또, 인문학은 우리 인생의 나침반 같은 역할을 한다. 험난한 길에 정확히 방향을 보여 주고, 무사히 내가 가고자 하는 곳으로 데려다주는 역할을 한다. 나침반의 자침은 늘 흔들리지만, 일정한 방향을 보여 준다. '흔들리지 않고 고정된 자침은 없다.' 아마추어 같은 우리는 인생이라는 길에서 나침반의 자침처럼 방황은 하지만, 흔들리면서도 방향을 잡고 나만의 길을 찾아간다.

'humánĭtas' 즉, 인문학은 우리에게 밤하늘에 반짝이는 별과 별들이 연결된 '별자리' 같다.

한 걸음 더 깊이 들어가 보면, 밤하늘의 별은 정보화 시대의 수많은 정보와 지식들을 의미한다. 수많은 정보와 단순한 지식만으로는 인생의 항해와 길을 찾아가는데 충분치 않다.

그것들의 상관관계를 이끌어 내고, 유의미한 인과관계를 추론하고, 핵심 문제 상황을 파악하고, 분석하여, 궁극적으로 나에게 필요한 해결 방법과 방향을 도출하는 힘, 그것이 별을 연결하여 만들어진 별자리 즉, 인문학의 힘이다.

코로나19 팬데믹으로 인류는 움츠러들고 인터넷 공간으로 더 깊이 숨어들어 수많은 정보에 의존하는 존재가 되었다. 정보의 세계는 거대한 바다와 같다. 바다에서 순풍에 돛을 달고 순항을 할 것인지, 파도를 잘 타서 서핑할 것인지, 아니면 정보의 바다에 빠져 허우적거릴 것인지는 나에게 달려 있다. 과거의 '별자리', '나침반'이 이제는 'GPS', '내비게이션'으로 겉모습이 세련되어졌지만, 본질은 모두 '인문학'을 의미한다는 점에서 동일하다.

많은 정보가 넘쳐나는 시대에 인문학의 중요성은 더욱 커졌다. 요즘에는 '문해력(文解力)', '리터러시(literacy)'라는 표현을 많이 언급하지만, 결국 본질은 '인문학적 소양'에 달려 있다.

나를 깨우는 핵심 사상 요약

- 입지(立志). 뜻을 세우다. 공자는 열다섯의 나이에 학문의 뜻을 세웠다[吾十有五而志于學]. '본인이 세운 신념에 맞는 올바른 방향으로 세상을 경영하는 것', 인문학은 나의 삶과 세상의 경영에 관해 신념을 세우는 학문이다. 인문학은 관점에 관한 학문이다. 인간이 살아가야 하는 방향에 대해 본질적인 질문을 통해 스스로 고민케 하는 것이 인문학의 본질이다. 사람의 몸을 고치고, 우리의 환경을 개선하고, 나아가 우주로 우리를 이끄는 의학과 과학 기술 등을 어떻게 사용할 것인지를 고민하는 선행 학문이 바로 인문학이다. 결국, 우리 인간 사회를 어떤 방향으로 이끌고, 어떤 방식으로 운영할 것인지를 결정하는 인문학의 가치와 생명력은 영원하다.

- 윤리학은 '플랫폼(platform)'이고, '연결성과 융합'의 학문이다. 학교에서 우리는 정치, 경제, 사회, 문화, 예술, 수학, 과학 등 다양한 학문을 익힌다. 이런 소중한 지식을 익힌 뒤, 내 삶에 잘 적용하기 위해 일종의 플랫폼이 요청된다. 그 플랫폼의 역할을 윤리학이 수행한다. 플랫폼은 특정 장치나 시스템 등에서 이를 구성하는 기초가 되는 틀 또는 골격을 지칭하는 용어이다. 수많은 지식을 익혀도 그 지식이 융합되어 나의 '삶의 태도'로 연결되지 않는다면 그것은 죽은 지식이다. 내 삶에 확고한 신념을 세워주고, 그 소신대로 나를 이끌어주는 학문인 윤리학은 양자 컴퓨터, 인공지능(AI)과 로봇의 다양화, 기계 학습(ML)과 자율주행 시스템의 첨단 5차 산업 혁명 시대에 그 중요성이 더욱 강조된다. 어느 시대를 살든 중심에는 주체인 인간이 있고, 인간의 관점과 삶의 방향을 결정하는 인문학과 윤리학은 그래서, '초월의 학문'이다. 답이 잘 보이지 않는 우리 인생에 이 초월의 학문은 중요한 힌트를 줄 수 있다.

[인생 문장 필사 코너]
책을 읽으며 느낀 상념을 자유롭게 적어보세요.

나를
깨우는
인문학
수업

Plato

플라톤
(B.C 428 ~ B.C 348)

소신있지만 유연하게

문해력(文解力)과 리터러시(literacy)

요즘 강조되고 있는 문해력의 정의는 '문해(文解) 또는 문자 해득(文字解得)은 문자를 읽고 쓸 수 있는 일 또는 그러한 일을 할 수 있는 능력을 말한다.' 넓게는 말하기, 듣기, 읽기, 쓰기와 같은 언어의 모든 영역이 가능한 상태를 말한다. 유네스코는 "문해란 다양한 내용에 대한 글과 출판물을 사용하여 정의, 이해, 해석, 창작, 의사소통, 계산 등을 할 수 있는 능력"이라 정의했다.

그런데 왜 요즘 들어 특히 문해력이 강조되고 있을까? 그 이유를 학교에서 가르치는 학생들을 보면 정확히 알 수 있다. 우리는 디지털 시대에 살고 있다. 초고속 인터넷의 발달로 엄청난 속도감을 누리며 살고 있다. 또 활자와 긴 문장들보다 익숙한 영상의 시대에 살고 있기도 하다. 영상도 짧게 편집된 것을 좋아한다. 요즘에는 영화도 축약해서 소개해주는 콘텐츠를 즐긴다.

누군가 내가 쓰는 글이 너무 길어서 사람들이 읽기 힘들어할 것이라고 조언해 주었다. 그렇다. 나는 다분한 의도로 길게 쓴다. 이제는 문해력이 중요한 시대이기 때문에 긴 글을 참고 읽어보는 것도 중요하다고 생각했다. 물론 의미 있고, 재밌어야 잘 읽히겠지만 말이다.

문해력이 부족해 문장을 읽고, 의미를 해석하고, 그것을 통해 토론도 하고, 자신의 생각을 정리하는 등에 어려움을 겪는 것은 초등학생만의 문제는 아니다. 중고등학생과 성인들도 마찬가지다.

대학 졸업 후 회사에 취업한 성인들에게도 문해력의 부재로 인한 어려움이 비슷하게 나타난다. 기초적인 공문서 작성 및 해석에 어려움을 겪다 보니 공기업에서는 대책으로 문해력 시험을 보기도 하고, 대학 국문과에 의뢰하여 교육을 실시하기도 한다. 문해력의 기본은 인문학적 소양에서 시작된다. 문해력과 인문학의 중요성을 간파한 외국에서는 영유아기 병원 정기검진 때 문해력 신장용 책 선물을 하기도 한다.

그런데, '문해력이 꼭 필요한가?'라는 의구심을 가질 수도 있다. 그러나, 연구 결과에 의하면 통계적으로 인문학적 소양을 바탕으로 한 문해력의 차이가 사회생활에서 연봉의 2.4배 차이를 만들어 낸다는 것이 밝혀졌다.

어떤 정치인은 인문학을 배우는데 그렇게 많은 시간을 투자할 필요가 있느냐고 반문했다지만, 위의 연봉 차이 사례는 현대 사회에서도 여전히 인문학이 중요하다는 '인문학 무용론'에 대한 반증 사례일 것이다.

"철학과를 가서 뭣을 할 거야? 철학관 차릴 거야?", "문학이나 역사를 공부해서 취업이나 잘하겠어?"라고 묻는다면, "지금 뭣이 중한디? 아무것도 모르면서."라고 얘기해야 한다. 문, 사, 철은 인문학의 대표 학문이고 지성인이 갖춰야 할 기본학문이다. 심지어 요즘에는 연봉의 차이까지 만들어내는 기초가 되니 "이젠 문사철과 인문학의 시대야."라고 대답해야 한다.

어른들이 공부하려고 해도 체력이 중요하다고 했다. 육체에도 기초체력이 받쳐줘야 지치지 않고 성과를 내는 것처럼, 생각의 기초체력이 준비되어야 원하는 것을 성취할 수 있다. 현실적으로 말하면 높은 연봉을 받기 위해서 생각의 기초체력인 인문학적 소양을 갖춰야 한다.

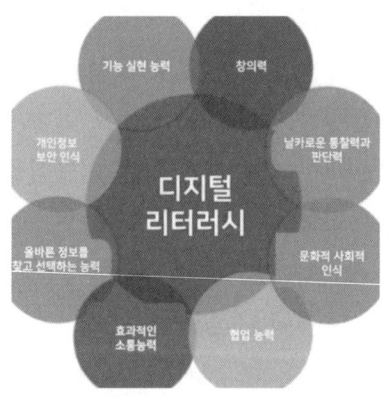

요즘 강조되는 문해력(文解力)과 리터러시(literacy)는 인문학의 다른 이름이다.

4차 산업 혁명과 인공지능, 사물인터넷이 주도하는 사회구조로 급변하고 있다. 이런 사회구조에서 요즘 더욱 강조되는 능력이 정보 리터러시(literacy)이다. 리터러시의 사전적 정의는 '문자화된 기록물을 통해 지식과 정보를 획득하고 이해할 수 있는 능력'이라고 할 수 있다. 19세기까지만 해도 일반 대중이 아닌 특권 계층에서만 리터러시 능력을 취득할 수 있었다. 그러나 리터러시가 단지 언어를 읽고, 쓰는 피상적인 의미만을 내포하는 개념은 아니다.

리터러시는 일차적으로 그 사회 혹은 문화권에서 통용되는 커뮤니케이션 코드인 '언어'에 의해서 규정된다. 리터러시는 복잡한 사회적 환경과 상황 속에서 그 본질을 이해할 수 있는 복잡한 개념이다. 이제 리터러시는 단지 언어를 읽고 쓰는 능력에서 더 나아가 변화하는 사회에서의 적응 및 대처하는 능력으로 그 개념이 확대되기 시작했다.

쏟아지는 정보에서 본인에게 필요한 것을 걸러내고, 그 지식을 바탕으로 살아가는 지혜로 변환할 수 있는 능력이 바로 '디지털 리터러시'이다. 필요한 것을 걸러내기 위해서는 자신만의 해석 장치나 도구가 있어야 한다. 일종의 리트머스 종이처럼. 쓸모 있는 것과 유용하지 않은 것을 구분하는 능력 같은 것이 출발이다. 이 장치와 도구는 '세상을 보는 균형 잡힌 눈'과 잘 다져온 '확고한 신념'을 의미한다. 그것은 인문학에서 나온다. 요즘 기존의 레거시 미디어의 영향력이 쇠락하고 개인 인터넷 방송의 사회적 파급 효과가 커지면서 많은 문제가 되는 것이 '확증편향'의 문제이다.

또, 인터넷의 알고리즘에 의해 제공되는 정보에만 지속해서 노출되는 '필터 버블' 현상이 문제로 떠오르고 있다. 이런 현상 속에서 균형 감각을 유지하기 위해 반드시 필요한 것이 인문학의 힘이다. 건강한 개인과 공동체를 위해 균형 감각은 매우 중요하며 따라서, 인문학은 품위 있고 건강한 사회를 만드는 기초이다.

질문의 힘!

기자회견장에서 오바마 전 대통령이 한국의 기자들에게 왜 질문을 하지 않느냐고 의아해했다고 한다. 그래서 질문을 하지 않는 우리 문화와 교육이 잘못되었다고 비판한 칼럼들이 쏟아졌었다. 그러나, 여기서 놓치지 말아야 할 부분이 있다. 문화의 차이는 분명 존재한다. 꼭 질문을 활발히 하지 않았다고 우리 교육과 문화가 잘못되었다고 비난하는 것은 자학적 관점이다.

인문학의 본질은 '질문의 힘'에 있다.

서양의 기초가 되는 그리스 로마 신화는 갈등과 경쟁에 익숙하고 본인의 라이벌을 제거하는 문화이다. 우리의 단군의 건국 이야기를 보라. 갈등 구조는 별로 없고, 윗사람 말을 참 잘 듣는다. 환웅은 환인의 말을 잘 듣고, 웅녀도 토 달지 않고 성실히 약속을 이행한다. 평화 애호적 성향이 지배적이다. 서양의 교육은 자유주의와 개인주의에 기반한 평등주의에 기반한 토론이 익숙하다. 활발한 질문과 맞짱 토론이 어색하지 않다. 이에 반해 동양은 서당의 교육 문화가 기반이 되었다. 농경 사회에서 인생의 경험이 많은 훈장님은 회초리를 가지고 있었다. 24절기를 기반으로 제철에 씨를 뿌리지 않으면 철부지(철不知)라고 따끔하게 인생의 회초리를 날렸다.

유학 간 한국의 음악가들을 가르치는 외국인 교수들이 이런 말을 한다고 한다. "가장 가르치기 좋고, 잘 흡수하는 학생들이 한국에서 온 학생이다. 그런데 곡 해석에 있어서는 스승을 뛰어넘고 심지어 자기만의 창의적 해석을 만들어 내지 못하는 한계가 있는 것 또한 한국의 학생이다." 이제는 '서당'의 장점과 '아고라(Agora)'의 장점을 동시에 흡수해야 할 때이다.
근대를 주도한 서양의 문화를 받아들이는 것이 동양의 근대화였음을 부인할 수 없다. 교육의 역사도 서구의 평등주의적 문화를 많이 받아들여 교육 현장의 모습도 많이 달라져 있다. 많은 선생님이 실제로 토론식 수업을 많이 한다.
그런데, 학생들에게 설문조사를 해보면 놀라운 결과를 받아 들게 된다. 학생들은 전부 토론식으로만 진행되는 수업을 선호하지 않는다. 선생님이 카리스마를 뿜어내며 학교 수업 시간에도 일타 강사처럼 지식 전달하는 것도 좋아한다. 대입의 형태가 다양해졌어도 여전히 부담스러운 내신 성적과 수능 때문일 것이다.

그렇다면, 이런 상황에서의 올바른 수업의 형식은 어떤 방향으로 가야 할까? 기본적인 방향은 혼합형 수업을 지향하는 방향이어야 한다. 기초적인 지식 전달은 서당에서 훈장님이 교육하듯 주입식 교육이 필요한 부분이다. 도올 김용옥 교수는 주입식 교육이 무엇이 문제냐고 반문한다. 주입식 교육의 형태가 문제가 아니고, 누가 어떤 식으로 하느냐가 문제라는 것이다. 충분히 동의할 수 있는 관점이다.

훌륭한 스승이 잘 정제된 지식을 주입하는 것은 문제 되지 않는다. 기본적인 '지식' 전달에서는 효과적인 방법을 사용하는 것이 좋다. 그러나 강의식 수업의 한계를 보완하고, 스승을 뛰어넘는 창의적 사고를 만들어 내기 위해서는 질문하는 '근본의 힘'을 키워주어야 한다.

마치 반짝이는 별을 주입받은 지식이라고 한다면, 별을 연결하여 별자리를 만들어 방향을 잡고 항해를 할 수 있도록 하는 근본의 힘이 바로 '질문'이다. 스승을 뛰어넘는 자신만의 곡 해석을 가능하게 하여 최고 예술가의 반열로 이끌어주는 힘도 바로 '질문'에 있다.

질문(質問)은 말 그대로 '본질에 관해 묻는다.'라는 뜻이다. 그렇다면 어떤 현상에 대한 본질을 관통하는 질문하는 '근본의 힘'은 어디에서 나오는가? 그것은 바로 인문학적 소양에서 나온다. 따라서, 인문학은 단순한 '차이'가 아니라 다른 '차원'을 만든다. 월드클래스라는 칭호를 받는 스포츠 스타들은 공통점이 있다. 자신이 하는 일에 대한 본질적인 물음을 갖고 있다. 내가 왜 일을 해야 하며, 지금 내가 여기서 해야 하는 선택은 무엇이고, 나를 최고의 위치로 이끌어주는 것은 무엇인지 등의 본질적인 질문에 자신만의 답을 갖고 있다는 것이다.

우리는 그리스 신화에 나오는 이카로스 이야기를 잘 안다. 아테네의 발명가 다이달로스의 아들로 아버지와 함께 미궁에 갇혔다가 아버지 다이달로스가 만든 날개를 달고 미궁을 탈출하게 되었다는 이야기이다. 그러나, 태양 가까이 날아오르다 날개를 붙인 밀랍이 녹아 바다로 떨어져 죽고 만 이카로스는 왜 실패했을까 질문해본 적이 있는가? 없다면 주입식 지식에만 의존해온 결과일 것이다.

한 단계 더 발전하기 위해서는 질문의 힘이 필요하다. 이카로스는 스스로에게 질문을 하지 않았다. 내가 왜 하늘을 날고 있는지? 어디로 가야 하는지? 아버지 다이달로스의 조언을 왜 지켜야 하는지? 이런 질문은 모두 인문학적 질문이다.

요즘 앞만 보고 달려가는 학생들을 자주 보곤 한다. 안타까울 때가 있다. 우리가 어디를 향해 달려가는지? 이 방향이 맞는지? 그리고 왜 달려야 하는지? 이런 스스로의 질문이 선행된 후에 뛰어가도 늦지 않다. 아니 오히려 잘못된 방향인데 속도만 빨라 멀리 갔다고 생각한다면, 방향을 수정하거나 돌아오기는 더 힘들어진다. 그래서 학생들에게 GOD의 길을 함께 듣고 자신의 길에 대해 시를 써보게 했다.

성실한 것은 중요한 미덕임이 틀림없다. 그러나, 이제는 성실한 것에 선행되어야 할 질문이 있다. 그것은 '어디서, 무엇을 성실하게 할 것인가?'라는 것이다. 그래야, 상관의 지시만 따르며 자기 일에 충실한 평범한 삶을 살았다는 아이히만의 변명을 하지 않게 될 것이다. 질문하지 않고, 고민하지 않고, 성찰하지 않는다면 자신도 모르는 사이 결과적으로 평범하고 성실한 괴물이 되어 있을 수 있다. 복잡한 윤리적 재문제에 둘러싸여 사는 현대 사회에서 질문은 인간다운 너무나 인간다운 나를 만들어 준다. 영화 '더 리더 : 책 읽어 주는 남자(2009)'의 스티븐 달드리 감독도 인류의 크나큰 과오를 통해 질문과 성찰에 관한 묵직한 주제 의식을 영화를 통해 관객에게 던진다.

인문학의 핵심은 진선미(眞善美)와 연결된다. 진리와 선하고 멋있는 삶을 추구하는 것과 관계된 것이다. 이것을 질문으로 바꾸면 '나는 누구인가?', '어떻게 살아야 하는가?', '멋있는 삶이란 어떤 것인가?'라는 문장이 된다. 평소 이런 질문에 스스로 답을 찾으려고 애쓴 흔적은 차원이 다른 결과를 만든다.

인문학의 진정한 힘은 다른 차원의 인간 품격을 만든다는 데 있다. 인간의 품격은 만족한 삶과 궁극에는 행복한 삶으로 이끌어 준다. 존 스튜어트 밀(J.S.Mill)의 말대로 우리는 배부른 돼지의 삶을 추구하지 않는다. 불만족스럽더라도 소크라테스처럼 살다가 죽고 싶어 한다. 우리는 인간이기 때문이다. 그리고, 인간에게 인간의 본질에 관해 묻는 인문학적인 질문의 힘은 우리를 인간답게 만들어 준다.

그럼에도 우리 교육은 갈 길이 멀다. 인문학의 가치를 소홀히 여긴다면 질문하기를 귀찮아하고, 심지어 질문은 필요 없으며, 밥 벌어먹는데 쓸모없는 것이라고 계속 생각할 것이다. 그렇게 되면 우리의 품격을 저급하다고 스스로 받아들이는 것이다. 지금은 차이 정도겠지만 점점 벌어져 궁극에는 다른 차원이 될 것이다.

왜 미래를 준비하는데 혁신적이고 주도적인 교육 선진국에서 인문학을 더욱 강조하는지 알 수 있는 대목이다. 인문학은 대학 4년, 전공자에게 대학원까지 진학하면서 탐구할만한 충분한 가치를 가지며, 평생을 두고 함께 고민하고, 토론해야 할 학문이다. 본질적인 질문의 힘을 통해 차원이 다른 품격을 만들어 내기 때문이다. 수업 시간에 멋있는 질문을 하는 학생을 좋아한다. 그것은 단순한 지엽적인 수준의 질문, 시험에 나오는지 확인하는 질문과 같은 것이 아니다. 전달받은 기초지식을 뛰어넘어 선생님의 수업 내용과 선생님의 관점 등을 종합적으로 파악한 다음 본인의 생각을 중심으로 핵심을 관통하는 비판적 질문을 하는 학생을 찾아보기 쉽지 않다. 가끔 그런 학생의 질문이 있는 날에는 등골이 오싹해지는 전율을 느낄 만큼 좋다. 아무래도 인문학의 관심과 인문학적 소양의 부재에서 오는 현상일 것이다. 인문학의 가치에 대한 전향적인 변화와 교육의 혁신이 필요한 현실이다.

매 학기 여러 주제로 '철학 에세이 콘테스트'를 진행해 왔다. 꼭 필요한 질문을 학생들에게 던지고 학생들을 골몰하며, 답안을 써 내려 간다. 신기한 것은 콘테스트에 참여한 학생들은 관심을 두고 그간 선생님이 만들어 놓은 인문학적 질문들에 대해 3년 내내 고민을 하고 자신만의 답을 찾으려고 애쓴다는 것이다. 추적 관찰해보면 그런 학생들은 험난한 세상에 나름의 방식으로 잘 살고 있으며, 점점 차원이 다른 인생의 위치에 있게 된다는 사실이다. 지난 학기 철학 에세이 콘테스트의 문제는 질문을 스스로 만들고 답을 쓰는 문제였다. 멋있는 답안이 많았다.

코로나 팬데믹으로 세상의 많은 것이 달라졌다. 이 시대를 사는 우리는 무엇을 준비해야 하고 무엇부터 해야 할까? 이런 인문학적인 질문을 하면서 이 시대를 사는 것이 다른 차원의 결과를 만들어 낼 것이다. 질문하는 힘은 호모 사피엔스의 특권이며, 생각하는 존재인 인간으로서 특권은 당연히 누려야 한다.

싸움의 기술

인문학이 인생의 험난한 항해를 이끌어주는 별자리, 길을 찾아가게 도와주는 나침반, GPS나 내비게이션이라고 비유해 본다. 그러나, 인문학의 필요성에 대한 더욱 공격적인 비유를 한다면 인문학은 곧 '싸움의 기술'이라고 할 수 있다. 세상을 살아가는데 싸울 일이 없는 평화주의자라고 생각하는가? 그렇지 않다. 세상은 때로는 부조리하며, 싸워야 할 때 싸우지 않는다면, 나보다 더 힘 있는 간사한 권력자들에 의해 내 권리와 자유는 침해당하게 된다. 순진하게 세상과 사람을 대하면 당하기 일쑤다.

일찍이 춘추전국시대의 철학자 한비자는 '간교한 기득권에 맞서기 위해' 법이 필요하다고 했다. 한비자의 싸움의 기술은 법이며, 법은 최소한의 도덕이고, 도덕은 인문학적 소양을 바탕으로 세상을 대하는 에티튜드를 의미한다. 그러니 아리스토텔레스가 중용(中庸)을 설명하며 사용한 예와 같이 참는 것이 미덕이 아니다. 참으면 화병만 생긴다. 마땅히 싸워야 할 때를 알고, 적절한 방법으로 자기 생각을 관철시키고, 그래서 세상을 바꿔나가는 힘, 그 힘이 바로 인문학이다. 그래서, 인문학은 싸움의 기술이다.

간교한 기득권에 맞서기 위해 인문학이 필요하다. 인문학은 싸움의 기술을 알려준다. 불타오를 준비가 되었는가?

좋아했던 드라마. '쌈 마이웨이'에서는 비현실적으로 멋있는 비주얼의 고동만(박서준 분)이 등장한다. 싸움의 고수이다. 옥타곤에 등장하는 동만의 등장 음악은 방탄의 '불타오르네'였다. 나는 그 이후로 방탄에 빠져있었고, 세상과 맞서 싸워야 하는 시점에는 '불타오르네'를 듣고 전장에 나섰다. 물론 폭력과는 전혀 다른 주로 학교 정책을 다루는 토론의 자리였지만, 나의 철학과 확고한 교육적 신념으로 싸워야 할 때는 당당히 맞서 싸웠다.

'불타오르네'는 단순하지 않은 깊은 의미를 담고 있다. 프랑스의 외교관이자 사회운동가 스테판 에셀(Stephane Hessel, 1917~2013)은 생전에 고령의 나이에도 청년들을 위한 강연에 빠지지 않았다. 그리고, 고령의 에셀이 젊은 청년들에게 고

했다. '분노하라', '참여하라', '멈추지 말고 진보하라'. 모두 에셀의 책 제목이기도 하다. 인문학은 스스로 삶의 주체라는 것을 알려주는 학문이다.

'내가 깨면 병아리, 남이 깨면 프라이'라는 말이 있다. 굳이 헤르만 헤세(Hermann Hesse)의 '데미안(Demian)' 이야기를 하지 않더라도 나로부터 시작하여 나를 향하는, 치열한 성장을 하기 위해서는 알을 스스로 깨고 나와야 한다. 알을 깨는 힘은 어디에서 나오는가? 인문학적 힘에서 나온다. 인문학적 소양을 갖춘 사람은 알을 스스로 깨고 세상에 나와 분노하고, 참여하며, 당당히 맞서 싸울 수 있게 된다. 왜냐하면 프라이가 아니라 고통스러워도 스스로 삶의 주인인 병아리의 길을 택한 것이기 때문이다.

'줄탁동시(啐啄同機)'

병아리가 알에서 나오기 위해서는 새끼와 어미 닭이 안팎에서 서로 쪼아야 한다는 뜻이다. 프라이가 아니라 병아리의 길을 선택했을 때, 도와줄 수 있는 스승의 힘이 필요하다. 스승의 힘이 바로 인문학이다. 부조리한 세상과 권력, 그리고 기득권은 그냥 편안하게 프라이를 먹고 싶을 것이다. 권력을 가진 자는 기득권을 이용해 세상을 지배하고자 하고, 기득권에 질문하는 것을 달가워하지 않는 것이 인지상정이다.

알에서 스스로 깨어나지 않으면 즉, 싸움의 기술을 갖춰 세상과 맞서지 않으면 재미없는 삶을 살게 된다. 억울하지 않은가? 내 인생인데. 한 번뿐인 내 인생을 살면서 멋있게 세상에 한 방 먹이고 가야 하지 않는가? 그 큰 한방은 내 삶의 주인공으로 행복하고 멋있게 사는 것이고, 나의 행복을 저해하는 부조리한 현실을 스스로 바꾸려고 노력하는 것이다. 내 삶의 주인이 나이듯, 이 나라의 주인 또한 나이며, 국민이다.

우리 현실의 삶에서 부딪히는 부당한 법이 있다면, 문제 제기하고, 토론하고, 올바른 방법을 찾기를 노력해야 한다. 그렇게 세상은 한 발씩 앞으로 나아가는 것이다. 좋은 기술은 싸움의 고수에게 배워야 한다. 싸움을 잘하기 위해서는 책을 읽고, 동료와 적극적으로 토론하고, 좋은 스승과 대화해야 한다.
플라톤은 자기 삶에서 보람된 일이 스승 소크라테스와 동시대를 살았다는 사실이라고 말했다. 소크라테스의 최고의 매력은 제자들에게 인문학적인 질문을 했다는 데 있다. 스스로를 훌륭한 종마가 졸지 못하게 깨무는 '등에'라고 불렀다. 청년들에게 중요한 인생의 시점에 졸지 않도록 옆에서 계속 질문해주는 역할을 의미한다. 우리는 등에가 귀찮고 성가시며, 때로는 따끔거려 짜증이 날 것이다.
그러나, 그런 것이 귀찮아 졸다 보면 가치 있는 인생, 품위 있는 인생은 내 옆 친구의 것이 되어 있을 것이다. 그리고, 맞서 싸우는 기술이 없어서 나의 권리, 자유와 같은 것은 점점 운신의 폭이 좁아지게 될 것이다. 불타오를 때와 분노할 때, 참여할 때를 기꺼이 알려주며, 품위 있게 세상과 맞서 싸울 수 있는 기술은 인문학에 있다. 묻고 답하는 힘이 싸움의 고수이다.

동굴에서 탈출하는 인문학의 힘

플라톤의 저서 '국가(Poliiteiā)'에서는 그 유명한 '동굴의 비유'가 등장한다. 소년 시절 읽은 '국가'와 청년 시절 읽은 '국가' 그리고 나이가 들어감에 따라 읽은 '국가'는 다른 매력으로 다가왔다. 소년 시절에는 '국가'의 투명 인간이 된 목동 이야기인 '기게스의 반지'에 빠져, 영화 반지의 제왕을 떠올리며, 내가 투명 인간이 된다면 어떨까를 생각하면서, 주로 철인왕을 중심으로 읽었다.

청년 시절에 플라톤의 '국가'는 나에게 일종의 정치철학으로 이해되었다. 누가 통치자가 되어야 하며, 통치자를 길러내는 방식은 어때야 하고, 좋은 정치란 무엇인가 등의 질문에 본질적인 해답을 보여 주었다.

나이가 들어가는 대신, 세상을 살아가는 부드러움을 얻게 된 지금 '국가'는 내게 교육 철학으로 읽힌다. 동굴에서 탈출한 죄수에서 끝난 것이 아니라, 그 이후에 동굴로 다시 돌아온 죄수의 이야기에 더 골몰하게 되었다. 탈출하여 태양을 본 죄수를 올바른 통치를 할 자질을 갖춘 왕으로 해석했던 것에서 이제는 다시 돌아와 다른 죄수들의 탈출을 이끌어줄 선구자, 교육자, 인문학자로 해석하게 되었다.

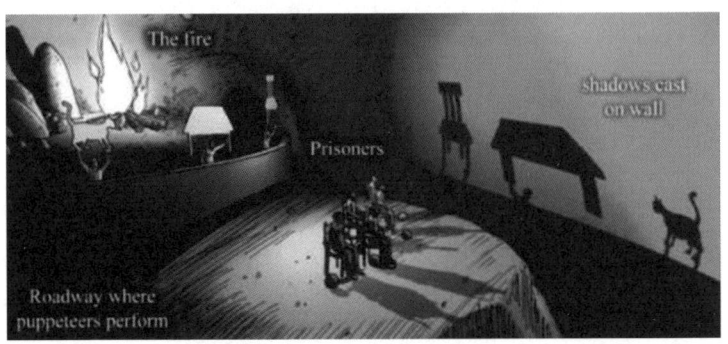

다시 돌아와 다른 죄수들의 탈출을 이끌어주는 죄수는 선구자, 교육자, 인문학자로 해석된다. 서생의 문제의식과 상인의 현실감각을 가져야 한다.

인문학은 한 사회의 품격을 지탱하는 지성으로, 때로는 시대의 '어른'으로, 때때로 시대'정신'으로 모습을 바꾸고 나타난다. 자신의 확고한 신념으로 시대적 어려움에 목숨을 과감하게 던질 줄 알았던 사람들을 선비, 선구자, 독립운동가, 사회운동가라고 부른다. 그들은 모두 인문학자들이다. 결박되어 뒤도 돌아보려 하지 않는 고정관념과 무비판적 태도에 익숙한 죄수들에게 인간이 추구해야 할 진리[眞]와 올바름[善], 멋있는 삶[美]에 관해 얘기해준 사람들이다.

with conviction but with flexibility
소신 있지만 유연하게, 유연하나 단단하게

故 김대중 대통령이 정치는 '서생의 문제의식과 상인의 현실감각'을 갖추고 흙탕물에서 연꽃을 피워내는 예술이라고 말했다. 태양을 보고 돌아온 죄수는 다른 죄수를 설득해야 한다. 설득하기 위해서는 반드시 마음속에 소신과 신념을 품어야 한다. 그러나, '소신'과 함께 '유연함'도 갖춰야 한다. 서생의 문제의식만 가지고 설득력이 없다면 대중성과 확장성을 놓친 것이다. 상인의 비즈니스적 마인드는 대단하다. 지금까지 인문학은 상인의 현실감각에 약했다. 수비적이었으며 수동적인 입장이었다. 그래서, 인문학의 위기가 초래된 것이다. 공격적인 마케팅 전략이 필요하다. 인문학은 대중들에게 '소신 있지만 유연하게' 대처해야 한다. 대중들에게 앞으로의 길을 제시해 주는 인문학의 필요성을 더욱 적극적으로 피력해야 할 때이다. 그런 연유로 인문학의 필요성을 정당화하는 글을 근거를 달아 이렇게 장황하게 쓴 이유이기도 하다.

인문학을 또 다른 표현으로 리버럴 아츠(Liberal Arts)라고 한다. '기초 교양', '교양 있는 지식인이 되기 위한 기초 소양' 정도로 번역할 수 있겠다. 그런데 왜 인문학에 '자유(Liberal)'라는 단어가 들어가 있을까? 인문학은 우리 스스로를 자유케 하는 학문이기 때문이다.

문학과 철학은 풍부한 상상력과 문제를 해결할 수 있는 사유 능력을 길러준다. 무한한 상상력은 예술과 감성을 자극하여 창의성의 기반이 된다. 인문학은 우리의 상상력으로 펼치고자 하는 세계를 디자인하는 힘을 가졌다. 원하는 대로 디자인된 세상에서 스스로가 자유로워지게 하는 것이 바로 인문학이다.

'인문학을 가르치는 교사는 끊임없는 숙고, 성찰을 통해 확고한 신념을 만들어야 한다. 동시에 외부 환경 변화의 본질을 꿰뚫어 보는 통찰력을 바탕으로 혁신에 적극적인 유연함을 갖춰야 한다.'

모럴리스트로 온전히 글을 쓰며 다시 생각해 본다.

지금까지의 나의 길, 지금 서 있는 이 길, 그리고, 앞으로 가야 할 길에 대해.
프로스트의 '가지 않은 길'이 입에서 맴돈다.

두려움보다는 확고한 신념과 나다운 속도로 걸어가야겠다.

빨리 가는 것보다 나를 잃지 않고 가는 것이 귀중하다.

그리고 그 길에 사람들과 함께 가야겠다.

과정의 중요함과 공감의 디테일을 놓치지 말자. 사람이 삶이다.

빨리 가는 것보다 나를 잃지 않고 가는 것이 귀중하다. 그리고 그 길에 사람들과 함께 가야겠다.

<가지 않은 길> - 로버트 프로스트

단풍 든 숲 속에 두 갈래 길이 있더군요.
몸이 하나니 두 길을 다가 볼 수는 없어
나는 서운한 마음으로 한참 서서
잣나무 숲 속으로 접어든 한쪽 길을
끝 간 데까지 바라보았습니다.

그러다가 또 하나의 길을 택했습니다.
먼저 길과 똑같이 아름답고,
아마 더 나은 듯도 했지요.
풀이 더 무성하고 사람을 부르는 듯했으니까요.
사람이 밟은 흔적은 먼저 길과 비슷하기는 했지만,

서리 내린 낙엽 위에는 아무 발자국도 없고
두 길은 그날 아침 똑같이 놓여 있었습니다.
아, 먼저 길은 다른 날 걸어보리라! 생각했지요.
인생 길이 한번 가면 어떤지 알고 있으니
다시 보기 어려우리라 여기면서도.

오랜 세월이 흐른 다음
나는 한숨지으며 이야기하겠지요.
"두 갈래 길이 숲 속으로 나 있었다, 그래서 나는—

사람이 덜 밟은 길을 택했고,
그것이 내 운명을 바꾸어 놓았다"라고

| 나를 깨우는 핵심 사상 요약 |

- 인문학의 본질은 질문에 있다. 질문(質問)은 '본질을 관통하는 물음이다.' 고대 그리스의 소크라테스와 춘추시대의 공자, 고대 인도의 석가모니는 동시대에 출현한 인류의 스승이다. 이들이 출현한 BC 6C를 칼 야스퍼스(K.Jaspers)는 '축의 시대(Axial Age)'라고 명명했다. 이 스승들은 공통적으로 제자들에게 질문하는 교육 기법을 사용했다. 묻고 답하는 과정을 통해 '나와 나를 둘러싼 세계의 본질에 관해 주도적으로 탐구하는 힘'을 심어주려 했다. 그 힘을 일명 '철학함(philosophieren)' 혹은 '철학하는 태도'라고 한다. 내 하나뿐인 인생을 멋있게 살 수 있게 하는 이 '신묘한 힘'을 제공하는 것은 우리 주변 지천으로 깔려있다. 영화 속 한 장면에서, 책의 한 구절에서, 친구와의 소중한 대화에서 우리는 질문과 만난다. 결국, 그 질문을 살아가는 힘으로 만드는 것은 나 자신의 태도와 관련된다. 그래서, 진리 앞에 겸손한 태도가 필요하다. 겸손함은 내 삶을 밀고 나가는 원동력이 된다.

- 플라톤은 『국가(Poliiteiä)』 제6권에서 '태양의 비유'와 '선분의 비유'를 통해서 시도된 '좋음(善)의 이데아'와 앎의 대상들 및 앎의 단계들에 대한 좀 더 실감 나는 입체적 설명을 제7권 '동굴의 비유'를 통해서 시도한다. 플라톤의 『국가』를 정치 철학적으로 해석할 수도 있지만, 교육철학으로 이해하게 되면 그의 문제의식과 메타포를 더욱 선명하게 해석할 수 있게 된다. 동굴에서 탈출했다가 다시 돌아온 죄수는 리더와 혁신가로 볼 수도 있지만, 교육자와 인문학자로 이해할 수도 있다. 대중을 설득해서 태양이 장렬하는 '선의 이데아'로 이끌기 위해서는 서생의 문제의식과 함께 '상인의 현실 감각'을 지녀야 한다. 대중의 눈높이로 보고, 동고동락(同苦同樂)하며, 다양하게 민주적 공론장을 통해 소통하고, 부드럽게 녹아들면서 이끌어야 진정한 '지혜의 왕(philosopher king)'이라 할 수 있다. 전문성과 대중성, 깊이와 균형 감각을 모두 겸비한 인문학자의 출현은 우리 공동체가 좀 더 품위 있기 위해 반드시 필요하다.

[인생 문장 필사 코너]
책을 읽으며 느낀 상념을 자유롭게 적어보세요.

나를
깨우는
인문학
수업

Buddha
석가모니
(B.C 560 ~ B.C 480)

순간의 만남을 영원한 인연으로

"동물을 정말로 좋아하는 사람은 항상 그들의 이름을 묻는다."
- 길리언 잭슨 브라운

오늘은 평소 걷던 방향의 반대쪽으로 걸어보았다. 애월의 해안 도로는 어느 방향이든 최고의 풍경을 선사했다. 올레 16코스이기도 한 하귀 애월해안로는 사진 찍는 연인과 가족이 많다. 그만큼 멋있는 자연광과 바다, 바위가 배경으로 깔려준다는 의미다.

숙소에서 나와 극동방송국 방향으로 걷다 보면 랍스터 요리 전문점과 2층의 맛있는 카레 집이 나온다. 바다 뷰가 최고인 카레 집에서 점심시간이 조금 지난 한낮의 바다를 보며 전복 카레를 먹는 것은 맛도 기분도 최고였다. 나와서 계속 걷다 보면 UFO 모양의 펜션과 크랩 요리 전문점이 나온다. 그리고 제주 여행을 하면 꼭 들르는 조선의 15대 임금의 이름을 벤치마킹한 갈치 조림 전문점까지 더 걷는다.

그리고, 애월 최애 장소인 딱새우와 통문어 가라아게 집이 잘 있는지, 장사는 잘되는지 먼발치서 인사를 하고 뒤돌아서 걷는다. 진심으로 아끼고 사랑하는 가게는 그렇다. 장사가 잘되는지, 손님은 많은지를 확인하고 싶어 하게 만든다. 나에게 애월 전체가 그렇다. 아끼고, 사랑한다. 당분간 간의 회복을 위해 술은 입에도 안 댈 것이기 때문에 술안주가 맛있는 이런 집들은 나에게 더 애틋하게 인사를 하고픈 장소들이다.

돌아오는 길에 숙소 앞 식당에서 매운탕과 한치 튀김을 포장해서 저녁으로 숙소에서 먹기도 했다. 숙소 앞 음식점에서 미리 포장 주문을 해놓고 시간 맞춰 찾으러 올 요량으로 문을 열고 나서고 있었다. 이내 내 다리를 스치고 지나가는 느낌은 시선을 아래로 끌어내렸다.
세상에 태어나서 본 고양이 중 최고다. 어떻게 이렇게 예쁜 아이들이.

그것도 서로 매력이 다른 갈색 줄무늬 고양이 한 마리와 흡사 미니어처 흑표범 같은 잘빠진 아기 고양이었다. 검은색보다 더 짙은 카본 블랙의 아기 고양이는 눈빛이 코발트블루보다 깊고 에메랄드 보다 반짝여서 사람을 환장하게 만들었다.

"어머. 너희들 이름이 뭐야? 어떻게? 이렇게 예뻤어? 응? 집이 어디야?"

나는 이미 이 아이들의 매력에 정신을 잃어가고 있었다. 아기 고양이가 처음 본 나의 다리 사이를 스쳐 지나가며 몸을 비빈다. 보통 고양이가 몸을 부비는 것은 친근함의 표현이기도 하고, 너를 찜했다는 의미이기도 하다. 세상 예쁘고 너무 깨끗하고 귀여운 고양이들의 찜을 받으니 너무도 행복한 순간이었다. 그런데 나는 웅성거리는 소리에 이내 해야 할 일이 있다는 것을 깨달았다.

"잘 찾아봐. 아까 여기서 흘린 거 아니었어?"

"모르겠어. 생각이 안 나."

군대에서 휴가 나온 것 같은 짧은 머리에 구릿빛 피부를 한 청년과 그의 곁에 발을 동동 구르며 무언가를 열심히 찾고 있는 여자 친구가 보였다. 나는 그쪽으로 천천히 몸을 옮겼다.

"저기. 지갑 찾으시는 거 맞죠? 제가 아까 여기서 주었는데. 걱정돼서 저기 테이블 위에 올려두었어요. 다시 찾아올 것 같아서요."

올려둔 지갑이 있는 곳으로 안내했더니 환하게 웃으며 감사의 인사를 건넨다. 시크하게 인사를 하고 돌아서 가던 나는 이내 큰 충격에 휩싸였다.

한적한 도로에 차가 빠른 속도로 지나가다가 이내 끼익 급브레이크 소리를 내더니 멈춰 섰다. 직감적으로 느꼈다. 도로를 가로질러 가며 천진난만하게 뛰어놀던 예쁜 아이들이 생각났다. 미칠 것 같았다. 밤 어둠이 드리운 도로에 차 옆에는 쓰러진 검은 아이와 그 곁을 놀라서 쳐다보고 떠나지 못하는 갈색 아기 고양이가 있었다. 도로에는 차가운 헤드라이트 불빛만이 남아있었다.

그 후로 며칠 동안 계속 아이들 생각이 났다. 잊으려고 애썼지만 절대 잊히지 않았다. 진심으로 삼가 고묘의 명복을 빌었다. 너무 미안했다. 내가 할 수 있는 일이 없어서 너무 미안했다. 주체 못 할 슬픈 감정이 나를 휩싸고 돌았다.

미처 이름을 물어보고 서로에게 의미 부여하지 못한 짧은 시간이었지만 살가운 예쁜 고양이와 나와의 만남을 포함한 이 세상 존재하는 모든 것들과 짧은 조우도 운명적인 인연(因緣)일 것이다. 순간의 스쳐 가는 인연이라지만 우리 현생의 만남은 소중한 전생의 반복된 만남이 만든 결과물 이리라.

'순간의 만남을 영원한 인연으로.'

'순간의 만남을 영원한 인연으로.' 이 멋있는 말은 정훈 공보장교로 임관하여 받은 연수 중에 교관님이 칠판에 적어준 감동의 문장이었다. 그 이후로 순간의 스쳐 지나가는 만남도 허투루 대하지 않았다.

특히, 학교에서 제자들을 대할 때는 늘 미소를 가득 머금고 소중한 영원의 인연처럼 대하려 했다. 나의 공간에서 약한 사람에게는 더 따뜻하게 대하려 했다. 나에게 근처 약자는 후배 교사, 기간제 교원, 행정 사무원, 그리고, 아직 세상 물정 잘 모르는 학생들이었다. 가끔 영악하고, 미운 제자들도 더러 만나지만, 그래도 학생은 세상 물정 잘 몰라서 그러는 약한 존재임이 틀림없다.

우리는 언제나 약자다. 본인이 절대 강자라고 생각하는 사람을 제외하고는 말이다. 나도 약자의 시기를 지나왔고, 지금도 어느 부분에서는 상대적 약자이다. 약자 시절에는 누군가 건네준 작은 위로와 따뜻함은 더 큰 울림으로 다가온다. 그리고 기억한다. 그 기억과 따뜻하게 나를 감싸 안았던 감정으로 다시 누군가에게 위로를 건넨다. 이것이 데이비드 흄의 공감(Sympathy) 이론이고, 묵자의 부메랑 이론인 겸상애 교상리(兼相愛 交相利)이고, 영화 이터널스의 유니-마인드이다.

그리고, 불교의 논리대로 이 세상에 영원한 것은 없기 때문에 지금의 관계가 어떻게 다음의 인연으로 바뀌어 만나게 될지는 모르는 것이다.

사람은 늘 두 가지의 착각을 평생 하며 살아간단다. 내가 잘될 때 끝까지 잘 나갈 것 같은 착각과 안 될 때 끝까지 그 힘듦이 끝나지 않을 것 같다는 착각 바로 두 가지이다. 그렇지만 세상은 한 인간에게 영원한 성공과 영원한 실패를 주지 않는다. 이것이 세상의 밸런스적 이치이다.

영원한 것은 결코 없다. 한참 좋아하며 고래고래 소리 내 불렀던 노래의 첫 가사가 생각난다.

"영원한 건 절대 없어. 결국에 넌 변했지."

빅뱅의 '삐딱하게'라는 노래는 불교의 무상(無常)과 무아(無我)론에 입각해 있다.

불교는 무상(無常)의 논리를 통해 이 세상에 영원한 것은 절대 없다고 말한다. 그러니, 하는 일이 잘 되어 강자의 위치에 있을 때 약자에게 따뜻하게 대하고, 지금 힘든 위치에 있어도 결

코 포기하면 안 된다.

이런 따뜻한 시선과 순간의 만남을 영원한 인연으로 생각하는 마음이라면 세상이 참 아름다우련만, 그렇지 못한 짧은 식견의 중생들을 보면 마음이 아픈 것은 나만은 아닐 것이다.

워쇼스키 형제가 제작한 영화 클라우드 아틀라스(Cloud Atlas, 2012)는 불교적 운명, 만남, 인연에 대해 다룬다. 영화는 구름이 하늘을 흘러가듯 인간의 영혼도 여러 시대를 흘러 각기 다른 시대와 공간에서의 다양한 만남과 헤어짐에 대해 인연, 관계 등의 개념으로 이야기를 건넨다. 영화 끝장면에서 흘러나오던 Tom Tykwer의 End Title과 주인공들의 시공을 초월한 인연을 보여 주는 장면은 뭉클한 감동이었고, 지금 다시 봐도 여전하다.

"이 세상에 존재하는 모든 것들은 필연적인 인연의 끈으로 연결되어 있다."

나는 '인연'의 끈을 굳게 믿는다. 불교사상을 접하고 경전들을 찾아 다양하게 공부를 하다 보면, 인연의 끈에 대한 믿음은 더욱 확고해진다. 우리가 일상에서 흔히 사용하는 인연(因緣)이라는 표현은 석가모니가 창시한 불교사상의 핵심 이론이다. 개인적으로 천주교 모태 신앙이 있는 나에게 불교는 윤리 수업을 위해 공부해야 할 과정이었다. 나와 같은 종교적 관점에서 세계관을 구축하고 있는 학생들에게 불교를 어떻게 설명해야 할까 고민을 많이 했었다.

종교가 아니라 하나의 철학 사상으로 상세히 공부하면 할수록 매력에 빠져들었다. 어느 순간부터 불교 방송을 가장 즐겨 찾아보게 되었다. 스님들이 나와서 석가모니의 세계관과 삶을 대하는 철학에 관해 소상히 설명해주면 나는 무릎을 '탁' 치며 깨달음을 알아갔다.

그랬다. 불교는 마음공부[心學]로 삶과 사람의 마음에 대해 서로 이야기를 나누면 되는 것이었다.

이후 수업에서 나는 학생들과 우리 삶과 죽음, 쾌락과 고통, 진정한 행복에 관해 대화하듯 편하게 이야기를 주고받으면서 불교 경전의 말씀들을 곱씹어 보고, 다양한 책의 구절들을 함께 읽으며 마음공부를 해나갔다. 학생들은 정말 좋아했다. 일 년 동안 배운 다양한 사상과 철학에 대해 본인의 인생관을 녹여낸 에세이를 제출하는데, 나의 제자들에게 큰 울림을 준 것이 불교 수업을 하면서였구나라는 것을 알게 된다.

불교는 마음공부[心學]로 삶과 사람의 마음에 대한 이야기다.

얼마 전에는 이메일 한 통이 도착했다. 지방에 있는 어느 중견 기업 기획팀에서 특강을 요청한다는 내용이었다. 우연히 방송 매체에서 내가 불교를 주제로 강의하는 것을 본 임원께서 꼭 회사 분들과 직접 강의를 듣고 싶다고 요청을 했다는 것이다. 너무 감사한 일이나 먼 길을 이동하지 못하는 내 몸의 상태에 대해 소상히 설명을 담은 답장을 드렸다. 몸이 회복되기를 기다린다면서 언제든지 특강을 와달라는 답장이 왔다. 감사한 일이었다. 꼭 언젠가는 불교적 깨달음을 현장에서 많은 이들과 함께 나누고 싶다.

어느 날 인터넷 검색을 하다가 우연히 발견한 글도 있었다. 요즘 고등학교에서 가르치는 불교사상에 관해 불교 신문에서 다룬 기사였다.

강의를 준비하던 나는 원효대사의 일심 화쟁론(一心和諍論)을 어떻게 하면 쉽게 접근시켜줄까 고민을 하다 녹화 중에 '리쌍'의 'Rush'라는 노래를 틀어줄 것을 피디님께 부탁드렸다. 함께 음악을 듣고 가사 전반에 흐르는 원효의 일심화쟁과 일체유심조(一切唯心造)에 대해 연결 지어 설명했다.

"그 작은 행복이 내게 가르쳐 준 삶의 지혜 한 평짜리 삶에서 백 평짜리 행복을 만들 수 있는 건 마음먹기에 달려 있다는 것."이라는 가사 부분을 곱씹어 보며, 원효의 불교사상과 진정한 행복론에 대해 수업을 진행했다. 이 부분을 찾아본 관계자가 불교사상을 EBS 강의에서 고등학생들에게 쉽게 전달하는 방식에 관해 사례로 기사화한 것이다. 신기하고 기분이 좋았다. 사실 부동산 과열 시절을 살고 있는 지금에는 한 평짜리 삶에서 백 평짜리 행복을 결코 느끼기 어려운 것이 사실이다. 그렇지만 곰곰이 생각해보면 이 문제 상황의 핵심 원인에도 우리 욕망의 문제가 있다. 마음을 어떻게 먹느냐에서 문제 상황

인식이 달라진다.

나는 다양한 사상을 통해 학생들에게 앞으로 삶을 살아가면서 쓸 수 있는 다양한 무기들을 만들어 주는 직업을 갖고 있다고 늘 생각해 왔다. 자신 삶의 행복은 외부적 요인과 물질에 있는 것이 아니라 본인이 어떻게 외부의 것에 대해 해석하고 마음을 먹느냐가 본질이라는 것을 이해한 학생들은 분명 큰 무기를 갖게 된다. 불교는 진정한 마음공부로 나에게 그렇게 다가왔다.

본래 불교를 창시한 석가모니는 고대 인도의 카필라 왕국의 왕자였다. 아버지는 슛도다나 정반왕, 어머니는 마야 왕비였다. 흰 코끼리 태몽을 꾼 마야 왕비가 왕자를 출산하고 고대 인도 말로 '소원하는 모든 것을 성취하리라'라는 의미의 고타마 시타르타라는 이름을 붙여주었다. 어린 시타르타는 훗날 '깨달은 자'라는 의미의 붓다(Buddha)가 되었고, 우리는 음역 하여 불타(佛陀)라 칭했다. 또한, 석가모니(釋迦牟尼)는 샤카족의 성인이라는 의미를 가진 샤카무니(Sakyamuni)의 음역이기도 하다. 따라서, 고타마 시타르타, 석가모니, 붓다는 동일인을 지칭한다.

당시 인도에는 브라만의 전통과 바가바드 기타, 베다, 우파니샤드 같은 경전을 중심으로 하는 힌두의 문화와 종교가 자리 잡고 있었다. 불교는 이들과는 결이 다른 당시 혁신의 사상이었다. 어린 고타마 시타르타가 어느 날 왕궁 밖에서 목도 한 현실은 생로병사의 고통에 허덕이는 중생들의 모습이었다. 어떻게 하면 생로병사[四苦]와 같은 인간의 고통에서 헤어나게 할 수 있을까를 고뇌하다가 시타르타는 출가의 길을 택했다.

시타르타의 깨달음을 향한 여행은 29세 때부터 6년간의 고행과 명상을 통해 완성된다. 드디어 보리수 아래서 명상을 통해 깨달음을 얻게 되었다. 보리수는 깨달음을 의미하는 산스크리트어 Bodhi와 나무 수(樹)의 결합이니 깨달음의 나무를 의미한다.

세상의 진리를 깨달은 자는 어떻게 완성되었는가? 바로 '명상'을 통해서이다. 명상과 성찰, 사색의 중요성을 확인할 수 있다. 내 안에 진리가 있기 때문이다. 우리는 늘 바깥에서 진리를 찾는다. 책 속에서 찾거나, 학원에서 찾거나, 종교적 설교에서 찾으려 한다. 그러나, 진리는 바로 내 안에 있다.

세상의 진리를 깨달은 자는 바로 '명상'을 통해 완성되었다.

나는 책을 읽고, 자료를 찾고, 강연을 찾아 듣는 것을 좋아하고 즐긴다. 그러나, 그만큼의 시간에 비례해 반드시 하는 작업이 있다. 바깥에서 얻은 지식에 관해 나 스스로 사색하고, 생각을 정리하는 시간이다. 공자도 "學而不思則罔, 思而不學則殆."라 강조했다. 내가 사색하고 정리하는 시간에 공을 들이지 않으면 지식은 모래가 그물에서 모두 사르르 빠져나가듯 한다는 의미이다. 삶에서도 중요한 밸런스는 공부법에서도 중요하다. 배우는 것과 스스로 정리하는 시간의 밸런스는 매우 중요하다. 그러나, 사색보다는 검색에 익숙하고 스스로 생각하는 시간보다는 다양한 인터넷 매체 지식을 뇌 속에 퍼붓는 것이 편한 시대를 살고 있는 지금이 밸런스의 중요성이 더욱 절실하게 다가온다.

진리를 체득하는 과정도 마찬가지이다. 내 안에 나와 대화하는 시간이 매우 소중하다. 그렇게 하다 보면 조각 나 있는 지식들이 어느 순간 순전히 나의 힘에 의해 연결되고 의미가 파악되고 깨달음을 준다. 일례로 요즘 내가 만들어 강의 때마다 강조하는 '온 맘 이론'이란 게 있다. 누구나 어떤 일을 할 때, 정성과 진심을 담아 온 맘을 다해 진력으로 하게 되면 세상은 그 상응하는 결과를 화답한다는 논리다. 그런데, 아르키메데스처럼 어느 날 샤워를 하다 퍼뜩 든 생각이 '태양 아래 새로운 것은 없다.'고 분명 누군가 이런 이론을 얘기했을 텐데 하며, 골몰히 내 안의 지식들을 상기하고 연결하며 현실적 사례에 적용해봤다. 나의 '온 맘 이론'은 성리학에서 주자가 다룬 『대학(大學)』의 성의정심(誠意正心)과 같다는 결론에 이르게 되었다. 단순하게 익혔던 조각난 지식이 내 안에서 연결되었다. 사색과 명상을 통해 진리를 깨달은 작은 종교적 체험 같았다.

정성과 진심을 담아 '온 맘'을 다해 진력으로 하게 되면 세상은 반드시 상응하게 화답한다.

마르쿠스 아우렐리우스 황제는 자신의 마음을 다잡기 위해 자신에게 쓰는 편지인 '명상록(Meditations)을 집필했고, 미국 재테크 칼럼니스트 존 랜튼이 분석한 백만장자들의 공통된 생활 습관은 바로 '명상'이었다.

여러 해를 학교 현장에서 우수한 제자들을 길러내는 행운을 얻었다. 맹자가 표현한 대로 인생의 삼락(三樂) 중에 완성인 현명한 제자를 길러내는 설렘과 기쁨을 늘 경험한다. 그러다가 수능 만점자처럼 최상위 제자들의 특징을 정확하게 간파하게 되었다. 그들을 따라잡고 싶어 하는 상위권 학생들과 클래스가 다른 최상위권 학생들은 분명한 차이가 있음을 분석해냈다.

세상을 바꾸는 0.01% 인재의 성공 비법이랄까. 그것은 바로. 바로. 자신이 스스로 정리하는 시간과 바깥에서 지식을 습득하는 시간의 적절한 배분에 있었다. 강의를 듣고 외부의 지식을 습득하는 시간이 스스로 정리하는 시간에 절대 초과하도록 허락하지 않는다.

담임으로 성적 고민이 많은 학생을 상담하면서 늘 분석해주는 것이 바로 이 시간적 배분에 관한 것이다. 현재 학교 수업, 학원 강의, 인강 등에 투자하는 시간과 온전한 '자신만의 정리 시간'에 대한 비율 분석을 해준다. 의자에 엉덩이를 붙이고 순전히 자신의 힘에 의해 정리하는 시간이 최상위권 학생의 성공 비법이다.

국어를 아주 잘했던 한 제자는 학교 수업에서 다룬 문학 작품과 비문학 지문 등을 수업과 참고서를 활용하여 온전한 자신만의 해석 노트를 구축했다. 거기에 확장적으로 관심 있는 다른 작품들까지 분석하여, 자신만의 스타일로 문제를 분석하고 해결하는 방식을 구축했다. 그리고는 수능이 매우 어렵던 해 당당히 만점자가 되었다.

반대로 본인이 원하는 위치에 치고 올라가지 못하는 학생과 학부모를 상담해보면 공통된 특징이 발견된다. 늘 두려움을 갖고 있다는 것이다. 그 두려움의 실체는 십중팔구 학원의 마케팅 전략에 익숙해진 결과이다. 공포 마케팅이다. 학원의 생존 전략은 원생의 확대 재생산에 있고, 그렇다면 학원 수업의 필요성을 늘 느끼게 해야 한다는 결론에 이른다. 필요성 설득에 있어 감정적인 측면과 이성적인 측면의 결합은 원하는 확대 재생산이라는 결과를 만들어 낸다. 미래에 벌어지지 않은 일에 대한 막연한 두려움을 제공하는 것이 전자요, 본원에서 제공하는 최고의 수업을 듣지 못하면 학교 성적이 곤두박질치게 된다는 가공된 데이터의 제공이 후자의 요소이다. 그리고, 많은 원생이 이곳에 함께한다는 팩트와 구름 같은 청강생을 몰고 다니는 스타강사의 연봉을 슬쩍 흘리면 마케팅의 화룡점정이 완성된다. 학원의 마케팅 전략을 비난하지 않는다. 오히려 자본주의 시장 경제와 무한 경쟁의 시스템 안에서 수익이라는 결과와 그것을 가능하게 한 생존 전략은 누구든 벤치마킹해야 한다는 실용주의적 입장을 갖고 있다. 내신 시험을 출제하는 학교 교사의 성향, 기출, 참고하는 자료 등까지 분석하는 팀을 구축하고 있는 학원의 분석력과 노력에 상응하는 결과를 받는 것은 당연한 일이고 존중해야 한다.

다만, 본인의 숙고를 통해 강의의 필요성을 인지하고 듣는 것인지 상담을 하며 꼭 확인해 본다. 강의를 듣는 시간과 자신이 정리하는 시간의 비율도 분석해준다. 그냥 정기 적금 같은 한 명의 원생 일지, 뾰족하게 송곳처럼 올라와 오롯이 자신의 힘으로 인생을 살아가는 존재로 거듭날지의 선택지를 고르는 것은 학생 각자의 몫이다. 이런 이야기를 해주는 학교 선생님이 가끔은 있어야 한다고 심념한다. 더군다나 나는 인생에서 명상의 힘과 철학적 자세의 중요성, 각기 자신의 개성이 행복한 삶을 살아가는데 얼마나 중요한지를 얘기해줘야 하는 윤리 교사다.

그리고, 공부에 있어 밸런스를 잘 구축한 학생이 세상을 바꾸는 0.01%의 인재가 되는 것과 행복한 자신의 인생을 살아가는 것은 또 별개의 문제이다. 또한, 우리가 모두 0.01% 세상을 움직이는 인재가 될 필요도 없고, 붓다, 소크라테스, 공자처럼 위대한 성인(聖人)의 삶을 꼭 지향해야 할 것도 아니다.

다만, 한 번뿐인 나의 인생을 온전히 내 것으로 사랑하며 멋있게 살아가기 위해 반드시 필요한 시간은 자신만의 동굴 안에서 명상하고 스스로와 대화하는 시간[洞察]인 것은 분명하다.

붓다는 바로 자신 안에 자아와 끊임없는 대화를 하며 진리에 다가섰다. 불교에서는 우리와 같은 중생도 모두 내 안에 부처[本佛性]가 있다고 한다. 고대 헬레니즘 시기에 스토아 철학에서도 우리 인간은 이성을 소유한 소우주적 존재로 내 안에 합리적 세계가 자리 잡고 있다고 이야기했다. 우리 인간이 마음의 평화를 얻지 못하는 이유는 모두 외물에 대한 욕망에서 기인한다고 모든 철학은 입을 모아 이야기한다. 의외로 간단한 해결 방안까지 이구동성이다. 바로 외부에 휘둘리지 말고 내 안에 있는 것에 집중하라는 것이다.

붓다(Buddha)를 우리는 부처로 부르게 되었다. 또한 부처는 깨달음을 얻어 사람들에게 가르침을 주는 사람이라는 뜻으로 사용되기도 한다. 한편, 불교에서 자주 사용하는 보살이라는 표현은 보리(깨달음), 살타(중생)의 줄임말이다. 보리살타는 산스크리트어 BodhiSattva의 음역이다. 부처가 될 수 있음에도 부처가 되기를 미루면서 세상의 어리석은 사람들을 구하기 위해 애쓰는 사람을 지칭한다.

우리 역사상 최초의 힙한 랩퍼이자 스우파 못지않은 제스처의 소유자였던 신라의 원효대사는 불교의 대중화에 앞섰다. 무애(無碍)라는 춤을 추면서 '나무아미타불 관세음보살'을 외우면 누구나 극락정토로 갈 수 있다고 설파했다. '아미타불과 관세음보살에게 의지한다.'라는 뜻이다. 아미타불은 깨달음을 얻기 힘든 사람들을 위해, 우주의 서쪽에 '정토'라는 깨끗한 세상을 만든 부처여서, 누구나 아미타불의 이름을 계속 외우면 죽어서 정토에 갈 수 있다는 의미이다. 관세음보살은 어려움에 처했을 때 이름을 부르면 어디라도 나타나서 도와준다는 보살이다.

붓다는 우리가 살고 있는 세계와 우리 삶에 대한 큰 깨달음[大覺]을 '인연(因緣)'이라는 단어로 설명했다. 그러니, 우리가 자주 사용하고, 즐겨 부르는 노래 제목과 가사에도 가득 담겨 있는 '인연'이라는 표현은 깨달음의 끝판왕인 것이다.

'인연'을 제대로만 이해시키면, 착한 사람으로 가득 찬 세상을 만들 수 있다. 각자가 자기 삶을 사랑하고 만족하면서 행복한 삶을 살아가는 사람들로 가득 찬 세상을 만들 수도 있다. 또, 사람 살기 좋은 세상은 우리 모두의 아름다운 연대를 통해 가능하다는 사실도 알게 된다. 그래서, 이 세계에서 '나 혼자 산다.'는 불가능한 일이며, '나와는 상관없는 일이야.'라는 표현과 태도도 잘못된 것임을 알게 된다. 그러니 '인연'은 가장 큰 깨달음이다.

'**인연생기(因緣生起, Pratītyasamutpāda)**'는 이 세상에 존재하

는 모든 것이 필연적인 인과관계로 연결되어 있다는 논리이다.

인연의 논리는 인연생기에서 온 것인데, 붓다가 얻은 첫 번째 깨달음으로 이 세상의 존재와 구성, 움직임의 원리에 관한 것이다. 'Pratītyasamutpāda'라는 고대 인도어를 우리는 중국을 통해 받아들이면서 뜻이 통하게 음역을 해서 '인연생기(因緣生起)'라 했다. 그것을 줄여서 인연설 혹은 연기설이라 한다. 불교에서는 이 세상 모든 존재 원리를 '인연생기(因緣生起)'로 설명한다. 이 세상에 존재하는 모든 것이 필연적인 인과관계로 연결되어 있다는 것이다. 따라서, 모든 현상은 독립·자존적인 것은 하나도 없고, 모든 조건·원인이 없으면 결과도 없다는 논리가 된다. 인연생기의 논리대로 우리의 존재를 해석하면 내가 지금 여기 존재하고 있는 이유도 무수히 많은 원인이 서로 얽히고설킨 결과로 나타난 것이다. 내가 지금 떠먹는 밥 한술에 얼마나 많은 사람이 연관되어 있을까? 올해로 96세이지만 여전히 건강한 베트남의 승려 틱낫한 스님은 밥 한술에 온 우주가 들어 있다고 한다. (글 작성 후인 2022.01.21. 향년 96세로 열반. 평생 세계인의 행복과 평화, 교육, 정의를 위해 보여주신 신념, 용기와 정신에 찬양을 보냅니다.)

온갖 노력으로 쌀 한 톨을 길러낸 농부, 벼에 주는 퇴비를 만든 사람, 쌀을 운반한 운전사, 밥을 먹을 수 있게 지어준 사람과 그들의 가족 등과 연결된 모든 사람을 연결 지어 생각하다 보면 온 우주가 담겨 있다는 말이 과언이 아님을 알게 된다. 오늘 나의 숟가락에 놓인 밥 한술은 온 우주와 수많은 사람의 노력으로 주어진 것이다. 감사와 고마움은 자동의 감정일 것이다.

"우리 삶은 우리만의 것이 아니다. 자궁에서 무덤까지 타인들과 묶여있고 과거를 지나 현재를 살며 우리가 저지른 악행과 우리가 베푸는 선행이 우리의 미래를 탄생시킨다." - 영화 Cloud Atlas에서 Sonmi-451의 대사 -

이선희 씨의 노래 '그중에 그대를 만나.'라는 노래 가사에는 '별처럼 수많은 사람들 그중에 그대를 만나'라는 가사가 나온다. 불교의 논리대로 우리가 현재 만나 있는 사람은 소중한 인연이다. 이 노래를 좋아하던 나는 노래방에서 노래를 부르다 배경에 깔린 뮤직비디오를 보고 나도 모르게 눈물이 또르르 했던 기억이 난다.

어느 겨울 속초에 여행을 가서 아내와 인생과 부부의 연에 관한 얘기도 하고 곁들여 술도 한잔하다가 노래를 부르러 갔었다. 노래방 화면 속 '그중에 그대를 만나.' 뮤직비디오에는 네 커플이 나온다. 그중 노부부가 나온다. 늘 남편을 구박하며 밥 물 높이 맞추는 법, 빨래하는 법 등을 알려준다. 뒤이어 나온 장면에서 가슴이 먹먹해졌다. 부인의 영정 사진 앞에 허탈한 표정의 할아버지. 할머니의 행동들은 남겨질 남편 삶에 대한 배려였구나. 이내 우리 부부의 노년을 상상했던 것 같다.

현생의 삶에서 별처럼 무수히 많은 사람들이 우리 곁을 스쳐 지나간다. 그중에 내가 만나 소중히 함께 삶을 뚜벅뚜벅 살아가는 그 사람은 소중한 인연으로 연결되어 운명처럼 서로를 끌어당겨서 만나게 된 결과이다.

불교 인연설의 논리를 적용하자면 전생의 수백만 번의 소중한 인연의 결과로 현재적 만남이 정해진다. 나와 나를 둘러싼 소중한 현재적 인연은 전생에 부모와 자식, 사랑하는 연인, 주인과 애완견 등 소중한 인연이 쌓여 현재의 만남이 이루어진 것이다. 로또 당첨 확률보다 어려운 확률이 지금 내 옆에 있는 바로 그 사람이다.

너무나도 사랑했던 영화 '번지점프를 한다.'에서도 국어 선생님이자 담임으로 아이들을 처음 만난 인우는 아이들에게 밀씨와 우주를 통해 인연을 운명으로 설명한다. 그리고 늘 아이들을 믿어주는 멋있는 선생님이 되어준다. 아이들과의 인연을 소중히 여기고 늘 학생 편이 되어주고 믿어주는 교사. 인우는 교생실습을 하던 그때의 나에게 멋진 교사상이었다. 그리고 영화에서 인수와 태희가 소나무 해변 석양에서 왈츠를 추는 장면에 흘러나오던 쇼스타코비치의 봄의 소리 왈츠는 기꺼이 도토리 다섯 알로 사서 내 미니홈피를 꾸몄던 BGM이었다. 영화 '번지점프를 하다.'는 만남, 헤어짐, 환생, 인연을 다루는 완벽한 불교 영화다.

그런 소중한 인연의 관점으로 지금 옆에 있는 사람을 지긋이 바라보라. 그러면 더 잘해주질 못해 안타까운 오묘한 눈빛이 나올 것이다. 그 눈빛이 바로 자애롭고 사랑스러우며, 슬프도록 아름다운 눈빛, 바로 자비(慈悲)이다. 그러니, 자비(慈悲)로운 눈빛은 이 인연의 끈을 제대로 이해하기만 하면 저절로 나오는 것이다.

영화 '신과 함께' 2편의 부제는 '인과 연'이었다. 주인공들의 전생과 현생을 오가면서 연결된 인연과 업보[業]에 관해 설명한다. 업보는 고대 인도어 카르마(Karma)의 번역어로서 행위를 의미한다. 행위는 몸[身], 입[口], 생각[意]으로 이루어지고 이를 삼업(三業)이라고 한다. 쉽게 말하면 우리가 지금 하는 생각과 말과 행위는 모두 세상에 저축되고 있으며, 계산된 플러스와 마이너스는 다음 삶을 결정한다는 것이다. 지금의 업보로 6단계인 천상, 인간, 아수라, 축생, 아귀, 지옥의 레벨을 결정하게 된다. 이 글을 함께하고 있는 현생의 우리 인간은 전생의 업보로 레벨 2를 받게 되었다. 나름 전생에 덕을 쌓은 것일게다.

남의 몸과 마음에 상처를 주고도 아무도 모르는 '완전 악행'이라고 착각하겠지만, 불교에서는 결코 숨을 곳이 없다고 말한다.

현재의 나의 말과 행위는 모두 이 현세라는 은행에 저축되고 있다. 악행이 쌓여 파산하지 않게 조심해야 한다.

현재적 삶에서 착하게 살아야 한다. 그렇지 않으면 지옥에 갈 것이다. 그것도 지옥 중에 가장 무서운 무간지옥에 떨어질 것이다. 영화 '신과 함께'에 나오는 장면들은 모두 불교의 세계관을 바탕으로 만들어졌다. 거기에는 무시무시한 지옥이 그려져 있다. 현재의 나의 말과 행위는 모두 이 현세라는 은행에 저축되고 있다. 악행이 쌓여 파산하지 않게 조심해야 한다. 현재 많은 물질을 갖고, 기득권의 위치에서 모든 것을 누리고 있어도 그것이 악행을 통해 이룩된 것이라면 반드시 인과응보로 상응하는 결과를 받아 들게 된다. 단지 시간 차이만 있을 뿐이다.
내가 하는 말과 행위와 생각은 '부메랑' 같아서 반드시 돌려받는다. 내가 요즘 고통을 받고 힘들어하고 있다면, 혹시 내가 누군가에서 언젠가 미움 가득한 생각과 말과 행위의 악을 저지른 것이 아닌지 점검해봐야 한다. 요즘 해안도로를 걸으며 늘 함께하는 Zion T, 원슈타인, sokodomo의 '회전목마'라는 노래는 우리네 인생이 결국 돌고 돈다는 윤회(輪廻, Samsara)와 나의 업보는 돌고 돌아 나에게 돌아온다는 의미를 담고 있다.

특히, 요즘 '말'과 '글'에 대한 고민이 많다. 말을 너무 쉽게 얘기해 버리거나, SNS 등에 남에게 상처가 될 수 있는 글을 써버리고 그로 인해 많은 후회를 하는 사람들을 보면 아쉽다. 장 폴 사르트르는 말은 그 사람 과거의 총화라 했다. 글 또한 기록되어 그 당시 그 사람 전체를 대변한다. 말과 글은 곧 그 사람이다.

말과 글이 성장해야 그 사람도 성장한다.

끊임없이 자기 말과 글을 돌아보고, 성찰하며 말 공부와 글공부를 해야 한다.

자기 말과 글로 누군가에게 상처를 주는 것은 반드시 업보로 남게 되며 이제는 업보가 아니라 폭력의 문제로 법적 다툼의 씨앗이 되니, 나의 말과 글에 신중하고 품위가 있어야 한다.

미드 '굿 플레이스'에 나오는 것처럼 천상계로 갈지 아니면, 지옥에 떨어질지는 현재 나의 행위가 결정한다. 드라마 '지옥'에 나오는 것처럼 지옥의 사자가 신의 뜻을 보이기 위해 현재 삶에 등장해서 나를 처단하는 것이 아니라, 현생의 삶이 끝나는 지점에서 천국과 지옥행이 결정된다. 사실 불교의 논리를 여러 해 곱씹어 본 결과 간단하고도 참 무섭다고 생각하게 되었다.

가끔 인간관계에서 자행되는 각종 폭력에 힘들어하는 학생들을 상담할 때 불교 얘기를 해준다. 나를 미워하고, 뒷담화하고 괴롭히는 나쁜 아이들은 지금 편해 보이고 잘 살고 있어 보이지만 결코 그렇지 않다고 말해준다. 저축된 자신의 업보는 분명한 결과를 만들어 준다고. 숨을 곳은 없다고. 그러니 친구, 관계, 인간들에 대해 지나치게 실망하거나 노여워하지 말고, 나쁜 애들은 분명히 지옥에 간다고 생각하라고 한다. 그러고 나면 그 아이가 오히려 불쌍해 보이기까지 할 것이고, 그렇다면 마음이 한결 편해질 것이라고 말해 준다. 마음이 편해져 여래의 미소 같은 얼굴로 살아가다 보면 더 많은 좋은 사람이 주변에 모이게 되고, 더욱 행복한 삶을 살게 된다.

지금 내가 마음속으로 미워하고 증오하는 대상이 있는가? 그러면 그 대상은 반드시 잘된다. 그러니 누구를 미워하는 내 감정은 비효용적인 허비일 뿐이다.

요즘 내가 크게 깨달은 진리가 한 가지 있다. 지금 내가 마음속으로 미워하고 증오하는 대상이 있는가? 그 사람이 힘들어지고 망했으면 좋겠다고, 늘 기도하고 기원하는가? 그런데 정말 신기하게 미워하고 싫어하는 사람이 내가 그런 마음을 품기 시작하면서부터 잘되기 시작하고, 결국 나를 지배하는 위치까지 가게 된다. '내가 미워하는 사람은 반드시 잘된다.' 나의 미움의 에너지가 그 사람에게 힘의 원천이 된다고 생각하라. 그러면 절대 미워할 필요가 없다. 내 주변에 너무 꼴 보기 싫은 사람을 절대 미워하면 안 된다. 그 사람이 더 잘되기 때문이다. 이렇게 생각하면 미움과 질투는 가장 쓸모없고 비효용적인 감정이니, 그런 감정으로 나의 소중한 마음 씀을 허비할 시간에 나에게 집중하고, 나를 아끼며, 나를 사랑하는 자존감 신장 프로젝트를 진행하는 것이 좋다. 이렇게 나에게 집중하고 남에 대한 미움을 덜어내면 온화한 미소로 세상을 살아가게 되고, 그런 선행의 업보는 굿 플레이스로 나를 인도하게 된다.

이렇게 창시된 불교사상은 세 가지 의미에서 혁신의 사상이었다. 첫째는 왕의 아들로 태어난 삶에 안주하지 않고 스스로 민중에 대한 사랑을 기반으로 세상에 나아갔다는 점에서, 두 번째는 신 중심의 당시 고대 인도 종교관에서 인간 중심의 인본주의적 종교관으로의 변화라는 점, 마지막으로 브라만 전통의 수직적 신분 구조에서 누구나 평등하다는 평등주의로의 변화가 혁신의 핵심이다.

그 당시 인도에서 나타난 혁신의 사상이었던 불교는 우리 마음에 혁신을 만들어 주기에 충분하다. 내 삶의 혁신과 혁명은 바로 내가 하는 것이다. 그 혁신은 어떻게 마음을 먹느냐에 달려 있다. 호랑이도 못한 위대한 일을 곰이 해냈다. 바로 사람이 된 것이다. 곰이 어떻게 사람이 되었는가? 마늘과 쑥. 아니다. '큰 맘' 먹고 사람이 된 것이다. 자. 이제 내 삶을 사랑하고, 멋있게 살기 위해 큰 맘 한번 먹어보자. 그리고 '온 맘'을 다해 끝까지 해보자. 진정한 삶의 혁신을 일으켜주는 큰맘과 온맘에 불교의 인연과 업에 대한 이해는 큰 도움을 줄 것이다.

나를 깨우는 핵심 사상 요약

- 제95회 미국 아카데미 시상식에서 7개 부문을 석권한 영화 '에브리씽 에브리웨어 올 앳 원스(Everything Everywhere All AT Once, 2023)'의 영화적 세계관은 '만물이 모두 연결되어 있다'라는 화엄경의 '인드라망'으로 해석할 수 있다. '모든 것이 마음'이라는 불교의 유식론이나 장자의 호접지몽으로 해석할 수도 있다. 디팩 초프라와 미나스 카파토스가 공동으로 집필한 저서 『당신이 우주다』에 등장하는 '참여하는 우주(participating universe)'의 개념으로 영화의 주제 의식을 이해할 수도 있다. 결론적으로 지금 여기 우리는 무수히 많은 조건과 원인의 결과로 서로 연결되어 존재한다는 것이다. 눈에 보이지 않는 이 끈은 우주에 존재하는 모든 것에 적용되는 원리이니, 그렇다면 '나와 상관없는 일'은 우주에 존재하지 않는다. 그러니, 눈을 들어 주변을 보라. 소중한 인연이다. 하나하나 온 맘으로 사랑하다 우주의 먼지로 사라지기에도 아까운 시간이 흐르고 있다. 그리고, 결과적으로 내가 하는 모든 일은 누가 보든 안 보든 이 세계에 저축되고 있다. 몸과 마음, 그리고 윤리적으로 건강한 삶을 살자. 그 인간다운 삶이 행복이다.

- 다케우치 가오루의 저서 『천재의 시간』에서는 인류사에 등장한 천재 '거인'들을 탄생시킨 빅뱅의 순간을 소개한다. 아이작 뉴턴, 앨버트 아인슈타인, 스티븐 호킹, 찰스 다윈에서 엠마누엘 칸트, 루트비히 비트겐슈타인, 카를 구스타프 융에 이르기까지 천재들의 탄생에 있어 공통적인 '이 시간'을 소개한다. 이 시간을 작가는 '침묵의 시간'이라고 표현한다. 석가모니, 공자, 소크라테스 같은 인류의 성인(聖人)도 마찬가지였다. 명상의 시간을 통해 초월적 존재가 되었다. 니체가 표현한 초인은 특별한 능력을 지닌 사람을 의미하지 않는다. 일상에서 스스로를 극복하며 현재적 삶을 살아내고 있는 '애쓰는 모든 존재'가 초인이다. 그런데, 보통 사람의 상태를 뛰어넘어 초인의 단계로 들어가는 가장 중요한 관문은 온전한 명상과 침묵의 시간을 충실히 보냈는가에 달렸다. 명상과 산책 등 침묵의 시간을 통해 '내면의 나'와 대화하는 것이 중요하다.

[인생 문장 필사 코너]
책을 읽으며 느낀 상념을 자유롭게 적어보세요.

나를
깨우는
인문학
수업

Kang Jeung San

강증산

(1871 ~ 1909)

16

인생은 '논 제로섬 게임'

해원상생(解冤相生) 한을 풀고 서로의 삶을 독려하는 '논 제로섬 게임'

오늘도 애월의 날씨와 바람이 참 좋다. 제주를 상징하는 것이 한라산, 오름, 돌하르방, 해녀라고 하는 데 오늘처럼 날씨가 좋은 날은 제주의 상징 모두가 한눈에 들어온다. 저 멀리 한라산도 명확히 눈에 들어온다. 프랑스의 화가 폴 세잔은 생트 빅투아르 산의 다양한 모습을 지속해서 그렸다. 프랑스의 엑상 프로방스를 여행할 때 폴 세잔과 에밀 졸라의 부르봉 중학교 시절 얘기를 들은 적이 있었다. 그들의 우정과 갈등 그리고 세잔의 사과 정물 그림과 생트 빅투아르 산 그림을 많이 그리게 된 사연. 거기에 에밀 졸라의 '나는 고발한다'라는 글의 사연까지. 흥미로웠다. 날씨 좋은 오늘 제주의 한라산을 보고 있으니, 세잔의 그림과 일화가 떠올랐다. 인간을 심미적 존재로 이해한다면 본인이 정말 좋아하고 아름답다고 느끼는 대상을 그리고 싶은 욕구는 당연한 일일 것이다. 제주 서귀포 앞 범섬을 유화로 그린 적이 있었는데 이런 날은 한라산을 그리고 싶어진다.

범섬 by Song.Ki.Taek. 유화. (2015.6.19.)

한라산의 시시각각 변하는 다양한 모습을 보면 세잔이 아니라 그 어떤 화가도 그림을 그리고 싶어질 것이다. 경이로운 한라산에서 조금만 눈을 내려보면 오름이 뚜렷이 보인다. 라파누이 석상보다 훨씬 귀여운 돌하르방은 곳곳에서 웃는 모습으로 사람들을 반긴다. 가끔 마스크를 착용한 돌하르방은 지금이 코로나 시절을 관통하고 있다는 사실을 상기시켜준다. 파도가 잔잔하고 날씨가 좋은 이런 날은 해녀의 모습도 보인다. 제주 태초의 생명력과 역사와 상징이기도 한 해녀의 숨비소리가 저 멀리 들릴 때는 경이로운 감정마저 들게 한다. 날이 좋아 제주의 상징이 다 눈에 들어오는 오늘이 축복 같다.

오늘은 비가 온 뒤 맑은 날이어서 저 멀리 수평선에 섬도 보였다. 어린 왕자에 나온 코끼리를 삼킨 보아 구렁이처럼 생긴 섬이 몹시 궁금했다. 찾아보니 '관탈도(冠脫島)'라는 섬이었다. 애월에서 배로 40분 정도를 가면 만날 수 있고, 제주항에서 27.5km 떨어져 있는 섬이다. 예전에 제주로 유배를 오던 관리들이 이 섬을 지날 때쯤 유배를 실감하면서 머리에 쓴 관을 벗고 임금님에게 절을 했다고 한다. 그래서 붙여진 이름이 관탈(冠脫)이라니 어째 조금 서글픈 감정이 이입되었다. 지금은 추자도와 함께 최고의 낚시 포인트이다. 하루는 해안로를 걷다가 숙소 앞 낚시 가게 주인이 시끌벅적하게 흥정하는 장면을 우연히 보았다. 그 상대가 대학생 정도로 보이는 남성들이었다. 요즘 낚시를 즐기는 층이 넓어졌다는 것을 알 수 있었다.

그리고 내가 너무나 사랑하는 이런 애월의 모든 곳을 내 기억 속에 새겨 넣고, 그 기억을 천천히 하나하나 꺼내어 그림으로 옮기고 싶다고 생각했다. 애월의 달은 초저녁만 돼도 휘영청 밝아서 날씨가 좋은 날은 유난히 큰 달을 볼 수 있다.

애월은 물가 애(涯)에 달 월(月) 자를 쓴다. 달이 참으로 예쁜 바닷가다.

해안로를 한참 걷던 나는 작은 전망대에서 연신 무언가를 사진에 담는 관광객들을 보고 무엇을 찍고 있나 뒤를 돌아봤다. 깜짝 놀랐다. 서울에서 보던 달과 차원이 다른 밝고, 크고, 유난히 노란 달이었다. 그리고는 이내 생각했다. 애월의 달이 이렇게나 예쁘니 애월의 '월'은 '月'이 아닐까? 그 자리에서 핸드폰으로 검색해 본다. 정확했다. 애월은 물가 애(涯)에 달 월(月)

자를 쓴다. 달이 참으로 예쁜 바닷가를 의미한다. 이름도, 모습도, 그 향기와 소리마저 참 예쁜 곳이다.

매일 같이 내가 걷던 애월의 구엄리, 신엄리는 바위를 의미하는 '암(巖)'자를 제주식으로 사용한 것에서 유래했다. 화산 폭발로 용암이 흐르면서 바다와 만나 냉각되는 과정에서 이루어진 주상절리, 평활한 현무암이 발달한 곳이다. 그래서 구엄부터 중엄을 지나 신엄으로 가는 해안로는 내가 이름 붙인 다이노서 바위, 닌자 거북 바위, 암사자 바위, 코끼리 바위, 알파카 바위 등 멋진 바위가 곳곳에 있다. 언제 와도 늘 그곳에서 변함없이 있어 주는 것이 정겹다. 현무암 표면에 흙으로 낮은 경계를 만들고 해수를 가두어 소금을 만드는 돌 염전이 곳곳에 있다. 이제는 관광객들의 다양한 촬영 포즈가 터지는 장소로 사용되고 있다. 중간에 '세미'라는 곳도 보인다. 과거에 식수원으로 쓰이던 곳인데, '세미'는 '샘 천(泉)'에서 유래했으며, '물이 땅에서 솟아 나오는 자리(용천수)'를 뜻하는 제주어 새물과도 함께 사용한다. 그리고, 이곳에 빼놓을 수 없는 것이 있으니 바로 유난히 붉은 '노을'이다. 이곳의 노을은 예술 그 자체이다. 마치 화산 폭발과 같은 강렬한 배경으로 유명한 에드바르트 뭉크의 '절규'만큼 붉디붉은 노을이 매일 이어진다. 바다, 바위와 함께 어우러진 노을은 과연 이곳을 노을 맛집 '노을리'로 부를 만하다.

이런 좋은 날씨에는 역시 해안로를 걸어줘야 한다. 매일 걷는 길의 풍경이지만 애월의 바다는 늘 아름다운 자연을 볼 때 일어나는 작은 인간의 경외심 같은 것을 들게 한다. 매일 신엄 쪽으로 걷다 보면 특이한 추모비 하나를 발견하게 된다. 추모비라고 하기보다는 조금 큰 바위에 사랑 이야기를 적어 놓은 것이라 볼 수 있다. 그 옆에는 커다란 사랑의 종탑도 설치되어 있다. 늘 그곳을 스쳐 지나가던 어느 날 주변에 비석 앞에 사람들이 먹던 아이스크림 포장지며, 음료수 캔 등이 너무 지저분했다. 그냥 두고 볼 수가 없어 좀 치우려고 갔다가 비석의 글이 눈에 들어왔다.

꼼꼼하게 읽어보았다. '의녀 홍윤애의 사랑 이야기'라는 제목의 비석이었다. 읽을 때는 큰 감흥이 없었고, 참 특이하면서도 절절한 사랑 이야기구나 했다. 숙소에 들어와 곰곰이 곱씹어 숙고해보니 깊은 생각들이 꼬리의 꼬리를 물었다.

[의녀 홍윤애의 사랑 이야기(?-1781)] -추모비

의녀 홍윤애는 목숨을 던져 사랑하는 사람을 살린 정의로운 제주 여인이다.

그녀의 연인은 정조 시해 음모에 연루돼 1777년(정조 1) 제주에 귀양 온 청년 선비 조정철(1751-1831)이었다.

행복도 잠시, 조정철 집안과 원수인 제주 목사가 부임하면서 산산이 부서졌다.

제주 목사 김시구는 조정철을 죽일 수 있는 죄목을 캐기 위해 그를 뒷바라지하는 홍윤애를 잡아들였다. 혹독한 고문과 몽둥이질을 받아 죽어가면서도 홍윤애는 조정철에게 불리한 거짓 자백을 단호히 거부했다.
그녀의 죽음은 당시 조정을 발칵 뒤집었고 암행어사가 파견돼 진상 조사 후 조정철은 죄 없음이 드러나 목숨을 건졌다.
그로부터 30년이 지난 순조 11년(1811), 제주 목사로 자원하여 부임한 조정철은 홍윤애의 무덤을 찾아 추모 시가 적힌 비석을 세워 통곡하며 그녀를 의녀라 일컬었다.
홍윤애의 목숨을 건 사랑은 소설이 아닌 실화로 '춘향전'이나 '로미오와 줄리엣'보다 드라마틱하다.

제주도가 유배지여서 가능했던 실화의 주인공
홍윤애의 묘는 현재 애월읍 유수암리에 있으며
애절한 사랑 이야기를 널리 전하고 넋을 기리기 위해
애월읍과 제6기 주민자치위원회에서 여기에 사랑의 종탑을 세운다.

더 많은 자료를 찾아봤다.

홍윤애에게 향했던 김시구의 문초가 얼마나 잔혹했는지 기록이 이어졌다. 김시구의 음모를 갈파한 홍윤애는 고문과 회유에 휘말리지 않는다. 자백을 받아내기 위한 고문은 한층 더 극한으로 치달았다. 살이 찢어지고 흩어지는 곤장 70대도 견디며 자백을 거부한다. 그녀는 조정철을 구하는 길은 자신이 죽는 것밖에 없음을 알았다. 갓 태어난 딸을 언니에게 맡겨 피신시키고, 홍윤애는 목을 매어 자결한다. 그녀의 나이 고작 20세였다. 김시구는 이를 은폐하고자 조정철이 역모를 꾸몄다는 거짓 장계를 올린다. 그러나 사건의 내막은 곧 밝혀지고 큰 파문으로 번진다. 제주 목사 김시구는 파직되어 의금부 압송된다. 부임 4개월 만이었다. 제주 판관과 대정현 감도 벼슬이 갈렸다. 이 사건과 직접 관련이 없었던 정의 현감까지 갈아치운다. 정조는 제주 감사를 잘못 추천한 죄를 물어 이조참판 김하재도 파직시킨다.

그리고 사태를 수습하고 민심 동요를 달래기 위해 순무 어사를 파견한다. 모진 고문이 동반된 진상 조사 결과 조정철은 무혐의가 밝혀졌으나 정의현으로 이배(移配)된다. 1805년(순조 5년) 4월 마침내 유배가 해제된다. 그의 나이 55세였다. 27세부터 28년간 계속된 길고 긴 귀양 생활이었다. 그리고 1805년 8월 관직에 복귀한다. 그는 1811년(순조 11년) 제주 목사를 자원한다. 그의 나이 환갑이었고, 홍윤애가 죽은 지는 31년 만이었다. 그는 제주에 도착하자마자 그리던 딸과 상봉하고, 그 길로 홍윤애의 무덤을 찾아 정비한다. 그리고 그녀의 죽은 경위와 함께 추모 시를 묘비에 남긴다.

瘞玉埋香奄幾年(예옥매향엄기년)
옥같이 그윽한 향기 묻힌 지 몇 해던가
誰將爾怨訴蒼旻(수장이원소창민)
누가 그대의 원한을 하늘에 호소하랴
黃泉路邃歸何賴(황천로수귀하뢰)
황천길 아득한데 누굴 의지해 돌아갔을꼬

碧血藏深死亦綠(벽혈장심사역록)
짙은 피 깊이 간직한 죽음 인연으로 남았네
千古芳名蘅杜烈(천고방명형두열)
천고에 높은 이름 열 문에 빛나리니
一門雙節弟兄賢(일문쌍절제형현)
한 집안 높은 절개 두 어진 자매였네
烏頭雙闕今難作(오두쌍궐금난작)
아름다운 두 떨기 꽃 글로 짓기 어려운데
靑草應生馬鬣前(청초응생마렵전)
푸른 풀만 무덤 앞에 우거져 있구나.

그의 유배 생활을 기록한 문집 '정헌영해처감록(靜軒瀛海處坎錄)'에는 1781년 홍윤애의 상여가 나가던 날의 참담한 심정을 적은 시도 전해진다고 한다.

橘柚城南三尺墳(귤유성남삼척분)
귤나무 우거진 성 남쪽 작은 무덤
芳魂千載至冤存(방혼천재지원존)
젊은 혼 천년토록 원한 남으리
椒漿桂酒誰能奠(초장계주수능존)
초장과 계주는 누가 올려줄까
一曲悲歌自淚痕(일곡비가자루흔)
한 곡조 슬픈 노래에 눈물 절로 흐르네

어떤 사람은 홍윤애와 조정철의 이야기를 그들의 드라마틱한

'사랑' 이야기에 초점을 맞춰, 그 플롯(Plot)이 제주판 춘향전과 닮았다고 분석한다. 그러나, 며칠 동안 홍윤애와 조정철의 이야기를 곰곰이 고민해본 결과 단순한 러브 스토리가 아니라 그 이야기 안에는 제주의 정서를 이해할 수 있는 본질이 담겨 있다는 결론을 얻었다. 한 여인이 아니라 '의녀' 홍윤애라고 표현한 것이 핵심이며, 사랑 이야기라고 써 놓았지만, 제주의 정신을 투영하는 스토리를 통해 지역의 정서를 대변하고 있다고 생각을 정리하게 되었다.

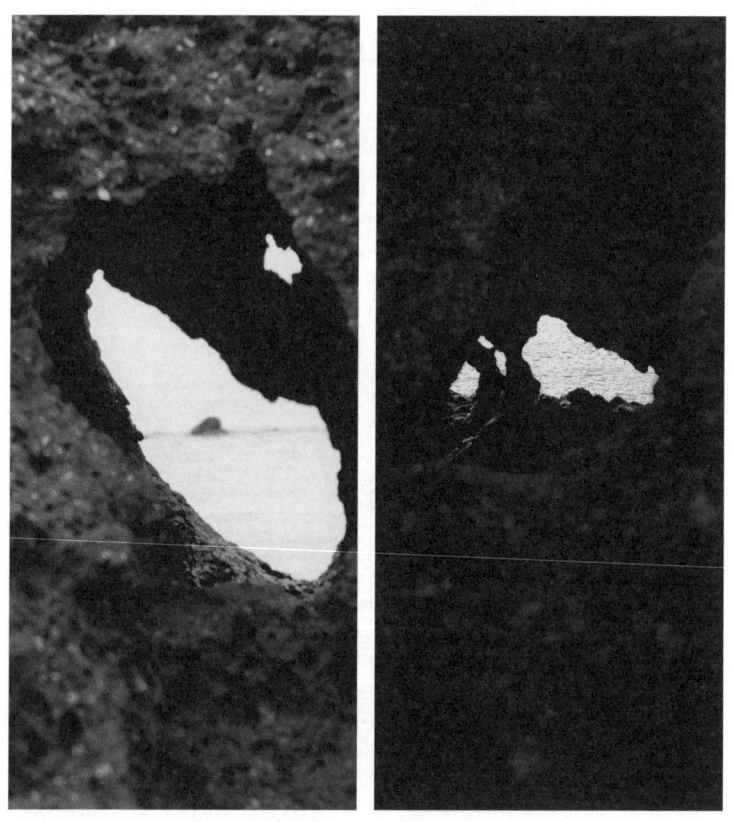

자료를 깊이 연구해보면 볼수록 생각보다 큰 역사적 사건으로 파악되었다. 내가 주목한 것은 이 사건을 중심에서 파악되는 기득권과 약자, 지배 세력과 피지배층, 뭍과 섬, 남성과 여성의 구분이었다. 겉으로 드러난 현상의 이면에 작동 원리와 개념을 나누어 접근하고 분석해보려는 시도였다. 이것은 요즘 정치권에서 사용하는 갈라치기나, 진영 논리, 젠더 갈등 같은 것이 절대 아니다.

이 사건을 중심으로 제주와 애월의 역사, 도민들의 정서, 즉, '제주의 속살'을 이해하기 위한 작업의 착수 과정 같은 것이다. 문화 인류학적 접근과 정확한 역사적 분석을 기반으로 해야 그 속살을 정확히 이해할 수 있다. 뭍사람들은 제주를 관광의 이미지, 밝은 여행의 이미지, 소비의 공간 정도로 보지만, 애월과 이미 동화된 나는 겉으로 보이는 이미지 이면의 본질을 들여다보고 싶었다. 그것이 공정 여행, 정의로운 소비, 인권적이며 윤리적인 접근이라고 생각했다.

먼저 분석의 중심에 두어야 하는 것이 '왜 의녀 홍윤애인가?' 이다.

보통 남자의 절개와 의리를 강조하던 성리학의 나라 조선시대에 여자인 의녀 홍윤애 이야기와 제주의 정서상의 연관성을 파악해야 한다. 제주는 섬이라는 지역적 특징을 갖고 있다. 예전부터 바닷일을 하던 남성들의 사고가 잦았다. 남겨진 여성들은 억척같이 물질, 밭농사 등을 해가며 생계를 유지해야 했다. 물론 모든 섬의 문화적 특징이 같지는 않지만, '억척 제주 해녀'가 상징으로 자리 잡은 것은 다수가 동의한다. 제주의 생명력과 같았던 여성 중심의 정서가 절개의 대상을 선비보다 '의녀'로 내세운 자연스러운 과정으로 나타나게 되었다. 역사적으로 여성이 전면에 등장한 대표적 사례는 공교롭게도 1, 2차 세계대전 직후였다. 전쟁으로 인해 발생한 남성 노동 중심의 경제적 공백을 메우기 위해 대거 여성의 사회 진출이 이루어졌다. 그로 인해 여성의 인권과 참여, 여성 중심의 문화 등도 신장될 수 있었다. 의녀 홍윤애의 스토리를 그 시대의 아이콘처럼 전면에 내세운 의도는 분명 제주의 여성 중심의 정서가 반영된 것이다.

제주의 생명력과 같았던 여성 중심의 정서를 통해 절개의 대상을 선비보다 '의녀'로 내세우게 되었다.

추모비는 단순한 비석이 아니다. 스토리텔링을 통해 그 지역의 정신과 정서를 주입하는 의도가 발현된 것으로 봐야 한다. 따라서, 의녀 홍윤애는 애월을 대표하는 로컬 정신과 정서의 상징과 같다. 사람들의 마음속에 이야기로 구전되고, 자부심으로 작용하기 마련이다.

안동을 정신문화의 수도라고 하는데 도산서원, 병산서원, 고산서원 등을 중심으로 퇴계 등 유명한 유학자들의 정신을 계승하게 된다. 한반도에서 지역으로 구분하면 북쪽은 광개토대왕을 민족주의적 모델형으로 제시한 반면, 남쪽은 이순신을 민족 정서 융합의 구심점으로 삼아 왔다. 당연히 이런 인물 중심의 비석과 상징물이 지역을 대표하고 설치되어 정신으로 구전된다. 어린 시절 기억에 남는 제주 배경의 드라마가 있었다. 드라마 '탐나는 도다'의 주인공은 역시 억척 해녀 여성이었다. '이어도 사나'라는 배경음악이 워낙 활기차고, 신나서 수업 중에도 자주 사용했었다. 특히, 힘차게 토론을 시작할 때 배경음악으로 딱 맞았는데, 계속 들으면 들을수록 아름다운 드라마의 장면들이 오버랩되면서 그 안에 담겨 있는 섬의 정서가 느껴졌다.

여기서 이어도는 이중적인 의미가 있다. 제주도 해녀들에게 이어도는 해녀로서 모든 것을 내려놓을 수 있는 낙원과 같은 의미가 있다. 그래서 배를 타서 바다로 나가면서 이 민요를 통해 해녀들의 염원을 노래했다고 할 수 있다. 또한, 이어도는 제주 사람들에게 원망의 섬이었다. 남자들이 배를 타고 나갔다가 풍랑에 휩쓸려 돌아오지 못하는 경우가 생기면 우리 서방이 이어도 가서 예쁜 여자들에게 홀려서 안 돌아오나 하는 생각을 남은 여성들은 했었다고 한다. 어린 시절 재밌게 봤던 드라마와 배경음악이 또렷이 제주의 정서로 이해가 되면서 의녀 홍윤애의 이야기와 겹쳤다.

또 하나 제주의 지역적 특징을 분석해보면 왕이 있는 한양과 경기권 중심의 중앙부에서 멀리 떨어져 있는 비주류 문화에서 찾을 수 있다. 여기서 비주류를 아류, 하위문화와 동일시하면 안 된다. 내가 주목한 제주의 비주류적 특징은 '유동성'과 '혁신'에 가깝다는 데 있다.

한양과 경기권의 기득권적 문화에서 멀고, 섬이었던 제주는 자신만의 문화를 구축했다. 일본 본토에서 꽤 떨어져 있는 오키나와의 경우도 비슷하다. 문화 전이 현상이 본토의 중심부보다 더 활발히 일어나며, 신문물 수용 속도도 빠르고, 결과적으로 독특한 지역적 문화를 구축하게 된다.

보통 자연과학의 실험을 통해 보수와 진보의 차이를 사회과학적으로 해석하는 대표적인 방법이 원숭이 집단 실험이다. 이 실험의 주인공은 늙은 수컷 원숭이와 젊은 암컷 원숭이다. 늘 고구마에 묻은 흙을 털어먹던 방식에서 사육사가 고구마를 깨끗이 물에 씻어 먹는 신기술을 보여주었다. 원숭이 집단에서 가장 먼저 신기술을 받아들인 부류는 젊은 암컷 원숭이였다. 늙은 수컷 원숭이는 가장 늦게 반응을 보였다. 집단 내부의 기득권에서 멀었던 젊은 암컷 원숭이는 외부의 신기술 유입에 진보적이고 개혁적인 자세로 혁신에 가까웠다.

제주는 중앙 정치에서 밀린 고관들의 유배지이기도 하였다. 그렇지만 제주는 유배지가 아니라 독특한 자신의 문화를 구축한 장소로 이해해야 한다. 획일화된 철학, 문화, 예술이 주도하던 근대의 모더니즘을 넘어서 포스트모더니즘의 시대는 획일성을 거부하고 비주류의 가치를 인정한다. 중심부를 벗어나 주변부의 시선에서 보면 안 보이던 것들이 보이기 시작한다. 이것이 장자의 다각주의적 접근법(Perspectivalism)이다. 고정된 하나의 시각이 아니라, 다양한 입장에서 입체적으로 접근해서 보면 더욱 완벽(per-)하게 볼 수 있게(spectrum) 된다. 제주는 기존의 기득권에 비해 혁신에 빠른 열린 공간이었으며, 거친 자연환경에 맞선 생활력 강한 여성 중심의 독특한 문화의 공간이었다.

중심부를 벗어나 주변부의 시선에서 보면 안 보이던 것들이 보이기 시작한다. 이것이 장자의 다각주의적 접근법(Perspectivalism)이다.

또 하나의 분석 대상은 이 이야기에 등장하는 선과 악의 구도이다.

뭍에서 온 정의롭지 못한 남성의 행동에 절개를 지킨 제주의 생명력은 여성인 의녀 홍윤애로 투영되었다. 뭍과 남성은 당시 조선의 기득권 문화를 상징한다. 장동건 고소영 부부가 연인으로 출연했던 영화 '연풍연가(1999년)'의 대사에는 '뭍 남자 믿지 마라.'라는 대사가 나온다. 육지의 정서와 섬의 정서적 차이가 분명 존재한다. 섬인 제주를 여성으로 설정하고 뭍을 남성으로 설정하고 보면, 영화 속 대사가 정서적으로 무엇을 대변하는지 눈치챌 수 있다. 이와 같은 심리 묘사는 대중가요 '남자는 배 여자는 항구'에서도 발견된다. 특히, 홍윤애의 이야기에서는 기득권인 남인 출신 김시구가 뭍의 상징성이다. 외지인이 제주에 들어와 토착 문화에 위해를 가한다. 이것에 제주는 온몸으로 절개를 지키고, 고통을 온몸으로 견뎌내며, 제주의 정신을 온전히 지킨다. 그래서, 애월의 상징은 의녀 홍윤애인 것이다. 결코 정의롭지 못한 것에 야합하거나, 본질을 놓치지 않고, 그 정신을 지킨 것의 중심에 제주의 정서와 문화를 투영해낸 것이다.

우리가 조금 더 괜찮은 여행자가 되기 위해서는 반드시 그 지역의 속살을 이해할 필요가 있다. 그 속살은 역사, 정서, 문화의 진솔한 교류에 있다. 제주를 여행하면서도 단순히 소비의 공간 정도로 이해하는 것을 넘어서 속살의 이해와 함께한다면 더 멋진 여행자가 될 수 있다.

여행을 좋아하고, 다양한 여행 경험이 있는 사람들이 이제는 한 지역에 오래 머물면서 그 지역의 문화와 그 속에 담긴 정서라는 속살을 이해하는 여행의 패러다임이 바뀌고 있다. 보름, 한 달 살기, 1년 살기를 시도하는 사람도 많아진다. 이런 시점에 문화를 대하는 올바른 태도에 관해 깊이 생각해본다. 문화를 제대로 이해한다는 것은 그 지역의 역사적 배경과 정서가 만들어진 이유에 대해 정확하게 분석하고, 그 분석을 바탕으로 그 이후 정서적으로 자연스럽게 동화하는 것이 올바른 태도일 것이다.

영화 '미션(The Mission, 1986)'에서 원주민 과라니족에게 성경적 세계관을 전파하기 위해 찾아온 가브리엘 신부(제레미 아이언스)는 피리를 불며 조심스럽게 접근한다. 어린 시절 봤던 영화의 이 장면은 타문화에 접근하는 좋은 방식을 보여주었다. 자신의 문화가 우월하다는 태도에서 타문화를 열등하게 보고 정복 지향적으로 접근하는 방식을 지양해야 한다.

문화는 그 지역의 역사와 정서가 오랜 기간 켜켜이 반영되어 형성된 유기체와 같은 것이다. 인류에게는 여러 이질적인 문화가 서로 공존하고 있으며, 이질성을 우열로 접근하면 안 된다. 문화는 종교와 같다. 종교는 인간의 믿음을 근간으로 만들어진 성스러운 전유물[聖]이므로 스위스의 신학자 한스 큉(Hans

Küng, 1928~2021)이 강조한 것처럼 종교 간의 우열은 존재하지 않으며, '종교 간의 평화 없이 세계의 평화가 없다.'라는 논리를 잘 이해해야 한다. 서로 다른 종교가 공존하는 것처럼 서로 다른 문화는 우열이 존재하지 않으며, 이질적인 문화를 대하는 올바른 태도는 제대로 된 분석과 이해, 그 핵심은 역사의 이해와 심리적 정서에 대한 감정적 이해에 있다.

제주 수학여행을 할 때 학생들과 꼭 찾아가는 곳이 있다.

제주 4·3 평화 공원이다.

선생님으로 학생들과 4·3 평화 공원을 가는 이유는 간단하다. 제주의 역사, 정서, 정신이 응축된 상징과 같은 곳을 방문하고, 학생들이 앞으로 더 찾아보고 깊게 이해하는 계기를 주고 싶은 의도이다. 평화 공원 내에 마련되어 있는 상영관에서 영상을 관람한다. 우리 현대사의 한 부분을 명확하게 이해하는 것이 먼저이다.

기념관에서 4·3사건을 소재로 한 현기영의 중편소설 '순이 삼촌' 한 권과 작은 캐릭터 인형도 하나 산다. 평화 공원을 꼼꼼하게 둘러본 학생들과 돌아오는 버스에서 역사적 사건과 그것을 바라보는 우리의 시선에 관해 이야기 나눈다. 무거운 주제일 수 있으므로, 간단한 퀴즈를 내서 정답자에게 구매한 소설과 캐릭터 인형을 선물로 준다. 나중에 제주를 다시 여행할 때, 4·3을 기억해 주기를 당부한다. 도민의 정서, 정신, 문화와 같은 속살을 이해하고 접근하는 방식에 관해서도 얘기 나눈다.

하나의 공동체가 성장하고 발전해가면서 많은 도전과 응전을 거듭한다. 우리의 근현대사 또한 도전과 응전의 반복이었다. 구한말 서세동점(西勢東漸)의 시기에 조선은 다양한 방법으로 응전했다. 문을 열어 개방을 통해 해법을 찾은 '개화'사상가들도 있었고, 문을 닫아 우리의 것을 지키자는 '위정척사' 사상가들도 있었다. 서학에 맞서 우리의 새로운 학문으로 타개책을 찾은 민중의 혁명 '동학' 사상도 큰 의미가 있다. 그리고, 이 시기에 우리의 고유한 전통 사상을 바탕으로 새로운 형태의 종교들이 등장한다. 원불교, 대종교, 천도교 그리고 증산교가 있었다. 이 사상들은 방법론의 차이는 있었지만, 모두 외부적 도전에 대한 응전이었으며, 구국의 신념이었다.

구한말에 등장한 신흥종교를 가르치기 위해 강의 준비를 하면서 나는 증산 강일순의 '해원상생 (解寃相生)'의 논리에 주목하게 되었다. 해원 상생은 서로 맺혔던 상극의 원과 한을 풀어버리고 상생상화, 상부상조의 정신으로 함께 잘 산다는 뜻이다.

해원은 화해와 상생과 통합을 지향한다.

해원은 화해와 상생과 통합을 지향한다. 따라서 해원 사상은 이상 사회를 구현하고 추구하는 인간의 욕구를 충족시켜줄 규범이자 원리이며 이념이다. 이러한 해원 사상을 종교적 교리로 승화시키고 체계화시킨 인물이 증산 강일순이다. 증산은 한국 고유의 정서를 대변하는 원한에 주목하고, 세계 파괴의 근거와 원인으로 파악하였다. 나아가 증산은 원한을 푸는 일인 해원이라는 개념에 대한 심층적 고찰을 통해 해원을 종교적으로 재해석하여 하나의 교리 체계로 완성한 인물이다.

주목한 것은 바로 우리 역사 속에 약자들의 한(恨)이다. 학생 시절 우리의 문학 작품을 배울 때 그 특유의 한의 정서에 대해 배웠었다. "우리는 왜 이렇게 한이 많지? 그런데 한은 풀어줘야 하지 않나? 그런 한을 품은 사람의 억울함은 누가 풀어주며, 어떤 제도적 장치를 마련해야 재발 방지가 되지?" 이런 꼬리에 꼬리를 무는 질문이 있었다.

해원상생의 논리는 이렇게 의문을 품었던 원한(怨恨)에 관해 이야기한다. 서로 맺혔던 상극(相剋)의 원(寃)과 한(恨)을 풀어버리고 상생상화(相生相和), 상부상조(相扶相助)의 선연(善緣)으로 함께 잘 산다는 의미이다. 우리의 무교(巫敎)에서 무당의 푸닥거리나 굿에 해원적 요소가 많이 나타나 있다.

한 공동체 안에서 한을 품은 사람들이 있고, 그 한의 정서를 제대로 이해하지 못해 해소해주지 못한다면 구성원들의 공동체 의식을 기대하기는 어렵다. 올바른 이해는 고사하고, 정치적인 입장에서 그 한을 덮어버리고 심지어 이용하고 있다면, 행복하고 인간다운 품위 있는 공동체라고 하기 어려울 것이다.

한을 풀어주는 것은 누가 해야 할 일인가? 주변을 돌아보라. 나의 회사에 한을 품고 있는 사람이 있는가? 우리 반에 한을 품고 있는 사람이 있는가? 내가 씻을 수 없는 고통으로 마음 한 켠에 한을 품고 있는가? 이 한이 구성원의 마음을 썩어들어가게 하고, 사회는 유기체이기 때문에 공동체도 썩어들어가게 될 것이다. 양희은 씨의 '작은 연못'이라는 노래 가사에 나오는 것처럼 말이다.

'여자가 한을 품으면 오뉴월에도 서리가 내린다.'라는 속담이 있다. 이 속담은 '여자를 함부로 대하다가는 큰일 난다.'라는 뜻이라고 사전에 해석이 나와 있다. 그러나, 그 '한'은 더 깊은 뜻을 담고 있다. 속담이 만들어진 과거엔 농업이 주요 산업이었는데 이때 서리는 농작물에 피해를 주게 되므로 정말 7~8월에 서리가 내리면 그 파괴 효과는 치명적이다. 종합적으로 이 속담의 뜻은 여자가 한번 화가 나면 상상도 못 할 엄청난 일이 벌어져 큰 피해를 볼 수 있다는 것이다.

중국과 서양에서도 한에 대한 정서는 비슷하게 다뤄진다. 한서에는 '오월비상(五月飛霜)'이란 구절이 있다. 뜻은 똑같다. 윌리엄 콩그리브(William Congreve)의 희곡 비탄에 잠긴 신부(The Mourning Bride, 1697)'에는 다음과 같은 구절이 나온다.

"천국도 증오로 바뀐 사랑 같은 분노가 없고, 지옥도 멸시받은 여자와 같은 분노가 없다. (Heaven has no rage like love to hatred turned, nor hell a fury like a womanscorned)."라는 구절이다. 한은 예전부터 지금까지 우리 곁 곳곳에 존재한다.

우리 스스로가 이 한을 풀어주기 위해 노력해야 한다. 상생은 해원부터 시작되는 것이다. 우리의 역사의 한은 곳곳에 서려 있다. 제주에는 4·3이 그렇다. 이념이 인간의 생명 위에 있을 수 없다. 이데올로기가 인권 위에 존재할 수 없다. 세계대전과 홀로코스트 같은 인류가 저지른 과오를 우리는 명확히 알고 있다. 그런 과오로 인해 고통받고, 한을 품은 사람이 있다면 한을 풀어주기 위해[解冤] 노력해야 한다. 구성원은 그 한의 정서의 본질을 이해해주고, 위정자들은 제도적 장치를 통해 해소해주기 위해 노력해야 한다. 한이 해소되지 못한다면 공동체는 와해 되고 반목과 투쟁으로 인해 상생(相生)할 수 없다.

우리에게는 아직도 치유되지 못한 한의 과제들이 남아 있다.

삼풍 백화점이 그렇다. 성수대교가 그렇다.

5.18이 그렇다. 세월호의 아픔이 그렇다.

10.29 참사가 그렇다. 이 모든 것을 나는 우리 사회의 '윤리적 참사'라 설명한다.

그리고, 우리는 남겨진 자들을 유가족이라고 부른다. 그들의 마음속에는 큰 슬픔과 분노, 절망과 체념이 뒤섞인 한(恨)이 있다.

사랑하는 가족을 차가운 바닷속으로, 무거운 건물의 잔해 속으로, 붕괴하는 다리와 함께 한강 물에 떠나보낸 유가족들은 모두 우리의 이웃이고 가족이다. 남겨진 자의 한을 헤아리지 못하더라도 함부로 대하거나 말하고 재단하면 안 된다. 또한, 자신의 정치적 입장을 위해 그 한을 이용하면 안 된다. 불교에서 말하듯 나의 말과 행위와 생각은 업(業)으로 쌓이고 부메랑이 되어 분명 돌려받게 된다. 시간 차이가 있을 뿐이지 반드시 돌려받게 된다. 또한, 이런 한이 다시 발생하지 않게 하려고 함께 노력해야 한다. 정치 사회 면에 다뤄진 큰 사건 사고가 아니더라도, 억울함과 한을 가진 사람이 많다. 성폭력 피해자가 그렇고, 코로나 시대에 약자들이 그렇고, 고통받고 있는 소상공인들이 그렇다. 공동체는 약자들인 이들의 억울함의 호소와 한에 대해 들으려고 애써야 한다.

구성원 각자는 역사적 사건과 그 안에 사람의 과오에 대해 정확하게 잘 알아야 한다. 언론은 지속적인 탐사 보도 프로그램 등을 통해 진실과 문제점을 지속해서 각성시켜야 한다. 정부와 행정은 신속한 보상과 재발 방지를 위한 시스템을 구축해야 한다. 입법은 관련법을 제정하기 위해 노력하고 특히, 약자를 위한 법 제정에 관심을 가져야 한다. 복지는 대상자들의 마음을 어루만져주고 재도전을 할 수 있는 지원책을 마련해야 한다. 그리고, 교육은 어떠해야 하나? 교육은 보여줘야 한다. 공동체의 미래인 학생들에게 정확하게 설명하고 균형 잡힌 시각으로 분별하여 이해할 수 있도록 책임감을 갖고 보여줘야 한다.

요즘 뉴스를 보면서 가장 걱정이 되는 것은 정치에 관한 것이다. 현재는 선거 연령이 만 18세로 낮춰져 고등학교 재학생의 경우에도 참정권이 주어지며, 정당 활동도 가능하다. 미래에는 고등학생 신분의 국회의원이 탄생할지도 모를 일이다. 긍정적인 변화이다. 우리의 정치는 혁신이 필요했으며, 젊어지는 방법으로 그 혁신을 도모할 수 있을 것이라는 일각의 평가에 전적으로 동의한다.

그러나, 지금 정치적 이슈가 진영 논리를 기반으로 확증편향이 강화되는 흐름에서 걱정되는 면도 많다. 학생의 시기에는 역사적 사건에 대해서는 정확한 이해가 먼저이다. 정확한 이해는 균형주의를 기반으로 한다. 균형이 잡히기 전에 기울어진 시각이 구축된다면 확증 편향성은 더욱 큰 문제를 불러일으킬 수 있다. 근현대사에 엄연히 존재하는 사건의 정확한 이해는 학생들에게 무엇보다 중요하다. 그래서, 교사는 수업에서 균형주의를 기반으로 설명하기 위해 끊임없이 노력해야 한다.

우리 공동체 구성원이 논 제로섬 게임을 통해 성장과 발전, 미래 지향적인 혁신을 할 수 있는 동력은 바로 '한'을 가진 구성

원의 마음을 진심으로 달래주고, 어루만져주고, 상처를 치유해주고, 적극적인 보상을 해주면서부터이다.**

역사적으로 제주도 외부적 도전과 그에 대한 내부의 응전이 반복되었다. 의녀 홍윤애의 이야기와 4·3사건을 비롯한 크고 작은 도전과 응전, 그리고 그 안에 한의 정서가 남아 있다. 과거와 현재의 한을 풀어내는 해원(解寃)을 통해 미래로 나갈 수 있는 공동체의 상생(相生)을 도모할 수 있다.

영화 '컨택트(Arrival, 2016)'에서는 '논 제로섬 게임(non-zero sum game)'이라는 논리가 등장한다. 한쪽의 이익과 다른 쪽의 손실을 합했을 때 제로가 되지 않는 현상을 일컫는 용어로, 미국의 수학자인 존 내쉬(John Nash, 1928~2015)에 의해 제기된 게임의 유형이다. 우리 공동체 구성원이 논 제로섬 게임을 통해 성장과 발전, 미래 지향적인 혁신을 할 수 있는 동력은 바로 '한'을 가진 구성원의 마음을 진심으로 달래주고, 어루만져주고, 상처를 치유해주고, 적극적인 보상을 해주면서부터이다.

이곳 제주 애월에 처음 왔을 때는 수술 직후 몸이 정상적이지 못했을 때였다. 몸무게는 평상시보다 8kg이 빠져 기력이 없었고, 챙겨 온 병원 약만 13종류에 그 양도 어마어마했다. 수술 직후 장폐색으로 인해 소화력이 떨어져, 죽만 먹던 때에 오로지 나의 몸만 생각하기 위해 이곳을 찾아왔다.

누군가 왜 애월이었냐고 물었다. 일어나자마자 바로 나가면 걸을 수 있는 해안 산책로를 찾았고, 아침부터 저녁까지 건강식을 챙겨 먹을 수 있는 숙소를 바랐다. 그렇게 생각하며 왔던 이곳 애월에서 나는 충족감과 함께 많은 영감을 얻었다. 바다를 걷고, 파도 소리를 듣고, 붉은 노을을 보고, 큰 달을 보며 나는 지금까지 살아온 나의 인생에 대해 정리할 수 있는 감사한 쉼표의 시간을 가졌다. 너무 행복했다.

우리는 누구나 인생의 전반전과 후반전 사이에 하프타임을 갖길 원한다. 전반전을 뒤돌아보며 잠깐 숨을 돌리고 후반전에 전략을 짜는 시간 말이다. 물론 나에게는 계산에 없던 어머님의 병환과 그것에 함께했던 나의 공여라는 과정에서 주어진 아픈 쉼표였지만, 나는 너무 감사하고 행복했다.

나의 몸만 생각하고 지냈던 시간에 상응해 몸은 급속도로 좋아졌고, 이제는 걷는 중간에 조금씩 뛰어도 수술 부위와 폐, 간 등의 내부 기관이 크게 아프지 않게 되었다. 물론, 가끔의 통증은 시간이 지나야 해결될 일이리라.

제주는 나에게 어머니 품 같은 푸근한 바다와 힘차게 걸을 수 있는 해안로를 내어 주었다. 무엇보다 팰롱팰롱 빛나는 하늘과 별, 달을 마음에 담을 수 있게 허락해 주었다. 감사한 이것들을 모두 버무려 회복(回復)을 나에게 선물해 주었다. 나는 그 이전보다 더 강한 사람이 되었고, 더 깊은 사람이 되었다. 제주는 나에게 행복한 인생의 쉼표를 주었다. 이제는 쉼표를 뒤로하고 학교로 돌아가야 할 시간이 되었다.

나의 일상으로의 복귀는 한편으로는 설렘을 또 한편으로는 두려움을 주었다. 그래도 돌아갈 곳이 있음에 감사했고, 건강하게 살아있음에 행복했다.

| 나를 깨우는 핵심 사상 요약 |

- 경제는 '한정된 자원을 이용한 최선의 선택'에 대한 문제를 다룬다면, 정치는 이렇게 생산된 재화의 분배에 관해 작용하는 '희소자원(稀少資源)의 권위적 배분'을 둘러싼 활동과 관련된다. 21세기의 경제와 정치가 집중해야 하는 것은 '상생'과 '통합'이다. '총 균 쇠'의 저자 재러드 다이아몬드는 이제 우리에게 주어진 세계문제를 불평등, 자원고갈, 환경과 기후 위기, 핵 문제라고 언급했다. 하나의 공동체와 국가, 나아가 세계 경제에서 승자독식과 부의 독점, 해결하지 못하는 양극화의 문제는 '상생'을 지향해야만 한다. 정치에서도 진영과 지역 논리에 편승하는 분열의 정치는 '통합'의 정치로 대체되어야만 한다. 경제와 정치 모두 그 본질에는 '인간'이 있다. 그래서, 자본주의의 인간화와 민주주의의 인간화가 논의되어야 할 중요한 주제이다. 누구나 동일한 존엄한 인권을 가진 인류 공동체는 분열과 차별을 넘어서 상생과 통합으로 나아가야 한다.

- 노자의 도덕경 2장에 '유무상생(有無相生)'이라는 구절이 있다. 있음과 없음이 서로 함께 사는 대화합의 정신을 강조한 부분이다. 이분법적 사고에 사로잡혀 갈등의 시대를 살고 있는 우리에게 던지는 메시지이다. 상생은 생태학에서 파생된 개념인 공존(co-existence), 공생(symbiosis)과도 통한다. 인간과 자연, 동양과 서양, 종교와 종교 등 모든 분야에서 상생을 통해 화합을 이루어야 한다. 더불어서 살아가는 지구 공동체에서 미래적, 혁신적, 우주적인 관점이 반드시 필요한 시점이 되었고, 그 관점은 나의 이익에만 관심을 두는 것을 넘어서야 함을 의미한다. 우리 사회와 공동체, 우리 지구가 좀 더 행복할 수 있는 길이 무엇인지 물어야 할 때가 되었다. 그것이 인간으로 함께 품위있어지는 길이다.

[인생 문장 필사 코너]
책을 읽으며 느낀 상념을 자유롭게 적어보세요.

나를
깨우는
인문학
수업

Kǒngzǐ

공자

(B.C 551 ~ B.C 479)

왕보다 더 자유로운 삶

노예 출신 에픽테토스의 어록을 정리한 '왕보다 더 자유로운 삶'이라는 책이 있다. '자유(自由)'는 스스로 삶의 이유를 정확히 생각하고 행동하는 것에서 나온다. 지금 자유로운가?

다시 돌아왔다. 일상으로의 복귀는 설렘과 두려움의 양가감정을 부여했다.

21년간 내 몸의 일부처럼 익숙했던 곳으로 복귀하는 설렘이 분명 있었다. 무엇보다 아이들이 많이 보고 싶었다. 항상 수업 시간에 아이들과 함께 호흡하면서 살아있음을 느꼈었다. 멀리 떨어져 혼자만의 시간을 보낼 때도 나의 상상은 매번 복귀 첫 수업의 시간으로 가 있곤 했었다.

드라마 '하얀 거탑'의 장준혁 과장을 좋아했었다. 자신의 분야에서 최고가 되기 위해 야망을 품고, 걸맞은 실력을 갖추려 아등바등하는 모습이 젊은 날의 나 같다고 생각했었다. 마지막 장면에 장준혁이 혼자 상상으로 외과 수술을 하는 장면에 바비킴의 '소나무'가 흘러나올 때는 감정이 동화되어 나도 모르게 눈시울이 붉어졌다. 드라마 속 그 장면처럼 학교로 돌아가 아이들 앞에 다시 선 나를 상상하면서 재회 인사를 해보았다.

그렇지만, 스스로의 의구심으로 순간순간 두려움이 엄습하기도 했다. 아직 정상적으로 회복되지 않은 몸으로 수업과 업무를 잘 해낼 수 있을까 하는 상념들이었다. 수업 시간을 하나의 뮤지컬 무대로 생각하고 수업을 해왔다. 일종의 연출 병을 심하게 앓고 있는 나는 수업의 시작부터 마무리까지 드라마틱한 전개가 아니면 몹시도 불편해했다. 수업이 끝날 때 만족해하면서 박수치는 학생들이 있다. 저기 뒤에서 흐뭇한 미소를 지으며 수업을 잘 감상했다는 듯 엄지척을 하고 있는 학생들이 있다. 그럴 때면 만족한 듯 나도 환한 웃음으로 화답한다.

그럴 때 느껴지는 희열은 뮤지컬 배우의 커튼콜 환호 같은 느낌이랄까. 심한 중독성에 지금껏 한 땀 한 땀의 정성으로 수업에 많은 공을 들여왔었다. 나는 수업에서 일종의 연출가이자 배우라고 생각했다. 준비와 실행에서 체력이 많이 쓰였다. 또한 컨셉의 꾸준한 일관성을 원칙으로 생각해 왔다. 그런데 혹시 몸이 따라주지 못하면 어떻게 하지라는 의구심에 불안하기도 했었다. 그렇지만 내가 스스로 정한 시간이 되었으니, 그 약속을 반드시 지키고 싶었다.

간이식 공여자 수술을 한 분들의 개인 블로그 후기를 많이 봤다. 한 달이면 정상적으로 생활할 수 있다는 내용의 글들이었다. 그렇지만 한 달이라는 시간은 회복하는데 결코 충분한 시간은 아니었다. 건강한 몸을 유지해왔음에도 아직 덜 자란 간은 완벽한 엔진 역할을 하지 못해 쉬 지쳤다. 생각처럼 힘이 솟지 못해 때로는 목소리가 잘 나오질 않았다. 나오질 않는 목소리에 더 힘을 주다 보니 쉽게 몸이 지쳐 갔다.
머리와 몸이 무겁고, 혈압 조절과 소화도 온전하지는 못했다. 간이식 공여자는 담낭 즉, 쓸개를 함께 제거하기 때문에 고기를 많이 섭취할 경우 소화가 원활하지 않다. 쓸개(gall bladder)는 간에서 분비된 쓸개즙을 저장하는 주머니로 저장하였다가 소화 시, 십이지장에 분비하는 기관이다. 고기 섭취를 즐겨할 수 없게 되니 당연히 기운이 안 난다는 느낌이 들었지만, 정량을 잘 섭취하면 문제가 없으므로 조금씩 양을 늘려

가기 시작했다.

공여받은 나의 어머니도 이런 사실을 나중에 알고 속상해했다. 간이식 환자들이 알아야 할 내용이라고 생각한다. 일상생활로 성급하게 돌아가서 그르칠 필요는 없다. 사랑하는 사람과 가족을 위해 결정한 숭고한 선택과 함께 꼭 고려해야 할 것은 반드시 자신을 사랑하고, 자기 몸을 아끼는 것이다.

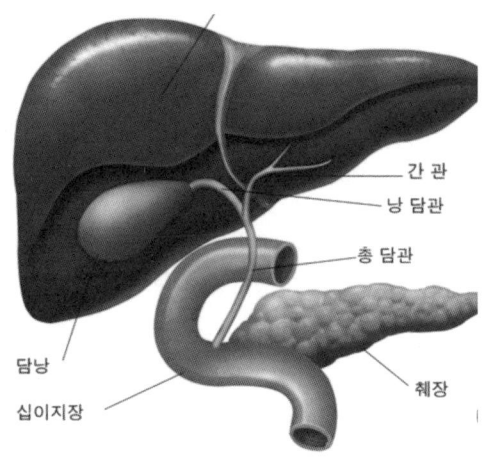

그럼에도 불구하고 한 달 이상의 병가를 신청하기에는 부담스러웠다. 모든 직장인이 그렇겠지만 나로 인해 피해를 보는 사람들이 있을까 하는 걱정과 함께 관리자들의 눈치가 보였다.

이유(理由)의 사전적 의미는 '어떠한 결론이나 결과에 이른 까닭이나 근거'를 의미한다. 또한, '구실이나 변명', '존재의 기초

가 되거나 어떤 사상이 진리라고 할 수 있는 조건'을 의미한다.

그런 이유보다 더 중요했던 것은 아이들과의 약속이었다. 돌아와 해결해야 할 일이 명확했다. 이유. 이유(理由)의 사전적 의미는 '어떠한 결론이나 결과에 이른 까닭이나 근거'를 의미한다. 또한, '구실이나 변명', '존재의 기초가 되거나 어떤 사상이 진리라고 할 수 있는 조건. 좁은 의미로는 결론에 대한 전제나 결과에 대한 원인을 이른다'라는 의미로도 쓰인다.

결국 이유는 우리 한 존재가 어떤 행동을 할 때 그러할 만한 구실을 생각해보는 것을 의미한다. 이유를 스스로 정확히 생각, 판단하고 행동하는 것이 바로 자유(自由)이다. 자유는 스스로의 이유를 잘 알고 행동할 때 만들어진다. 헬레니즘 시대의 철학자 에픽테토스의 어록을 정리한 '왕보다 더 자유로운 삶'이라는 책이 있다.

에픽테토스는 노예 출신의 스토아 철학자였다. 그는 자신 삶의 이유와 목적, 삶의 방식에 대해 명확히 알고 있었기에 그 어떤 사람들보다 자유로운 삶을 살았다. 내가 이 세상에 온 이유, 존재하는 이유를 명확히 이해하고 사는 것이 진정으로 자유로운 것이다. 요즘 삶이 각박하고, 얽매여 무언가 구속받고 있다고 느끼는가? 그렇다면, 내 삶의 이유에 대해 생각해보면서 자유로워질 수 있다. 누구든 이 세상에 온 이유와 존재하는 이유, 주어진 역할은 반드시 있다고 불교 사상과 스토아 철학에서는 설명한다. 그러나 모든 사람이 자유롭게 살아가지는 못한다. 자기 삶의 이유를 아는 사람과 그렇지 않은 사람의 차이다.

나는 내가 선택하는 일에 있어, 심사숙고하면서 항상 의미부여해 왔다. 교육에서도 '자유로운 학생'을 길러내는 것은 매우 중요하다. 나의 학생들이 내 수업 시간에 자유로워지기를 진심으로 바랐다.

스스로의 이유를 아는 것은 '자기 효능감'과도 직결된다. 자기 효능감(self-efficacy, 自己效能感)은 자신이 어떤 일을 성공적으로 수행할 수 있는 능력이 있다고 믿는 기대와 신념을 뜻하는 심리학 용어이다. 캐나다의 심리학자 알버트 반두라(Albert Bandura)에 의해 소개된 개념으로 개인의 존재가치보다는 능력에 관한 판단과 믿음이라는 점에서 자아존중감(self-esteem)과는 구별되며, 성공 또는 실패 경험을 통해 강화되거나 약화될 수 있다. 일상에서 작은 것이라도 성공과 성취의 경험을 쌓아가는 것이 중요한데, 그 출발은 내가 이것을 왜 해야 하는지 스스로 묻고 답하는 과정에서 출발한다.

항상 첫 수업 시간에 오리엔테이션을 하며, 나는 학생들에게 스스로의 이유에 관해 묻는다.

"여기에 왜 앉아 있죠?"

순간 교실 안에 정적이 흐른다.

"서 있으면 안 되니까. 앉아 있는데요…."

수줍은 학생의 대답에 우리는 모두 함께 웃는다.

"밀란 쿤데라의 이런 책 제목이 있어요. 참을 수 없는 존재의 가벼움. 저는 여러분이 이 교실에, 지금, 이 수업을 저렇게 생긴 선생님께 왜 들어야 하는지. 나는 왜 여기 앉아 있는지. 이런 질문들에 스스로 대답하고 앉아 있어야 한다고 생각해요. 그래야 나의 존재감이 무거워지는 것이죠."

그렇다. 내가 하는 모든 일에 의미부여 하려고 전전긍긍할 필요는 없다. 그렇지만 나의 인생에 중요한 시점에 내가 선택하는 일에 책임감을 갖고 끝까지 '온맘'으로 해내기 위해서는 스스스로의 동기부여가 이루어져야 한다. 그래야 그 일에서 끝까지 'grit(집념)'를 통해 전력을 다할 힘이 만들어진다. 자발적인 동기유발과 목표 의식은 성취 경험의 전제 조건이 된다. 그 모든 과정에 시작점은 바로 '이유'이다.

요즘 '메타인지'라는 표현이 교육 분야에서 강조되고 있다. 메타 인지적 지식(metacognitive knowledge)은 무언가를 배우거나 실행할 때 내가 아는 것과 모르는 것을 정확히 파악할 수 있는 능력이다. 발 빠르게 초등학생 학습지 광고에서부터 메타인지 학습법을 강조하고 나섰다. 실로 메타인지 광풍의 시대이다. 그러나, 메타인지는 특별한 개념이 아니다. 우리는 이미 생활 속에서 메타 인지적 활동을 하고 있다. 인문학적 질문이 바로 메타 인지적 활동이다. 메타인지를 복잡하게 설명할 필요가 없다.

소크라테스의 '너 자신을 알라($\gamma\nu\hat{\omega}\iota\ \sigma\varepsilon\alpha\upsilon\tau\acute{o}\nu$, 그노티 세아우톤)'라는 말은 메타인지의 중요성을 강조한 표현이다.

메타인지를 교육에 적용한 사례는 소크라테스에서 찾을 수 있다. 소크라테스는 제자들에게 '반어법'을 사용했다. 기존에 아무 비판 의식 없이 형성된 편견적 지식에 반증 사례를 들어 질문하는 방식이 반어법이다. 예를 들어 인생의 궁극적인 목표가 돈이고, 돈은 행복을 준다고 생각하는 청년에게 간단하게 돈이 많은데 행복하지 않은 사람의 사례를 들어 그 경우는 어떻게 된 것인가 질문을 던지는 것이다. 그런 반어법을 통해 종국에는 자신이 가진 지식이 잘못된 것임에도 나 스스로 반성하거나 성찰해서 걸러진 지식을 만든 것이 아니라 검증되지 않은 지식을 외부에서 주입 당했다고 느끼는 순간이 중요하다. 스승은 옆에서 인문학적인 질문을 던진 것이고 이 모든 과정에서 스스로 깨우치게 되는 것이므로 소크라테스의 방법론을 '산파술'이라고 이름 붙인다.

결론적으로 소크라테스의 '너 자신을 알라($\gamma\nu\hat{\omega}\theta\iota\ \sigma\varepsilon\alpha\upsilon\tau\acute{o}\nu$ 그노티 세아우톤)'라는 말은 메타인지의 중요성을 강조한 표현이다. 인문학은 진(眞), 선(善), 미(美)를 다루는 학문이다. 인문학적 질문으로 바꾸면 진은 '나는 누구인가?', 선은 '어떻게 살아야 하는가?', 미는 '멋있는 삶이란 어떤 것인가?'이다. 그래서, 내가 누구인지를 스스로 알게 해주려는 소크라테스의 질문, '너 자신을 알라.'는 메타인지와 직결되는 사고 과정의 출발점이다.

메타인지의 중요성은 다양한 문화예술 작품에서 다뤄졌다. 영화 올드보이에서 주인공 오대수가 지속해서 묻는 '누구냐 넌?', 소설 레미제라블에서 장 발장이 묻는 '나는 누구인가?', 폴 고갱의 대작 명화 '우리는 어디에서 와서 지금 무엇을 하며 어디로 가는가?'라는 제목으로 인간의 본질에 관해 묻는다.

폴 고갱의 대작 명화 '우리는 어디에서 와서 지금 무엇을 하며 어디로 가는가?'라는 제목으로 인간의 본질에 관해 묻는다.

수많은 문학 작품에서 다루는 진정한 네가 되었는가? 진정한 나는 누구인가? 나는 어떤 사람인가? 어떤 삶을 살 것인가? 행복한 삶은 무엇인가? 이런 질문들은 모두 메타인지의 중요성을 강조하는 질문이다. 결론적으로 메타인지는 인간 존재의 본질에 관한 질문이며, 인간의 이유(理由)와 자유(自由)를 관통하는 것이다.

부모가 어린 시절 '무엇을 해주어야 메타인지가 신장되는가?' 아니라, 오히려 부모가 '무엇을 하지 말아야 메타인지가 신장되는가?'에 초점이 맞춰져 있어야 한다.

얼마 전 EBS에서 리사 손 교수의 '0.1%의 비밀'이라는 프로그램이 학부모들 사이에 큰 반향을 일으켰다. 전국 모의고사 전국 석차가 0.1% 안에 들어가는 800명의 학생과 평범한 학생들 700명을 비교하면서 두 그룹 간에는 어떠한 차이가 있는가를 밝혔다. 0.1%에 속하는 친구들이 IQ도 크게 높지 않고, 부모의 경제력이나 학력도 큰 차이가 없었다고 밝히며, 결론적으로 '메타인지'의 차이라는 것을 각종 실험으로 주장하는 것이었다. 비밀을 알려주니 교육에 관심이 많은 학부모는 당연히 메타인지에 주목하게 되었다. 물론 가설을 증명해가는 방식이므로 전적으로 메타인지만의 영향이라고 할 수 없으며, 다른 요소들이 학생들의 성취도에 영향을 줄 수도 있다. 그러나, 교육 현장에서 21년간 우수한 학생을 지도해 보면서 메타인지의 중요성은 그 누구보다 잘 파악하고 있다.

자신의 자식을 0.1%의 상위 인재로 키우고 싶은가? 그리고, 행복한 인생을 살게 하고 싶은가? 이런 질문에 대해 메타인지를 통해 힌트를 얻을 수 있다. 다만 내가 내린 결론은 부모가 어린 시절 '무엇을 해주어야 메타인지가 신장되는가?' 아니라, 오히려 부모가 '무엇을 하지 말아야 메타인지가 신장되는가?'에 초점이 맞춰져 있다. 그 해답은 '학생이 해야 할 것을 부모가 절대 대신해주면 안 된다.'라는 것이다. 평생을 쫓아다니면서 해줄 것이 아니라면 말이다. 그리고, 잘 기다려줘야 한다. 인재가 되는 출발점이니 절대적으로 신뢰하고 인내를 가지고 기다려 주어야 한다. 드라마 'SKY 캐슬'에 나오는 대치동 입시 코디네이터 선생님의 코칭보다 어쩌면 더 확실한 인생 전략일 수 있겠다. 그렇다면 무엇을 대신해주지 말고, 어떻게 기다려 주면 되는 것일까?

한 인간에게는 신체가 성장하듯 지성이 성장하는 시기가 있다. 학습자의 중요한 성장 시기에 모르는 것을 스스로 알고 싶어지기를 기다려줘야 한다. 지식도 그렇고, 어떻게 사는 것이 좋은 삶인지, 행복한 삶은 무엇인지에 대한 대답도 마찬가지다. 자기 인생의 방황은 온당한 것이다. 스스로 어떤 길이 나에게 끌리고, 좋고, 심지어 도덕적으로 옳은지도 안다. 그런데 부모와 사회가 기다림의 시간, 온당한 스스로의 방황을 인정해주지 않고, 빨리 선택하라 혹은 이 방향이 맞는 것이라고 강요한다면 인생을 살아가는 스스로의 지성적 통제 능력을 박탈하게 된다. 열정과 모티베이션도 중요하지만, 그보다 통제 능력이 더 중요하다. 본인이 심사숙고해서 스스로 답하게 소크라테스적인 질문을 해주고, 기다려 주고, 응원하고 지지해 주는 것이 핵심이다. 윤리 교사의 도덕성 성장 교육은 그래서 천천히 여유 있게 질문하고, 들어주고, 응원해주는 데 있다. 윤리 교사의 이미지는 여유 있고, 열려있으며, 조력자 적이고, 유머러스하며, 긍정적인 모습이어야 한다.

설렘을 안고 교실에 들어섰을 때 학생들은 진심으로 나에게 박수를 쳐주었다. "고맙습니다. 기다려 주고, 이해해주고, 응원해 주어서 진심으로 감사합니다." 어떤 학생은 교무실을 찾아와 내가 부재했던 그간의 일들에 대해 미주알고주알 얘기해주었다. 짹짹이는 참새처럼 귀여웠다. 떠나면서 슬쩍 편지를 주고 간다. 감동적인 글이었다. 돌아와야 할 이유는 명확했다. 내가 있어야 할 곳도 명확했다. 지금까지 내가 숙고하고, 대화하고, 말을 하고, 글을 써서 공유한 공간이었다. 그것으로 길을 내고, 학생들이 그 길로 나아가게 하고, 하나의 고유한 영역이 되는 것이 매우 좋았다. 사람의 정신력이 무섭다는 것이 몸의 힘듦은 충분히 이겨낼 수 있는 힘을 느낄 수 있었다. 학생들이 참 고마웠고, 행복했다.

매해 선선한 바람이 부는 가을이 되면 추천서를 쓰게 된다. 학교에서는 가을에 이루어지는 이런 활동을 추수 지도라고 한다. 한해 온 힘을 다해 지은 교육 농사를 잘 마무리하는 일이다. 추천서와 추수 지도. 라임이 잘 맞는다. 한 학생의 미래를 위해 온 역량을 집중하는 시기이다. 21년간의 교직 생활에서 수없이 많은 제자의 소중한 추천서를 써왔다. 과목이 윤리, 철학, 인문학, 사회과학, 교육학을 망라하다 보니, 이맘때가 되면 수줍은 표정으로 하얀 종이를 들고 교무실 문을 두드리는 제자들이 많다. 추천서를 의뢰받아 성실하게 제자의 장점을 작성하다 보면, 추수의 계절에 나의 모습은 아주 누추해진다. 밤잠을 못 자면서 작성을 하다 보면 새벽녘에는 결심하곤 한다. 내년에는 좀 줄여 봐야지 하고. 그러다가도 자신의 인생에서 가장 중요한 순간에 나를 선택해 부탁하는 제자들의 진실한 마음을 알기에 그때마다 거절하기 어려워 추수와 누추는 반복이다. 몸이 정상은 아니지만 잘 관리해 가면서 추천의 과정에 성실히 임했다.

학교라는 공간에서 오랜 시간 제자들과 지내며, 아이들이 좋아하는 교사의 유형이 무엇인지에 대해 오랜 시간 관찰하고 답을 알게 되었다. 답은 '예측 가능성'에 있었다. 교사는 일정 기간 동안 학생들을 어떤 교육적 신념을 갖고, 어떤 방법으로, 어느 방향으로 지도하게 될지 명확하게 설명해야 한다. 수업 방식이든, 인성 교육이든, 인생에 관한 교육이든, 그리고 평가에 관한 부분까지 예측 가능성이 명확한 교사가 학생들에게 인정받고 존경받기까지 한다. 예측 가능성을 바탕으로 교사와 제자 사이에 형성된 신뢰감은 서로의 관계를 탄탄하게 한다. 따라서, 학생과 교사의 관계에서 가장 중요한 것은 믿음 즉, 신뢰이다. 학교는 작은 사회 공동체이다.

비단 제자와 스승의 관계뿐 아니라 하나의 공동체를 떠받드는 힘은 신뢰와 믿음이라는 바탕에서 나온다. 중국 춘추 시대의 철학자 공자는 이 신뢰에 대해 다음과 같이 제자에게 말한다.

"정치를 어떻게 하는 것이 좋겠습니까?"

"경제를 풍족하게 하고, 국방을 튼튼히 하고, 백성들이 믿을 수 있도록 해야 한다."
"그 세 가지 중 어쩔 수 없이 하나를 포기해야 한다면 무엇을 포기하시겠습니까?"
"국방을 포기하겠다."
"둘 가운데 다시 하나를 포기해야 한다면 무엇을 포기하시겠습니까?"
"경제를 포기하겠다.
예로부터 사람은 누구나 죽는 법이지만 믿음이 없으면
아예 사회가 성립될 수 없는 것이다."
- [논어] 안연편

논어 안연편에 나오는 위의 대화처럼 공자는 제자 자공과 대화를 나누며 '좋은 정치와 행복한 공동체'란 무엇인지에 대해 설명한다. 공자는 서로를 신뢰해야 함을 강조하였다. 공자는 약속과 실천이 살아 있는 이상 사회를 꿈꾸었다. 공자는 백성을 다스릴 때 힘으로 억누르는 패도(覇道)를 사용해서는 안 된다고 말했다. 패도가 아닌 충분한 소통을 통해 형성된 신뢰만이 백성을 지혜롭게 다스릴 수 있다고 하였다.

정치는 통치자가 먼저 군자가 되어 모든 별이 북극성을 향하듯 하는 것이다. 자기 자신이 먼저 끊임없는 자기 수양을 통해 북극성이 되도록 노력해야 한다.

사회 질서를 위한 길이라고 하면서 대화와 타협보다 강력한 공권력을 동원해 진압하는 데 초점을 맞춘다면 공동체는 내부에서 곪게 될 것이다. 공동체의 구성원과 끊임없이 대화하고 소통하는 자세는 민본주의 시대와 민주주의 시대를 모두 관통한다. 공자는 정치란 경제, 안보, 민심을 얻는 것이라 하였는데, 그중에서도 가장 으뜸가는 것은 백성과의 신뢰를 통해 형성되는 민심이라고 하였다. 한 국가를 경영하는 데 안보와 경제가 얼마나 중요하겠는가? 그러나, 공자는 안보와 경제보다 더욱 기본이 되는 것은 통치자와 백성들 간의 믿음, 신뢰감이고 이것은 공동체 존립의 가장 근본이 되는 요소라고 강조하고 있다.

또한, 공자는 윗사람이 스스로 인품을 갖춘 군자(君子)가 되어 정직하고 청렴하게 행동하면, 그에 따라 아랫사람들은 자연히 정직하고 청렴해진다는 통치자의 솔선수범을 강조하였다. 정치는 통치자가 먼저 군자가 되어 모든 별이 북극성을 향하듯 하는 것이다. 자기 자신이 먼저 끊임없는 자기 수양을 통해 북극성이 되도록 노력해야 한다.

공동체의 구성원과 끊임없이 대화하고 소통하는 자세는 민본주의 시대와 민주주의 시대를 모두 관통한다.

공자 사상의 핵심은 '위기지학(爲己之學)'이라는 태도에 있다. 학문을 대하는 태도를 넘어서 인생 전반에서 삶과 사람을 대하는 태도를 의미한다. '사람이 삶이다.' 사람을 빨리 발음하면 삶이 되는 것이다. 그러니 사람을 대하는 태도는 삶을 대하는 태도이고, 인생 전반에서 매우 중요한 일이다. 위기지학은 나 자신에게는 철저하고 타인에게는 관대하고, 공동체를 위해 공헌하는 삶과 사람을 대하는 태도를 의미한다. 위정자나 행정가뿐 아니라 모든 사람이 철저한 자신의 인격 수양을 바탕으로 타인을 대한다면 기본이 탄탄한 사회가 될 것이다. 반대로 요즘 자신에게는 한없이 관대하고, 자기 합리화에는 빠른데, 타인에게는 가혹할 만큼의 도덕적 잣대로 험한 평가를 하는 사람들을 보게 된다. 근본이 튼튼하지 못한 사회이다. 기본이 바로 서는 사회는 개인은 위기지학하고 구성원들 사이에는 믿음이 충만한 사회이다.

한 공동체에서 통치자와 국민 사이의 신뢰, 나아가 국민 사이의 신뢰는 그 공동체가 유지되는 가장 근간이 되는 것이다. 그렇다면 신뢰는 어디에서 오는 것일까? 공자는 정명(正名)에서 그 가능성을 찾았다. 공자에게 정명(正名)은 사회 질서 회복의 출발점으로 인식되었다. 춘추 시대 혼란의 원인을 '도덕성의 타락'으로 정의한 것이 공자 사상을 이해하는 출발점이다.

철기 사용으로 토지 단위 면적당 농업 생산량이 극대화된 농업 혁명의 시기에 사람들은 잉여 생산물에 대한 욕심에 눈이 멀어 인간으로서 지켜야 할 기본적인 것을 지키지 못하고 그 결과 사회 질서가 무너지게 되는 악순환이 지속된다는 것이다. 많은 사람이 현대 사회에서도 사회 질서의 근간으로 '기본이 바로 서는 사회', '사람이 사람답게 대접받는 세상'을 이야기한다. 공자의 사상은 그 기본을 되찾기 위한 끝없는 노력을 강조한다. 그것이 바로 사회 구성원들이 각자의 위치에서 자신의 역할을 철저히 할 것을 강조하는 '정명(正名) 사상'이다.

정명은 말 그대로 자신의 이름을 떳떳하고 자신 있게 외칠 수 있어야 한다는 것이다. 나 스스로에게 당당함이란 무엇인가? 자신에게 주어진 기본적인 역할을 수행하는 것을 말한다. '君君臣臣父父子子'라고 공자가 정명에 관해 설명한 것처럼 집안에서부터 사회에 입신양명(立身揚名)하기까지 수없이 많은 본인의 역할에서 기본을 다하는 것이다. 학생이 가장 멋있을 때는 학생 시기에 충실해야 할 공부(工夫)에 몰입하는 모습, 선생님에게 멋있는 모습이란 열정적으로 학생들을 가르치고 바른길로 인도하려는 최선의 노력을 하는 모습이고 그것이 바로 공자가 강조하는 사회 질서 회복의 기본 정명(正名)인 것이다.

자신의 사회적 위치와 역할에 만족하며, 해야 할 기본적인 역할을 충실히 수행하고 다른 사람과 조화를 잘 이룬다면 그 사회의 질서는 튼튼하게 안정적일 것이다. 흔히, 축구, 야구, 농구와 같은 여럿이 모여 팀플레이를 해야 하는 스포츠에서도 공자가 강조한 정명 사상을 발견할 수 있다. 각자 자신의 포지션에서 확실히 자신의 역할을 잘한다면 기본기가 튼튼한 팀일 것이며, 그 팀은 강력한 팀플레이를 중심으로 조직력을 갖춘 경기력을 보일 것이다.

이런 공자의 정명 사상은 동시대 서양 철학의 출발점인 고대 그리스의 철학자 플라톤(Platon)의 사주적 사상에서도 발견이 된다. 그만큼 '기본'을 강조하는 것은 옛 공자의 시대나 플라톤의 고대 그리스라는 공간이나 현대를 사는 우리에게도 시공을 초월하는 사회의 가치가 되어있다.

이런 공자의 사상이 때로는 보수적이라는 비판을 받기도 한다. '공자가 죽어야 나라가 산다.'라는 책이 출간되면서 한국 문화에 뿌리 깊게 자리 잡은 공자적 전통이 새로운 시대의 혁신에 느리다는 비판이다. 그러나, 공자 사상을 현재적 관점으로 보수적이라고 비판하는 것은 사상 전반을 입체적으로 보지 못한 부분적 시각이다. 한국 사회에서 진정한 의미의 '보수성'은 오해되고 있는 측면이 있다. 보수의 진정한 의미는 기존의 가치 질서를 옹호하는 정치 태도를 의미한다. 보수의 핵심적 가치는 기본에 충실함에 있다. 인간됨의 본질, 정치의 본질, 올바름의 본질에 관해 기본을 강조하는 것이 보수이다. 공자의 사상을 진정한 보수주의의 전형으로 평가하는 이유는 바로 여기에 있다. 공자는 공동체의 근간을 이루는 신의와 믿음에 관해 사회 공동체를 떠받드는 힘으로 이해했다. 기본이 바로 서는 세상을 꿈꾼 진실된 보수주의자로 볼 수 있다.

이유(理由). 한 사람으로 살아가는 이유. 교사라는 직업을 갖고 일을 해나가는 이유. 지금 이곳에 있는 이유. 다시 앞을 보며 한 걸음씩 나아가는 이유.

공자 사상을 수업 시간에 다루면서 가끔 학생들에게 어떤 교사가 가장 멋있냐고 물어본다. 얘기해주면 나도 어떤 학생이 가장 멋있는지 얘기하겠다고 한다. 아이들은 다양하게 대답한다. 멋있는 교사든, 멋있는 학생이든 분명한 공통점은 자신의 일을 사랑하고, 열정적이며, 잘 해내는 사람이라는 것이다. 나에게 교사라는 직업과 수업, 그리고 학생 한 명 한 명과 만나 진심 어린 상담을 하는 일은 늘 명확한 이유가 있었다.

이유(理由). 한 사람으로 살아가는 이유.

교사라는 직업을 갖고 일을 해나가는 이유. 지금 이곳에 있는 이유.

심사숙고해서 꼭 묻고 답해야 하는 것들에 명확한 답을 할 수 있다.

나를 진심으로 사랑하고, 내 삶을 진정한 내가 되어 살아가고자 함이 존재하는 명확한 이유이다. 이유에 대한 명확한 답을 갖고 있기에 나는 자유롭다.
돌아온 이유. 다시 앞을 보며 한 걸음씩 나아가는 이유.

우리는 모두 이유를 찾기 위해 인생을 살아간다. 때로 '이유'는 '행복'이라는 감정 위에 있다.

| 나를 깨우는 핵심 사상 요약 |

- 공자는 '기본이 바로 서는 세상을 꿈꾼 진실된 보수주의자'다. 고대 중국 하은주 시대의 태평성대가 막을 내리고, 혼란스러운 춘추시대가 도래하였다. 공자가 살았던 과거의 춘추시대와 현재 처해 있는 우리 현실은 공통점이 많다. 사람들의 사리사욕이 세상을 그르치고, 토지와 부동산 권력에 혈안이 되어있으며, 하루하루 전쟁의 삶을 살고 있다는 것이 그렇다. 그래서, 공자는 과거가 아닌 현재진행형이고 초월의 사상이다. 공자는 문제의 원인을 기본이 무너진 것에서 찾았다. 따라서, 기본을 바로잡는 것이 진단에 의한 수술법이다. 공자가 꿈꾼 유토피아[大同社會]는 '인간적인 너무나 인간적인' 세상인 것이다. 현재를 살아가는 우리가 회복해야 할 것은 다름 아니라 가장 기본적인 '인간의 도리를 하는 것'에 있다.

- 누구나 꿈꾸는 행복한 사회는 아마도 '사람이 사람답게 대접받는 세상'일 것이다. 우리는 누구나 행복을 추구하는 동등한 존엄성을 가진 인간이다. 그러나, 다수의 사람은 우리 사회가 이 기본적인 인간 존엄성, 자유와 평등을 동등하게 보장한다고 생각하지 않는다. 공자는 이 문제의 해법을 서(恕) 즉, '공감의 능력'에서 찾는다. '공감은 공정의 시작이다.' 개인의 공감 능력의 신장은 공정 사회로 가는 마중물이 된다. 마이클 샌델의 저서 『공정하다는 착각』에서 지적하고 있는 '승자독식 능력주의'의 문제점을 해결하기 위한 시작점은 바로 공감[恕]이다. 다양한 구성원이 더불어 살아가는 우리 사회에서 역지사지(易地思之)로 타인의 마음을 헤아린다면, 공정한 정책과 제도의 실현이 수월해진다. 공감은 공정의 출발이고, 신뢰의 기초이며, 혁신의 뿌리가 된다.

[인생 문장 필사 코너]
책을 읽으며 느낀 상념을 자유롭게 적어보세요.

나를
깨우는
인문학
수업

Zhuāngzǐ

장자

(B.C 369 ~ B.C 286)

18

편견과 오만을 넘어서

편견은 내가 다른 사람을 사랑하지 못하게 하고, 오만은 다른 사람이 나를 사랑하지 못하게 한다.- Jane Austen, 『Pride and Prejudice』

완연한 가을의 학교에는 다양한 색깔의 단풍이 멋스럽다. 다양한 색깔들은 모자이크처럼 하나의 완성된 그림을 만든다. 캠퍼스 곳곳을 핸드폰 카메라에 담으면 멋있는 명화 같은 작품이 된다. 획일적인 하나의 색상이나 모양이 아니고, 색깔과 생김새의 다양성이 주는 인상이 더욱 풍부한 가을의 감성을 만들어 낸다. 곳곳에 떨어져 있는 형형색색의 단풍과 낙엽을 보다가 박세준 씨가 쓴 문구가 떠올랐다.

"떨어지는 게 아니라 내려놓은 거예요. 그게 인생이에요."
- 낙엽이 씀

낙엽의 입장에서 우리에게 한 수 인생의 가르침을 준 것 같아 감사하다.

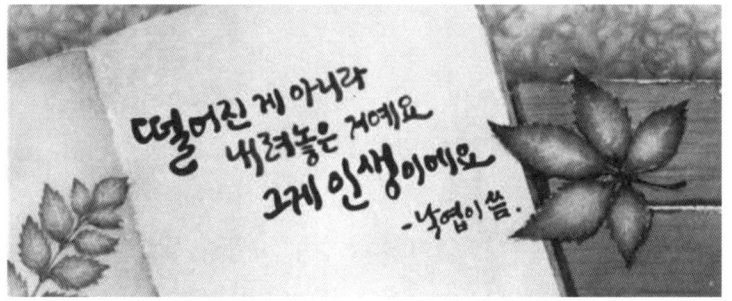

이 멋있는 계절에 다양한 단풍과 낙엽의 입장에서 던져주는 그들의 철학만큼 소중한 우리의 다양함에 관한 행사를 진행한다. 일주일간의 일정으로 소중한 우리의 인권을 다루는 다양한 프로그램에 참여하는 '인권문화제'다.

다양한 인권의 주체가 모여 살고 있는 이곳 공간에서 올해로 12회째가 되었다. 시작부터 모든 순간 함께한 나의 분신 같은 행사이다. 차츰 몸도 회복을 거듭하여 정상에 가까워져 가면서 올해의 인권문화제도 온 맘을 담아 준비한다.

평소 인권과 교육에 관한 신념을 투영하여 따뜻한 시선으로 영혼을 녹여 담아 행복한 마음으로 준비해 본다. 인권문화제를 기획하고, 계획안을 문서로 만들고, 설명회를 하고, 행사를 진행하고 함께 참여하고, 사후 평가 회의를 진행한 모든 순간이 기쁨이었다.

하나의 생각이 시작되고, 문서로 기록되어 행동으로 옮겨지고, 이제는 누구나 당연하게 그 '인권의 길'로 사람들이 드나든다.

길을 내는 것은 바로 이런 것이다. 사람이 있고, 생각이 있고, 말과 글을 나누고, 그래서 길이 되고, 그 길로 후대의 사람들은 앞으로 나아간다. 그것이 혁신이고, 진보이며, 성장이리라.

올해 인권문화제는 '인권여행 릴레이, 사람과 사람을 잇다.'라는 주제로 진행했다. 학생 독립운동 기념일 행사, 학생의 날 기념 사진전, 창작 인권 연극, 인권 표어 공모전, 인권 영화 감상, 다양한 인권 교육 등을 통해서 소중한 시간을 함께했다.
편견에서의 탈피와 각각의 가치를 인정하고 그러함으로써 인권을 존중하는 것이 인권문화제의 취지였다. 결과물로 학생들의 감상평을 읽다 보면 감동이 몰려온다. 성공적인 문화제였다는 것을 알 수 있었다.

인권문화제 '학생의 날'을 기념하고 축하하기 위해 선생님들과 학생들의 교복을 입고 드론으로 영상을 촬영했다.

학생들과 대화를 나누다 보면 가장 소중하게 생각하는 가치로 '사랑'을 손꼽는 경우가 많다. 한 인간으로 멋있는 삶을 살아가기 위해서나 자신을 사랑하고, 타인을 사랑함으로써 아름다운 세상을 만들 수 있다고 생각한다. 그런 소중한 가치가 바로 사랑이다. 인류에게 가장 소중한 가치가 사랑이라는 것에 우리는 동의한다.

그러나, 오만과 편견은 이 세상의 사랑을 가로막는 간단하면서도 가장 효과적인 방법이다. 편견은 내가 타인을 사랑하지 못하게 한다. 나의 편견적 시선은 타인을 있는 그대로 보지 못하게 하며, 나아가 그 사람이 가진 인간적인 매력을 가려버린다. 오만의 태도는 타인이 나를 사랑하기 어렵게 한다. 우리는 자기에게 호의적인 사람에게 쉽게 마음이 기운다. 오만한 태도로 일관된 사람에게 다가가야 할 필요성을 느끼지 못하며, 거기까지 신경 쓰기에 심적으로 매우 고된 삶을 살고 있다.

코로나 시대를 지나오면서 우리는 특이한 현상을 목도하게 되었다. 오프라인 접촉을 줄이고, 될 수 있으면 언컨택트를 지향하다 보니 사람과의 접촉면도 크게 줄이게 되었다. 인간관계에서도 불필요하다고 생각하는 만남을 최대한 줄이는 추세가 보편화되었다.

인간관계의 변화와 함께 사회 정치적으로도 많은 변화가 감지되었다. 급속도로 성장한 개인 SNS와 개인 유튜버를 통해 정보가 가공, 확대 재생산되면서 '필터 버블현상'이 급속도로 퍼지게 되었다. 필터 버블현상은 편견을 통한 확증편향과 접촉면을 넓히며 독버섯처럼 사회 곳곳에 퍼져나간다.

사람들은 편견을 싫어한다고 하면서도 한편으로는 본인의 진영에서 생산된 정보만을 듣고 보며, 상대 진영의 생각과 논리에는 귀를 닫는다. 어쩌면 최소한의 아날로그적인 대화와 토론은 코로나 시대에 불필요한 시간, 감정 낭비라고 생각하게 되었을지 모른다.

이미 코로나 시대의 인간 군상의 모습을 세밀하게 그렸던 영화 '컨테이젼(2011)'에서는 전염병과 같은 외부 충격에 인류가 보여주는 광신주의를 잘 보여준다. 위대한 걸작 알베르 카뮈의 '페스트(1947)'를 이 시대에 다시 읽어야 하는 이유도 인간 본질에 관한 질문이 담겨 있기 때문이다.

부산행과 서울역을 제작하기 전에 연상호 감독 특유의 문제의식을 담은 애니메이션 '사이비(2013)'는 보기 드문 충격적인 영화이다. 작품성도 뛰어나고, 메시지도 강렬하다. 이 영화의 주제 의식도 인간은 과연 합리적인 존재인가라는 질문이다.
인간이 합리적이라면 쉽게 빠지는 광신주의는 어떻게 설명될 수 있는가 하는 의문이 담겨 있다. 인간은 합리적인 존재임이 틀림없다. 이기적인 특성 또한 갖추고 있다. 그러나, 한없이 연약하기도 하여 사회적 프로파간다의 선동에 쉽게 반응하기도 한다. 플라톤이 존경하고 사랑하던 자기 스승 소크라테스를 죽인 당시 아테네의 정치를 민주주의가 아니라 우매한 중우정치라고 비판한 것도 같은 경우이다.

문제는 편견과 광신주의에 사로잡힌 인간은 어느 순간부터 합리적인 토론을 전혀 하려 하지 않고, 더욱 자신의 신념을 고착화하여 폭력적인 모습을 보이기까지 한다는 데 있다. 인류는 큰 대가를 지불하고서야 큰 교훈을 얻곤 한다. 소중한 인류의 목숨을 앗아간 홀로코스트, 제노사이드, 세계대전, 종교 전쟁, 마녀사냥이 그렇다. 인간의 편견과 확증 편향성, 광신주의와 폭력 성향이 결합한 처참한 결과이다.

한국 사회에서는 남성과 여성의 성별 갈등이 대선의 이슈로 떠올랐다. 세대 갈등과 함께 중요한 사회 정치적 문제로 자리 잡았다. 또한, 성 소수자의 퀴어 축제 등을 통한 의견 표출과 그것에 반대하는 보수 집단의 맞불 집회도 빈번한 갈등 양상으로 나타나고 있다. 이 모든 사회적 갈등을 관통하는 중심에는 오만과 편견이 있다. 편견적 시선은 내가 다른 사람을 사랑하지 못하게 하고, 오만의 태도는 다른 사람이 나를 사랑하지 못하게 한다.

가끔 수업 중에 시사, 정치적인 이슈를 토론하다 보면 당연히 젠더 갈등, 페미니즘, 여성가족부에 대한 정치권의 견해를 어떻게 볼 것인지와 같은 갑론을박이 오갈 때가 있다. 견해차를 바탕으로 수업 시간에 적극적으로 토론하는 것은 당연한 일이다.

민주 시민 교육에서 이런 주제는 중, 고등학교 시절에 타인과 다양한 방법으로 논의해 봐야 한다. 다만 자신의 이념, 종교, 사회관, 세계관에서 비롯된 편견을 내려놓고 합리적으로 토론하는 톨레랑스 적 태도를 교육해야 한다. 그러기 위해서는 지도 교사의 태도와 평소 보여온 신념과 에토스 등이 중요하다.

수업이 이루어지는 공간에서의 분위기는 학생들에게 소중한 기억으로 남는다. 젠더 갈등에 관한 사회적 이슈로 토론이 이루어질 때면 늘 남성과 여성 이전에 한 인간으로서의 소중한 인권에 관해 이야기하려 노력한다.

인권 감수성을 높이는 것이 성 인지 감수성을 높이는 방법이며, 한 인간의 소중한 인권을 신장하는 것이 남성의 권위, 여성의 권위를 저절로 높이는 방법임을 깨닫게 해주는 장치를 다양하게 마련한다. 그 장치 중 가장 고급스러운 것은 '장자'를 함께 읽고, 장자의 주제 의식과 메타포를 토론하는 것이다. 장자는 최초의 성공한 인권 운동가이며, 최초의 페미니스트이고, 최초의 편견 파괴자임이 틀림없다.

장자가 이야기하는 진정한 탈속한 자유는 '생각의 자유'임에 대해 진지하게 대화해 본다. 사실 물리적인 육신의 자유보다 더 소중한 것이 생각의 자유인데, 우리는 생각의 접근 방식을 스스로 답답하게 구속하고 있는 경우가 있다.

그것을 장자는 편견과 선입견이라고 말한다. 스스로가 끼고 세상을 바라보는 색안경이다.

세상을 제 색깔로만 보려고 하니 답답함을 벗어나기 어렵다. 있는 색깔 그대로를 보려고 노력하고, 기울어진 생각을 바로잡고, 균형을 회복하려 노력하는 것이 바로 올바른 인권 의식을 갖는 첫걸음이다.

편견과 오만에서 자유로워질 수 있다면 우리는 더욱 다채로운 세상의 있는 그대로의 아름다운 색깔을 볼 수 있으며, 비로소 모든 것의 가치를 존중할 수 있게 된다. 장자 철학의 핵심 가치를 캐나다의 리자이나대 오강남 교수는 'evocativeness(깨우침)'와 'perspectivalism(다각주의)'으로 설명한다.

장자는 다양한 우리의 이야기를 재밌게 던져준다. 그 이야기 속에서 깨우침을 얻는 것은 우리 각자의 것이며, 각자가 하는 해석의 다양성 또한 우리의 몫이다. 장자는 강요하지 않는다. 직접적으로 얼굴에 무엇이 묻어 있다고 지적하지 않는다. 조용히 은근슬쩍 거울을 밀어준다. 스스로 거울을 보고 느끼라는 듯이. 장자 철학의 깨우침은 최고의 매력이다.

교직에 들어선 첫해 친하게 교류하던 수학 선생님이 있었다. 어느 날 놀러 간 그 선생님의 자취방은 단출하고 장식품이 거의 없었다. 최대한 심플한 공간을 좋아했던 철학자 칸트의 집처럼 단순했지만, 여러 권의 책들이 보였다. 그중에 '장자'가 눈에 띄었다. 인문학을 가르치는 나의 눈에는 수학 교사의 장자 사랑이 마냥 이채롭게 느껴졌다. 본인이 가장 관심 있는 달생(達生) 편의 '목계지덕(木鷄之德)' 얘기를 해주었다. 인문학을 좋아하던 수학 선생님이 참 좋아 보였다.

중년이 되어 동료 선생님의 소개로 만난 의사도 인문학을 사랑했었다. 버트런드 러셀의 '서양 철학사'를 읽고 있다며, 무언가 흥미로움에 빠져있는 순수한 눈으로 인문학 사랑을 얘기하는 치과 의사가 내 눈에는 참 좋았다. 여러 학문이 각각의 경계를 허물고 뒤섞이는 것의 매력, 그것이 다름 아닌 '융합'이다.

다양한 학문의 영역을 넘나들며, 융합을 직접 경험하기를 즐겨 하는 것은 편견 없는 눈으로 보다 넓은 세상을 볼 수 있게 되는 방법이다. 요즘 문제 상황을 분석하기 위한 입체적 접근을 중하게 여긴다. 교육 현장에서도 다양한 분석력과 문제 해결력이 창의적 인재를 길러내기 위한 초석이라고 강조한다. 그렇다면 영역을 넘나들며 창의성을 갖추기 위한 첫출발은 무엇일까? 장자는 입체성을 갖기 위한 출발은 바로 '깨트림'이라고 말한다. 선입견과 편견, 나만의 진영적 시각, 나의 이데올로기적 관점에서 벗어나는 것이 입체적 접근을 통해 세상의 더욱 많은 것을 보게 하는 시작인 셈이다. 입체성은 '깨트림'에서 온다. 장자의 다양한 이야기를 다각주의라고 분석하는 이유는 여기에 있다.

장자는 우리의 마음속 편협한 오만과 편견을 걷어내고, 그 깨트림을 통해 더욱 다양한 세상을 볼 수 있게 해 준다. 장자와 원효의 위대성은 바로 '깨트림'에 있다. 원효 대사의 원융회통과 화쟁의 논리도 바로 자신만이 옳다는 편협한 아집에서 벗어나 더욱 높은 차원에서 아우르는 부처님의 일심과 통하는 것을 설파한 것도 같은 논리이다.

수업 시간 학생들에게 장자 사상의 매력을 전달하며, 꼭 빼먹지 않는 예시가 있다. 바로 신영복 교수의 책에 등장하는 '독버섯 이야기'이다. 그의 저서 '담론'의 마지막 25장 '희망의 언어 석과불식(碩果不食)' 편에서 선생은 자기의 이유에 관한 이야기를 하면서, 네덜란드의 의사이며 작가인 반 에덴(frederik van Eeden)의 동화 『어린 요한』의 버섯 이야기를 들려준다. 이야기는 다음과 같다.

등산하던 엄마와 아빠가 아이에게 말했다.
"얘들아, 잘 봐. 저건 독버섯이야.
아무짝에도 쓸모가 없고, 해만 끼치지.
저런 독버섯은 만지면 안 돼. 알았지?"
"네. 알았어요."

아이들이 지나가고 나서, 독버섯이 말을 했다.
"나. 독버섯이래. 내가 독버섯이라는 거 이제 알았어.
나는 아무짝에도 쓸모가 없대. 흑흑흑."
어린 독버섯의 친구가 말했다.
"아니야. 너는 쓸모없지 않아.
적어도 너는 나에게 소중한 친구가 되어 주었으니까.
그리고 우리가 독버섯이라고 하는 것은 그들의 식탁 논리야.
너무 마음 아파하지 마! 친구야."

세상을 나의 관점에서만 바라보고 판단을 하는 것은 차별의 시작이 될 수 있다. 차별은 결과적으로 대립과 혐오를 만든다. 장자는 자기중심적 시각의 선입견과 편견을 깨트리고 각각의 가치를 인정하는 허심(虛心)의 관점에서 본다면 궁극에는 생각의 자유를 얻게 될 것이라고 설파한다. 그런 논리로 보면 '잡초'라는 표현도 없다. 지극히 인간 중심적인 표현이다. 세상에 존재하는 어떠한 만물도 각자 자기 삶의 전략으로 향기와 색깔을 갖추고 생을 아등바등 살아가는 것이다.

우리가 가끔 표현하는 '해가 서쪽에서 뜨겠어.'라는 문장도 그렇지 않을 수 있다. 적어도 지구에서는 해가 동쪽에서 뜨는 것이 맞다.

그러나, 해가 서쪽에서 뜨고 하루가 1년보다 긴 행성이 있다.

지구의 '쌍둥이 행성'이라 불리는 금성이다.

그런 현상이 발생하는 이유는 금성의 자전축이 177°로 거의 뒤집히다시피 기울어져 있기 때문이다. 예를 들어 우리가 제자리에 서서 시계방향으로 회전한다고 가정하면, 그 상태로 거꾸로 매달리게 되면 우리 입장에서는 동일한 방향으로 돌고 있지만, 주위 사물은 바로 서서 돌 때와 반대로 이동하게 된다. 이와 같은 원리로 금성도 다른 행성과 동일하게 자전하지만, 뒤집혀 있어서 태양의 진행 방향이 반대로 보이는 것이다.

임창정, 고소영 주연의 '해가 서쪽에서 뜬다면.'이라는 영화가 있었다. 대략의 내용은 평범한 야구 심판과 우주 대스타인 최고 배우의 이루지 못할 사랑은 없다는 메시지.

로코 영화에 빠져있던 시기 나에게 '해리가 샐리를 만났을 때', '시애틀의 잠 못 이루는 밤', '제리 맥과이어'보다 더 아끼는 영화였다.

영화의 제목은 적절했다. 지구적 관점을 넘어서 우주적 관점에서 보면 해는 서쪽에서 뜰 수 있다. 영화 '바람과 함께 사라지다.'에서 비비안 리히는 '내일은 내일의 태양이 뜰 거야.'라며 의지를 불태우는 멋있는 대사를 남긴다. 이 또한, 지구적 시각일 수 있다. 해가 두 번 뜰 수 있다는 것이다. 그렇다면 '태양은 오늘 잠시 뒤 또 뜰 수도 있어.'라고 영화 대사를 할 수도 있겠다.

실제로 내행성인 금성은 자전주기가 243일로 공전 주기인 224.7일보다 길다. 또한 자전 방향과 공전 방향이 반대이다. 따라서 금성에서는 해가 서쪽에서 뜨고 하루의 길이가 자전주기보다 짧다는 것을 추측할 수 있다. 금성에서의 하루는 116.75일이다. 결론적으로 해가 두 번 뜰 수 있는 행성도 엄연히 존재한다. 지구적 시각에서 탈피하여 우주적 관점에서 바라보면 우리는 훨씬 더 자유롭게 많은 것을 볼 수도 있을 것이다.

관점의 전환은 매우 중요하다. 광고 천재 이제석 광고 연구소장의 광고들은 우리에게 선입견과 편견에서 자유로워져 객관적으로 본인의 현재와 마주하라고 가르침을 준다. 그는 광고 카피에서 '편견의 눈으로는 재능을 볼 수 없다.'고 우리에게 말을 건넨다.

드라마 '우리들의 블루스'에서 다운증후군 영희 역할로 등장했던 정은혜 씨는 실제로 많은 재능을 갖고 있는 예술가다. 위풍당당하게 자신의 인생을 멋지게 살아가는 평범한 한 여자이기도 하다. 2년간 2천 명의 얼굴을 그린 그녀의 캐리커처 작품은 뛰어난 솜씨를 보여준다. 이제석 씨의 지면 광고는 우리에게 세상을 살아가면서 스스로에게 유익한 정확하고 균형 잡힌 시선에 관해 이야기한다.

나의 행복을 위해서라도, 당연하다고 생각하고 있는 것들에 대해 당연하지 않을 수도 있다고 생각해봐야 한다. 관점의 전환이 행복한 삶을 만든다. 바로 '관점의 혁명'과 '마음의 혁명'이다.
영화 '에린 브로코비치', '오직 사랑뿐, 보츠와나 다이아몬드'에서는 우리에게 내재되어 있는 다양한 사회적 편견의 시선이

등장한다. 그러나 그것을 유쾌하고, 당당하게 맞서 이겨내는 주인공의 이야기도 담겨 있다. 무겁지만은 않게 편견의 세상과 마주하고 당당하게 맞서 싸우는 것의 중요성을 알려준다.

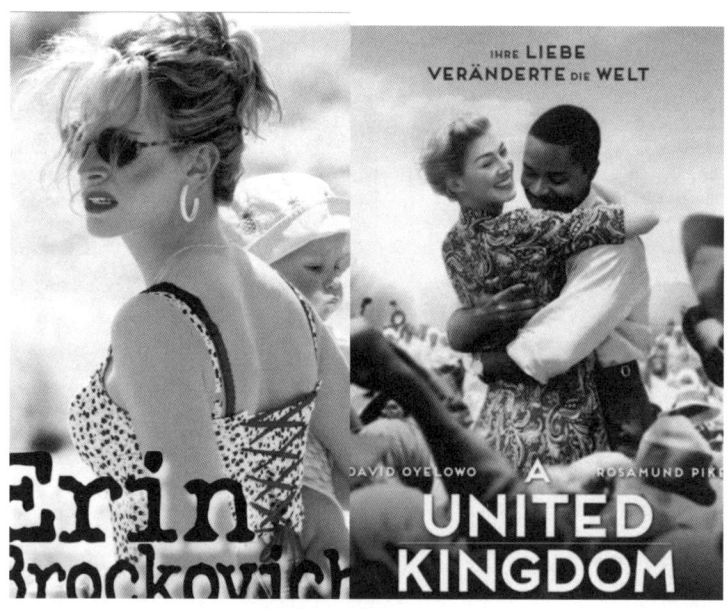

인권문화제 기간 학생들과 영화를 함께 감상하고 작성할 활동지에 메시지를 담아 본다.

"인권 감수성을 성장시키는 출발은 우리 마음속에 자리 잡은 다양한 편견을 찾고 없애는 것.

그리고, 인권 의식의 완성은 세상에 모든 것이 다양한 가치를 갖고 살아간다는 것을 인정하는 것이겠지요. 또한, 여러분이 실천적 지성인으로 성장하여 부조리한 현실과 마주 한다면 당당하게 맞서 싸워야 세상이 바뀝니다.

영화를 보고 느낀 소중한 생각들을 친구들과 대화해보고 정리된 나의 마음을 자유롭게 기술해 보세요."

가끔 학교라는 공간에서 학생들과 함께 시간을 보내며 그들의 시선과 이야기에 집중하다 보면, 마음이 짠해질 때가 있다. 그리고, 매 순간 학생들에게 말해주고 싶었다. 너희들은 잘못이 없다. 전부 어른들의 잘못인 것이 분명하다. 설령 너희들이 실수를 저질러도 그것은 너희 탓이 아니라고 말해주고 싶었다.

우리 아이들은 어렸을 때부터 너무 많은 경쟁에 내몰린다. 사회적 성공 신화와 그런 시선을 가진 어른들의 강요에 의해 자기 자신을 깊이 돌보기보다는 옆의 친구를 이기는 법을 배우며 성장한다. 교육 문제의 핵심은 결국 어른들의 욕망에 있다. 학교라는 공간에서 나는 아이들과 꼭 따뜻한 시선을 주고받으며, 서로에게 응원하는 시간을 함께 보내고 싶었다. 서로의 소중한 인권을 존중하고 지지하는 따뜻한 기억의 시간을 공유하고 싶었다. 세상은 우리에게 '우물 안 개구리가 되지 말라.'고 강조한다. 드넓은 태평양 같은 세상에 나아가지 않고 우물 안 개구리로 산다는 것은 불행하다고 말한다.

그러나, 문제의 핵심은 우물 안이냐, 우물 밖이냐가 아니다. 내가 개구리라면 일단 개구리임을 인정하고 행복한 개구리로 사는 방법에 집중하는 것이 중요하다. 학생들에게 상급 학교로의 진학을 목표 의식으로 제시하는 것은 효과적일 수 있지만, 그만큼 인생을 행복하게 사는 방법에 관한 이야기도 도란도란 나누어줘야 한다. 자신의 삶을 위해 기꺼이 방황하고, 삶의 방식을 자율적으로 결정해서 만족한 삶을 살아가는 아이들이 슈퍼 개구리인 셈이다. 우리의 행복은 결국 내 마음과 관계된 것이다.

마음은 세상을 보는 시선에서 출발한다. 장자는 우리 마음속에 굳어진 자신을 속박하는 시선에서 자유로워져야 행복할 수 있다고 말한다. 심재(心齋). 마음을 깨끗하게 정화한다는 의미이다. 심재는 자신의 사리사욕을 내려놓고 대화를 하다 보면 상대와 만물을 더욱 진심으로 대하게 된다는 말이다. 심재는 바로 허심(虛心)이다.

우리는 허심탄회하게 대화해보자고 하면서도 속으로는 자신의 사리사욕을 중심으로 상대를 대하곤 한다. 사심(私心)은 결코 허심일 수 없다. 나의 의도와 목적을 버리고 나는 비워서 상대방과 기(氣)로 접속하여 소통하고, 상대방을 받아들이면 결국 진정한 의미의 일체감이 이루어질 수 있다는 생각이다. 그래서, 장자는 '심재허이대물(心齋虛而待物)'을 강조한다. 결국, 심재는 마음을 비우고 상대방을 기다리는 것이다. 어렵지만 내 마음을 비우고 상대방과 소통하려고 할 때 상대방도 나를 받아들이게 되고, 그렇게 되면 더욱 많은 것을 얻을 수 있다.

어렸을 적 너무 재밌고 유쾌하면서 감동적이었던 '내겐 너무 가벼운 그녀(Shallow Hal, 2002)'의 원제는 '경박한 할' 정도로 번역할 수 있는데, 한국어 제목이 훨씬 위트 넘친다. 이 영화에서 우리에게 말하는 메시지처럼 '우리의 편견은 내가 다른 사람을 사랑하지 못하게 하고, 오만은 다른 사람이 나를 사랑하지 못하게 하는 것'이 분명하다.

사랑하면서 살기에도 아까운 세상이다. 편견과 오만으로 시간을 낭비할 필요는 없다. 나에게 더욱 유익한 행복은 세상을 보는 시선과 관련하며, 잘못된 시선을 깨트림이 더욱 넓고 완벽한 시선을 만들어 준다. 온전히 나를 위해, 그리고 존엄한 상대를 위해, 행복한 공동체를 위해 편견의 시선에서 자유로워지자.

| 나를 깨우는 핵심 사상 요약 |

- 우리는 모두 각자의 이름이 있다. 각자의 얼굴도 다르다. 개인이 갖고 있는 생각도 다 다르다. 다름을 인정하고 각각의 가치를 존중하는 태도가 장자의 제물(齊物)이다. 진정한 소통으로 타자와 관계 맺기를 잘 위해서는 스스로의 오만과 편견을 내려놓을 필요가 있다. 그러면 너와 나의 대립과 차별이 해소된 '물아일체(物我一體)'에 이를 수 있다. 우리는 복잡한 인간 관계 속에서 오히려 소외감을 느끼며 살아간다. '무소유'의 저자 법정 스님은 우리에게 고독할 수는 있어도 고립되어서는 안 된다고 가르침을 주었다. 각박한 세상 속에서 지금 우리에게 진정으로 필요한 것은 무엇일까? 그것은 서로를 향한 '따뜻한 말 한마디'이다. 나의 이야기에 귀를 기울여 주고, 나에게 공감해주는 것 자체가 나를 인정해 주는 것이다. 누군가의 인정과 지지는 우리를 살리는 진정한 상호작용이다. 이 상호작용은 따뜻한 하나의 공동체[物我一體]를 만들어준다.

- 마음과 마음을 잇고, 사람과 사람을 잇고, 그래서 우리가 함께 여기 있기 위해 진정한 소통이 필요하다. 진정한 소통을 위해 장자는 우선 상대방과의 차이를 인정하는 것이 출발이라고 했다. 우리는 모두 다르다. 다름을 인정하면 더 많은 가치가 보인다. 다음은 상대방에게 맞는 방법을 찾아내는 것이다. 진정으로 소통하고 싶다면 상대방에 관한 면밀한 관찰과 관심, 배려가 필요하다. 마지막으로 진정한 소통을 위해 자기 자신을 먼저 변화시키는 것을 강조한다. 자신은 바뀌지 않으면서 상대방을 바꾸려 하거나, 나를 중심으로 맞추려 하는 것은 오만적 태도일 뿐이다. 소통의 대가 장자는 만물이 가진 각각의 가치를 존중했고, 그래서 세상을 평등하게 바라봤다. 결국, 선입견과 편견이라는 생각의 속박에서 벗어나 진정한 자유인이 되었다. 우리가 정신적인 자유로 맘 편히 노니는 상태인 소요유(逍遙遊)의 경지에 이르는 방법은 바로 '시선의 혁명'에서부터 이다. '시선의 혁명'이 '마음의 혁명'을 갖고 오며, 마침내, '자기 혁명'이 가능해진다. 이렇듯 자기 혁명의 해답은 내 안에 있는 '나를 스스로 깨우는 것'에 있다.

[인생 문장 필사 코너]
책을 읽으며 느낀 상념을 자유롭게 적어보세요.

나를
깨우는
인문학
수업

Herman Hesse

헤르만 헤세
(1877 ~ 1962)

19

어느 모럴리스트의 철학적 위로

[정리(整理), 정리하다.]

1. 흐트러지거나 혼란스러운 상태에 있는 것을

한데 모으거나 치워서 질서 있는 상태가 되게 함.

2. 체계적으로 분류하고 종합함.

3. 문제가 되거나 불필요한 것을 줄이거나 없애서

말끔하게 바로잡음.

10월 중순, 상강(霜降)을 지나고 가을의 한가운데로 깊이 들어가고 있었다. 이 계절에 잘 어울리는 영화 '만추(晩秋)'의 주인공들을 감쌌던 안개와 똑같은 짙은 안개가 아침 출근길을 함께 했다.
이런 아침을 좋아한다. 아침 안개가 짙다는 것은 오후 가을 하늘이 멋질 거라는 신호다. 오늘도 일찍 서둘러 출근을 한 덕분에 옆 대학 캠퍼스의 멋진 풍광을 보고 간다.

길을 중심으로 오른쪽 은행나무의 노랑과 반대편의 단풍나무의 진한 오렌지색이 섞이고, 거기에 새벽녘 안개가 어우러져 모네(Claude Monet)의 풍경화의 붓 터치 같은 질감을 만들어낸다.

이때쯤 꼭 입어줘야 하는 바바리코트로 한껏 멋을 내본다. 멋내기도 참 적절한 계절이라 가을이 더욱 맘에 든다. 차의 모든 문을 열고 볼륨은 키운다. Sting의 Fields of Gold를 선곡해보고 이어서 HONNE의 no song without you도 들어본다.
가을은 타는 것이 아니라 한껏 누리는 계절이라고 생각한다. 느끼고, 감상하며, 가을에 맞춰 멋있게 옷을 차려입고 한껏 분위기를 내는 좋은 시절이니 주어진 특권을 누려야 한다. 또한, 가을은 정리하기 좋은 참 계절이다.

'가을' 하면 '가을 야구'다. 내가 아끼는 야구팀의 올해 가을 야구도 큰 기대감으로 시작되었다. 나의 염원과는 전혀 다른 양상으로 너무 쉽게 정리되어 버렸다.
허무한 마음에 연신 한숨을 쉬어 본다. 스토아 사상가 에픽테토스가 그의 저서 엥케이리디온에서 "우리 권한 안에 있는 일과 권한 밖에 있는 일을 구분하는 것이 가장 중요하며, 권한 밖의 것을 원하고 있다면 불행하다."고 던진 일침을 내 마음에 받아들여 본다. 이제는 인생의 많은 부분에서 일희일비와 전전긍긍보다는 단단한 바위처럼 의연해진 어른이 되었다고 생각했는데, 야구는 그렇기가 참 어렵다.

1년간의 여정을 함께하며 월요일을 빼고 매일 일희일비의 감정을 넘나들며, 감정의 롤러코스터를 한껏 느낀다. 어차피 통제가 안 되는 야구를 향한 감정은 예외로 두고, 나머지 감정들은 단단해지자고 오늘도 다짐해 본다. 그래도, 힘 한번 제대로 써보지 못하고, 긴장한 표정이 역력한 나의 애착팀의 패배를 보고 있자니, 꼭 나를 보는 것 같다는 연민과 동정의 마음도 든다.

스피노자는 그의 저서 에티카에서 인간의 48가지 정서 상태를 분석해 놓았는데, 그중 연민은 '비슷한 존재에게서 일어난 괴로움을 보며 슬픔이 작용하는 것'이라고 기술해 놓았다. 동정과 비슷하지만, 연민은 개별적인 존재에게 반응하는 정서 상태다. 동정은 '연민의 습성이 들어간 사회의 보편적인 슬픔의 작용.'이라고 했다. 연민과 동정은 같은 슬픔이고 닮았지만, 동정은 연민보다 더 포괄적으로 작용하는 것이라고 볼 수 있다.

내 분야에서 최고의 위치에 있지도 않고, 아등바등 열심히는 하는데, 온전한 완성자가 되지 못해 늘 낙담하는 나 같다는 연민의 감정의 팀을 보면서 그래도 실망보다는 내년 시즌을 기약해 본다. 나 또한 최고의 완성자를 지향하기보다, 나의 색깔과 나만의 속도로 더욱 단단해져 행복한 사람이 되자고 머리에서 생각해서 마음속까지 강하게 불어넣어 본다.

강제로 정리 정돈된 야구에 관한 상념을 뒤로하고 진짜 정리를 해보려 펜을 잡고 생각 노트에 글을 써 내려간다. 늘 두 시간 정도 일찍 출근해서 틈틈이 생각을 정리하는 노트를 오랜 기간 사용해 왔다. 나 같이 잘 정리된 생각을 강의로 풀어내 전달해야 하는 직업에는 참 좋은 습관이라 생각한다. 많은 도움이 되었으니 말이다.

오늘은 1년간의 '나'를 온전히 잘 정리(整理)하고 싶었다. 나의 1년이라는 시간 동안 겪었던 신체 변화와 그것을 온전히 받아들인 나의 감정, 그 감정을 통해 다시 생각하게 된 인생, 그리고, 앞으로의 내 삶의 행로에 대해서까지 정리 정돈하고, 체계적으로 잘 덜어내기를 하고 싶었다.

정확하게 1년 전 나는 어머니를 위한 간이식 공여 수술을 했고, 신체의 많은 변화를 견뎌냈다. 수술 후 퇴원하고 3일도 채 지나지 않아 장협착으로 구급차에 실려 응급실로 가서 보낸 일주일의 고통스러웠던 시간은 아직도 선명하다. 덕분에 수술 이후 끊임없이 내 몸을 아끼고, 건강한 삶을 위해 틈틈이 걸어 하루에 만 보는 반드시 채우는 좋은 루틴도 감사하다.

그리고, 간이식 수술 이전에 간성혼수로 몇 차례나 응급실에 실려 가던 어머니의 초점 없던 눈과 응급실에서 뇌 속에 깊이 각인된 냄새를 또렷이 기억한다. 어머니를 돌보며 보냈던 시간과 간병인으로 또 환자 가족으로 자연스럽게 갖게 되는 온갖 감정들을 온전히 견뎌냈던 시간도 분명히 기억한다. 전혀 모르던 세계의 문을 열고 들어가 듯 새로운 세계는 나의 선택과는 상관없이 나에게 예의도 구하지 않고 너무 불친절하게 깊숙이 어느 순간 훅 들어와 있었다.

병원과 환자, 그리고 환자 가족의 세계는 완전히 새로운 세계이며, 이 세상에는 수없이 많은 사람이 이 시간에도 그 세계에서 애를 쓰며 버텨내고 지낸다. 나는 버텨낸다는 표현보다 배겨낸다는 표현이 더욱 어울린다고 생각한다. 배긴다는 사전적 정의는 '참기 어려운 일을 잘 참고 견딘다. 어떤 동작을 꼭 하고야 맒을 이르는 말.'이다. 수많은 사람이 이 순간에도 툭 주어진 상황을 받아들이고 그로 인해 만들어지는 자신의 불쑥한 감정을 배겨낸다. 힘겹게 버티며 그래도 한 인간으로 해야 할 도리와 의무를 다하려고 애쓴다는 사실을 나에게 알려준 1년여의 세월이었다. 이 모든 것을 알게 해 준 것도 진심으로 감사했다. 결국 외부 상황이 문제가 아니라, 그것을 해석하고 받아들이는 내 마음에 포커스가 맞춰져야 한다.

다시금 나에게 집중한다. 넘어졌다면 털고 일어나서 앞을 봐야 함을 되새겨본다. 나를 넘어지게 한 돌부리를 원망하거나 뒤를 돌아보며 한탄하고 있는 것은 바보스러운 일이다. 역경과 고난은 어차피 당연한 운명이라 생각하면서 동시에 다시 나의 행복에 초집중해 본다.

'건강하자, 행복하자'

세상이 이렇게 정해져 있다면 멋있게 한 방 먹이는 방법은 누가 뭐래도 내가 행복하게 살아내는 것이다. 불행에 허우적거릴 것을 기대하는 세상이 깜짝 놀라게 그 역경을 극복해내는 것이다. 드라마 '최고의 사랑'에서 주인공 차승원 씨가 늘 "힘들었지만 극복!"이라고 외치던 대사의 참 의미가 이해된다.

선우정아의 '도망가자(Run with Me)'라는 노래를 참 많이 들었다.

결코 도망칠 수 없는 현실의 끈에 얽매여 있는 스스로에게 주는 위안이었으리라.

그리고, "그다음에 돌아오자 씩씩하게 지쳐도 돼 내가 안아줄 게"라는 노래 마지막 가사처럼 내 손을 잡아주고 함께 해줄 누군가 있다면 괜찮다고 생각했다.

이 시기를 잘 버티게 해주는 것은 역시 주변의 동지(同志)들이다. 생각에 동의해주고, 진정으로 지지하고 응원해주는 것. 그 힘으로 버티며 그 시절을 대체로 강건하게 배겨내는 것은 나의 지지자들 덕분이다. 인간의 힘은 때로는 미미하다. 그렇지만 서로에게 지지해 주며 하나의 같은 신념으로 단단해진 인간 집단은 강력하다.

그래서, 올바른 신념과 그것을 공유할 수 있는 소통과 대화가 우리에게는 소중하다. 강력한 힘을 갖게 된 인간 집단은 세상을 바꾸기도 하니 말이다. 그래서, 교육의 힘은 상상을 넘어선다. 또한, 윤리 교육, 철학과 인문학 교육의 힘은 인간 집단에게 초월적인 순수한 성장을 가져다준다. 그래서 진정한 자신이 되어 자기 삶을 살아가는 초인(超人, Übermensch)으로 거듭나게 한다. 헤르만 헤세의 '데미안'에서 알을 깨고 나가는 것, 플라톤의 '국가'에서 동굴 밖을 탈출하는 죄수가 되는 것,

니체가 말한 허물을 벗고 더욱 큰 뱀으로 성장하는 것 모두 교육과 인문학의 힘이다.

어느 날 1년을 돌아보며, 많이 힘들었을 나를 진심으로 위로해 주는 아내에게 나는 단 한 번의 후회하는 감정을 가져보지 않았다고 말했다.

진심으로 나는 이번 일로 오히려 감사한 것들이 많았다.

1년이 지난 나에게 그 이전과는 다른 것들이 분명 있다. 그것들이 너무 감사하다.

나에게 내 몸의 건강을 아끼는 일보다 더욱 감사했던 것은 내가 더욱 단단한 사람이 되었다는 것이다. 이 세상의 많은 일이 벌어지고, 그중에 불행한 일, 행복한 일들도 우리와 함께 있다. 변치 않는 진리는 오직 하나가 있다. 영원한 것은 없다는 것이다. 그러므로, 불행한 일도 영원하지 않고, 행복한 일도 영원히 지속되지 않는다.

지금의 일은 누구에게나 먼 훗날 돌이켜 보면 "맞아. 그땐 그랬지"로 동일하게 회자된다.

그래서, 지금의 나의 선택이 후회되지 않도록 최선을 다해서 해내야 하는 것이 나의 명확한 결론이었다.
미래를 기대하는 막연한 희망 보다는 현재를 충실히 보내는 것, 그리고 현재적 삶에서 디테일을 놓치지 않고 꼼꼼하게 신경 쓰는 것의 중요성을 더욱 명철하게 머릿속에 되새겨두었다. 신경을 써야 하는 디테일은 바로 사람의 마음이다. 우리가 늘 놓치지 말아야 하는 것은 어떤 목표를 향해 가든 그 과정에서 함께 있는 사람의 마음을 신경 써야 한다는 것이다.
아침에 맑은 정신으로 오늘도 생각 노트에 글을 써 본다.

글을 써 내려가다가 문득 "저 하늘에 반짝이는 별, 내 마음속에 도덕 법칙"이라고 적은 칸트의 묘비명이 떠올랐다. 나도 곰곰이 생각을 정리해가다가 묘비명에 어떤 문장을 쓸까 결정해 본다.

"그가 원하는 방식대로, 고귀한 삶을 살다."

또렷한 나의 색깔과 특유의 리듬감과 속도로 나만의 문체로 내 인생에 멋진 작가가 되어, 인문학적이고 짙은 사람 냄새가 나고, 따뜻하면서도 단단한 인간으로의 품격을 지키며 지나친 사리사욕을 경계하면서 고귀하게 인생을 살았다는 평가를 스스로 하고, 나의 사랑하는 지지자들에게도 그렇게 인정받고 싶다고 생각했다.

그렇게 단단해지는 과정에서 이 글을 쓰게 되었다는 것은 너무도 감사한 일이었다.

1년이 경과하고 의사 선생님과 많은 대화를 한다. 진료 결과에 관한 이야기였다. 전날 피검사를 마쳤고, 엑스레이도 찍었다. 진료 당일 1층 영상의학과에 도착해서 조형제를 주입하고 CT를 찍었다. 표현은 안 했지만 떨리는 심정으로 의사 선생님과의 대화를 이어갔다.

"간이 자기 일을 잘하고 있는가가 중요합니다."

그 기능적인 부분은 피검사에서 수치로 나타남이고, 그 수치로 본 결과 이상 없이 기능을 하고 있다고 했다. 예쁜 모양으로 잘 자라고 있는 나의 간(肝)과 이제는 무엇이든 할 수 있다는 진단이었다.

마지막 만남일 것 같다며, 먼저 악수를 해주는 선생님께

"제가 이번 일을 지나오면서 잘 정리된 저의 생각을 글로 썼어요. 혹시 나중에 책이 나오면 선생님께 꼭 보내드릴게요."

이 글을 써오면서 나는 나의 경험이 간이식 공여자와 그의 주

변 가족들에게 조금이라도 도움이 되었으면 했다. 한 인간으로 쉽게 할 수 없는 결정과 그 과정의 수많은 생각들, 그로 인해 만들어지는 요동치는 감정선들. 단순하고 쉽게 얘기하고 평가할 수 없는 당사자를 입체적으로 이해할 수 있으면 하고 바랐다.

그래서, 이 글의 부제를 **'어느 모럴리스트의 철학적 위로'**라고 하기로 마음먹었다.

요즘 나에게 깊은 영감을 준 책이 이어령의 '마지막 수업'이었다. 이 가을 나는 이어령 선생과 온전히 함께였다. 그 따뜻한 시선과 때로는 성찰적이고 날카로운 어조가 나에게 큰 위로를 해주는 듯했다. 믿고 따르는 큰 어른이 "그래. 그게 맞아. 그게 옳은 거야."라며 온전히 너의 삶을 살아가라고 애쓰고 있는 나를 위로해주는 것 같은 느낌이었다. 꽉 차고 따뜻한 느낌이었다.

누군가 그런 위로를 줄 수 있다면 참 좋은 일이다. 나의 경험과 이야기가 철학적 위로로 와닿았으면 하고 바라본다. 그리고, 감사하게도 나는 인생의 중요한 이 시기를 통해 지금까지의 인생을 정리할 수 있었다. 그리고, 앞으로의 남은 인생도 계획할 수 있었다.

그런 정리의 시간 속에서 스토아적 세계관, 도가적 자연관과 순리관, 소크라테스적 당당함과 삶의 자세, 흄의 공감 이론과 칸트의 원칙주의, 묵자의 겸애와 평등주의, 아리스토텔레스의 행복관, 불교의 인연관, 정약용의 혁신관, 장자의 편견에 맞서는 힘, 스피노자의 자유론, 키에르케고르의 실존관, 에피쿠로스의 쾌락론, 플라톤과 공자의 인문학적 관점 등과 함께 했다. 또한, 수술의 공간, 병실, 응급실, 집, 공원, 제주 애월, 곤지암, 춘천 남이섬, 강원도 동해와 고성에서 틈나는 대로 정리된 내 생각들을 글로 엮었다. 인문학과 철학을 바탕으로 인생에 관한, 그리고 궁극에는 교육에 관한 이야기를 하고 싶었다.

그리고 또 하나의 꿈이 생겼다.

글을 쓰는 일이 매우 행복해졌다.

제주 애월이든 어느 곳이든 그리운 곳을 찾아 또 글을 써야겠다고 마음먹었다.

나의 어머니를 진심으로 사랑한다.

함께 온전히 이 시간을 배겨내 준 가족들을 진심을 다해 사랑한다.

그리고, 1년 전. 6시간의 칠흑 같은 수술실에서의 시간을 마치고 나와서 든 생각.

그 생각을 천천히 우직하게 실천하면서 살아야겠다고 다시금 마음먹었다.

그 생각은

"더 사랑해야겠다. 사랑을 아끼지 말고 살아야겠다."였다.

| 나를 깨우는 핵심 사상 요약 |

힘든 시간을 보내고 있을 때 누군가 던져준 위안과 응원, 지지의 따뜻한 말 한마디는 다시 우리를 살게 한다.
이렇게 만들어진 자기 신뢰의 힘은 강력한 삶의 의지가 되어 우리를 초월적 존재로 이끈다.
우리는 그렇게 이 시간을 살아가고 또 하루를 버틴다.

여기까지 참 애써서 온 당신. 참 잘 해왔다.
분명 우리는 지금껏 잘 해왔고,
앞으로의 삶도 분명히 좀 더 좋을 것이다.

당신의 생각을
당신이 가는 그 길을
온 맘으로 지지합니다.
당신의 삶의 방식과 태도에 동의하고 응원합니다.
그리고 당신의 삶, 나의 삶
참. 고맙습니다.

응원과 지지로 나를 더욱 멋지게 살게 해준 소중한 인연들에 감사합니다.

"그의 강의는 마이클 샌델처럼 학생과 함께 호흡한다." -제자 오세민

"EBS에서 만나는 그의 강의는 힘든 고3 시절에 큰 위안이었다." -제자 정수경

"깊이, 토론, 균형을 통해 큰 독수리의 꿈을 심어준 오 마이 캡틴." -제자 김민우 (유튜버 미미미누)

"선생님의 수업을 통해 지식뿐만 아니라 인생도 배울 수 있는 소중하고 값진 시간이었습니다. 감사합니다." -교사 평가 내용 (익명의 학생)

"수업을 항상 편안하고 밝은 분위기로 매끄럽게 진행해주셔서 정말 좋아요. 수업 시간에 교과 내용뿐만 아니라 사회를 바라보는 시선이나 삶에 대해 생각해볼 수 있는 기회도 제공해주셔서 올 한 해는 보다 더 깊고 많은 생각을 해볼 수 있었어요. 선생님 수업을 이제 들을 기회가 얼마 안 남았다고 생각하니 많이 아쉽습니다. 한때 꿈이 교사였는데, 선생님처럼 삶의 철학과 신념이 있을 때 비로소 밖으로도 그 에너지가 전달되어 학생들에게 많은 좋은 영향을 줄 수 있다는 것을 깨닫게 되었고 그런 모습을 정말 존경해요. 항상 감사합니다!" -교사 평가 내용(익명의 학생)

"늘 신선하고 열정 넘치는 수업을 해주셔서 감사합니다. 선생님 수업은 외대부고에 와서 누릴 수 있는 최고의 선물이에요. 다른 어디서도 이렇게 재밌고 도움이 되는 수업을 듣지 못할 거예요! 정말 성인이 되기 전에 세상을 바라보는 시각과 통찰을 제시해주는 선생님의 수업을 듣게 되어서 다행이에요. 단순히 윤사라는 과목을 넘어서 제 인생에 여러 가지로 전환점이 되었어요. 여러 책도 읽고 철학도 배우면서 생각하는 방식도 많이 달라지고 조금 더 성숙하게 성장할 수 있었어요. 늘 감사하고, 기택 쌤의 수업을 들을 수 있었다니 대단한 영광으로 생각합니다. 감사합니다." -교사 평가 내용(익명의 학생)

[인생 문장 필사 코너]
책을 읽으며 느낀 상념을 자유롭게 적어보세요.

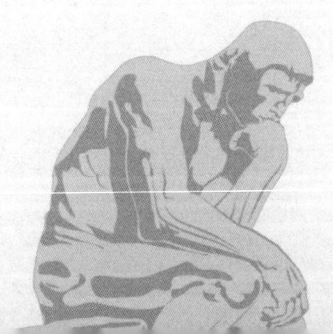

나를 깨우는 인문학 수업

EBS 일타 강사가 전하는 철학적 위로

발행일 | 2023년 5월 4일

지은이 | 송기택
펴낸이 | 마형민
기　획 | 윤재연
편　집 | 신건희
펴낸곳 | (주)페스트북
주　소 | 경기도 안양시 안양판교로 20
홈페이지 | festbook.org

© 송기택 2023

저작권법에 의해 보호를 받는 저작물이므로 무단 전재와 무단 복제를 금합니다.
ISBN 979-11-6929-252-8 03100
값 20,500원

* (주)페스트북은 '작가중심주의'를 고수합니다. 누구나 인생의 새로운 챕터를 쓰도록 돕습니다. Creative@festbook.co.kr로 자신만의 목소리를 보내주세요.